진짜 ✌️
중국어
단어장

성구현, 진준 지음

PAGODA Books

진짜 ✌ 중국어 단어장

초판 1쇄 인쇄 2021년 10월 7일
초판 1쇄 발행 2021년 10월 18일
초판 3쇄 발행 2024년 10월 4일

지 은 이 | 성구현, 진준
펴 낸 이 | 박경실
펴 낸 곳 | **PAGODA Books** 파고다북스
출판등록 | 2005년 5월 27일 제 300−2005−90호
주   소 | 06614 서울특별시 서초구 강남대로 419, 19층(서초동, 파고다타워)
전   화 | (02) 6940−4070
팩   스 | (02) 536−0660
홈페이지 | www.pagodabook.com

ISBN 978-89-6281-878-9 (13720)

파고다북스   www.pagodabook.com
파고다 어학원   www.pagoda21.com
파고다 인강   www.pagodastar.com
테스트 클리닉   www.testclinic.com

▎낙장 및 파본은 구매처에서 교환해 드립니다.

> **"찐중이들 덕분에 〈진짜 중국어 단어장〉까지 출간할 수 있게 되었습니다. 고마워요 찐중이들!"**

찐중이들 안녕! 〈진짜 중국어〉 구독자 여러분들이라면 저희가 구독자 여러분을 부르는 애칭이란 걸 이미 다 알고 계시겠죠? 어느덧 제 3탄인 〈진짜 중국어 단어장〉이 출간되었습니다. 약 2년에 걸쳐 총 세 권을 출간할 수 있었던 건 모두 찐중이들 덕분이란 생각이 듭니다.

너무나도 기쁘고 영광된 순간이지만 한편으로는 걱정도 되는 게 솔직한 심정입니다. 사실 중국어 교육자인 저희 입장에선 최근 1~2년이 참 힘든 시기였습니다. 물론 많은 분들이 본인들의 뜻과 다르게 힘든 시간을 보내셨을 것이라 생각합니다. 하지만 이런 힘든 시기에도 저희 유튜브를 찾아와 꾸준히 '좋아요'와 힘이 나는 댓글을 남겨 주신 많은 분께 이 자리를 빌려 다시 한번 감사의 말씀을 전합니다. 이 책이 훗날 여러분의 앞날에 힘이 되길 바라며 정성을 다해 집필하였습니다.

진짜 중국어 단어장은 마구잡이로 모든 단어를 넣은 단어장이 아닙니다. 기존의 도서들과 달리 "진짜 실생활"에서 쓸 수 있는 주제와 단어만을 선별한 단어장입니다. 비교적 활용도가 높고, 원어민이 진짜 쓰는 단어들과 예문을 중심으로 담았습니다. 모든 언어 공부의 시작이 '단어'임을 누구보다 잘 알기에 암기가 되었는지 확인하고 마지막까지 확인할 수 있는 학습 장치를 추가하였고, 추가로 알아 두면 도움이 될 만한 표현과 단어들, 중국 문화 이야기까지 알차게 집필하였습니다. 하루에 한 과씩 이 책에 나와 있는 단어들을 꾸준히 암기하신다면 분명 회화와 독해, 작문까지 고루고루 실력이 향상되는 경험을 하게 될 것입니다.

마지막으로 모두에게 힘든 이 시기가 하루빨리 종료되길 바라며, 힘든 이 시기에도 지치지 않고 중국어 공부를 이어가는 학습자분들을 진심으로 응원합니다. 또한 잠시 꺼졌던 중국어 열풍이 다시 불어와 모두가 기쁜 마음으로 즐겁게 공부하는 그 날이 오길 저희 또한 간절히 바랍니다. 책 집필에 도움을 주신 파고다 교육그룹 박경실 회장님, 고루다 대표님, 이재호 실장님을 비롯해 조이수 매니저님과 강상희 팀장님께도 감사의 말씀 전합니다.

2021년 9월

성구현, 진준

목차

Part. 01 모든 건 나로부터

Part. 02 입학부터 유학까지

Part. 03 연애도 어려운데 육아는 전쟁이네

Part. 04　회사, 탐구생활

Part. 05　집이 최고야, 홈족들의 세상

Part. 06　맛있게 먹으면 0칼로리야

Part. 07 우리 행복하자 아프지말고

Part. 08 굿바이 스트레스!

Part. 09 오늘은 우리 어디 갈까?

Part. 10 스타일의 완성은 자신감!

Part. 11 요즘 뭐해?

부록

① 오늘의 재미난 표현!

DAY별 주제에 맞게 신조어나 성어 또는 속담 등 알아 두면 꿀팁이 될 표현을 뽑아 봤어요. 어떤 의미로 쓰이는지 꼭 읽어 보세요!

오늘의 재미난 표현과 찰떡인 그림과 함께 통째로 연상·암기 해두면 작문을 하거나 중국인 친구와 대화할 때 활용도가 높을 거예요.

② MP3 바로 듣기

DAY별로 학습해야 할 모든 단어와 예문들은 QR코드를 스캔해 바로 들을 수 있어요. (「파고다 북스」 홈페이지에서 MP3 다운로드 가능)

③ 활용도 높은 단어와 예문

주제별로 진짜 많이 쓰는 단어와 한 번에 이해되는 예문만 쏙쏙 골라 담았어요! 단어의 상단 오른쪽에 위치한 체크박스에 체크해 가며 확실하게 암기해 보세요.

④ 꼭 알려 주고 싶은 쌤의 마음을 담아!

예문 밑에 ➕표시는 본 단어와 연관 있는 단어로 알아 두면 보탬이 됩니다. 추가 단어까지 암기할 여유가 있는 학습자라면 함께 암기해 두세요!

⑤ 이보다 친절할 순 없다! 〈Tip!〉 설명까지

본문 속 선생님 캐릭터에 주목해 주세요! 헷갈리는 표현이나 선생님이 알려주고 싶은 내용 모두를 〈Tip!〉에 담았습니다. 친절한 설명으로 중국어 공부가 쉽게 느껴질 거예요.

⑥ 아낌없이 다 준다! 〈단어 플러스〉

DAY별 주제에 맞는 단어들을 추가로 모아 봤어요. 암기하기
어렵다면 여러 번 읽어 눈에 익히도록 하세요. 앞으로 회화나
독해, 작문 학습에 많은 도움이 될 거예요.

⑦ 머리를 식히는 〈문화 플러스〉

단어 플러스가 없는 DAY에는 쉬어가기 코너로 주제와 관련된
중국 문화 이야기를 준비했어요. 언어를 빨리 배우려면 그 나
라의 문화에 대한 배경 지식이 있어야 한다는 사실을 잊지 마
세요!
머리도 식히고 중국 문화와 더 친해지는 계기가 되길 바랄 게요.

⑧ 연습 문제로 그 날 배운 단어 총 정리!

연습 문제로 그 날 배운 단어를 정리해 보세요. 아래 정답을
가리고 틀린 문제는 다시 한번 더 찾아보고 암기하는 습관을
들이세요. 얼만큼 공부가 되었는지 확인하는 시간을 갖길 바
랍니다.

➕ Final check!

마지막 확인 장치까지 활용해 보세요. DAY01~DAY55까지 총 55개의 test를 부록에 넣었어요. 중국어를 보고 뜻과 병음을 적거나 말해본 다음 접는 선을 따라 종이를 접으면 정답을 바로 확인할 수 있답니다.

틀린 단어는 체크 박스에 체크해 두었다 QR코드를 스캔해 마지막으로 한번 더 MP3를 들으며 정리해 보세요. 이정도면 단어가 안 외워질 수 없겠죠? 부록까지 꼼꼼히 끝까지 활용하시길 바랄게요!

➕ 진짜 중국어 단어장에 나온 모든 단어의 총 망라!

INDEX에는 〈진짜 중국어 단어장〉에 나온 모든 단어를 담았습니다. (문장은 제외함) 단어는 병음 순서대로 담았으니 찾고 싶은 단어가 있을 땐 INDEX를 활용해 보세요. (숫자는 페이지입니다)

공부 방법

STEP 01
DAY별 주제와 관련 있는 오늘의 재미난 표현을 읽으며, 그림과 함께 통으로 표현을 기억해 둔다

STEP 02
MP3로 DAY에 나오는 모든 단어와 예문을 듣는다. 체크 박스에 체크하며 확실히 암기할 때까지 보고 또 본다.

STEP 03
본 단어를 확실하게 다 외운 학습자라면 추가로 주어진 단어 플러스나 본문 속 선생님 캐릭터가 알려주는 Tip!에 제시된 학습 내용도 암기해 본다.

STEP 04
단어 플러스나 문화 플러스로 머리를 잠시 식히며 오늘 배운 내용을 다시 한번 상기한다.

STEP 05
연습 문제를 풀어 본다.

STEP 06
부록으로 넘어가 해당 DAY의 Final check!로 확인 학습까지 진행한다.

STEP 07
Final check!에서 틀린 단어가 있다면 QR코드를 찍은 후 본문의 해당 DAY로 돌아가 다시 들으며 복습한다.

단어장의 필수, 품사표

명 명사	동 동사	형 형용사	부 부사	수 수사
양 양사	대 대사	전 전치사	조 조사	접 접속사
감 감탄사	성 성어	고유 고유 명사		

*본 단어장에는 품사 표시가 없는 단어도 있음.

DAY 01

나에게 중요한 사람들

DAY 01
MP3 바로 듣기

오늘의 재미난 표현!

• 距离产生美
jùlí chǎnshēng měi

'멀리서 보아야 아름답다' 또는 '거리가 아름다움을 만든다'라는 뜻이다. 원래는 예술 작품이나 풍경 등을 일정한 거리를 두고 멀리서 볼 때, 아름다움을 느낄 수 있다는 뜻으로 쓰였으나 요즘엔 인간 관계 역시 적당한 거리를 둘 때 더 아름다움을 느낄 수 있다는 뜻으로도 쓰인다.

예 我觉得还是距离产生美。
나는 그래도 적당히 거리를 둘 필요가 있다고 생각해.

0001 ☐☐☐

一家人
yì jiā rén
명 식구, 한 가족

我们一家人很幸福。
Wǒmen yì jiā rén hěn xìngfú.
우리 식구는 매우 행복하다.

0002 ☐☐☐

团聚
tuánjù
동 한자리에 모이다

大家回家跟家人团聚。
Dàjiā huí jiā gēn jiārén tuánjù.
모두 집으로 돌아가 가족과 한자리에 모인다.

0003 ☐☐☐

爸爸
bàba
명 아빠

我爸爸非常爱我们家人。
Wǒ bàba fēicháng ài wǒmen jiārén.
우리 아빠는 우리 가족을 매우 사랑한다.

0004 ☐☐☐

妈妈
māma
명 엄마

妈妈做的菜最好吃。
Māma zuò de cài zuì hǎochī.
엄마가 만든 음식이 가장 맛있다.

0005 ☐☐☐

儿子
érzi
명 아들

儿子长得像爸爸。
Érzi zhǎng de xiàng bàba.
아들은 아빠를 닮았다.

0006 ☐☐☐

女儿
nǚ'ér
명 딸

很多爸爸更喜欢女儿。
Hěn duō bàba gèng xǐhuan nǚ'ér.
많은 아빠들이 딸을 더 좋아한다.

兄弟
xiōngdì
[명] 형제

0007 ☐☐☐

亲兄弟也要明算账。
Qīn xiōngdì yě yào míng suàn zhàng.
친형제도 분명하게 계산해야 한다.

姐妹
jiěmèi
[명] 자매

0008 ☐☐☐

她们姐妹俩关系很好。
Tāmen jiěmèi liǎ guānxi hěn hǎo.
그 자매 둘은 사이가 매우 좋다.

独生子女
dúshēng zǐnǚ
[명] 외동 자녀

0009 ☐☐☐

我的朋友们都是家里的独生子女。
Wǒ de péngyoumen dōu shì jiā li de dúshēng zǐnǚ.
내 친구들은 모두 집안의 외동 자녀이다.

爱人 ★
àiren
[명] 배우자(남편 혹은 아내)

0010 ☐☐☐

他爱人非常厉害。
Tā àiren fēicháng lìhai.
그의 배우자는 정말 대단하다.

> 중국어로 남편은 '丈夫(zhàngfu)', 아내는 '妻子(qīzi)'예요.

女婿
nǚxu
[명] 사위

0011 ☐☐☐

丈母娘很喜欢她的女婿。
Zhàngmuniáng hěn xǐhuan tā de nǚxu.
장모님은 사위를 매우 좋아한다.

媳妇
xífù
[명] 며느리

0012 ☐☐☐

这位媳妇非常孝顺。
Zhè wèi xífù fēicháng xiàoshùn.
이 며느리는 매우 효심이 깊다.

0013 ☐☐☐

亲戚
qīnqi
명 친척

过节的时候，他们家会来很多亲戚。
Guò jié de shíhou, tāmen jiā huì lái hěn duō qīnqi.
명절을 지낼 때, 그들 집에는 많은 친척들이 온다.

0014 ☐☐☐

邻居
línjū
명 이웃

你认识你们家的邻居吗?
Nǐ rènshi nǐmen jiā de línjū ma?
너는 너희 집 이웃을 알고 있어?

0015 ☐☐☐

朋友
péngyou
명 친구

出门在外，朋友很重要。
Chū mén zài wài, péngyou hěn zhòngyào.
밖에 나가면, 친구가 중요하다.

0016 ☐☐☐

男朋友
nán péngyou
명 남자친구

你想找什么样的男朋友?
Nǐ xiǎng zhǎo shénmeyàng de nán péngyou?
너는 어떤 남자친구를 찾고 싶어?

➕ **女朋友** nǚ péngyou 여자친구

0017 ☐☐☐

红颜知己
hóngyán zhījǐ
명 여사친(여자 사람 친구,
홍안지기)

我不需要红颜知己。
Wǒ bù xūyào hóngyán zhījǐ.
나는 여사친(여자 사람 친구)은 필요 없어.

➕ **蓝颜知己** lányán zhījǐ 남사친(남자 사람 친구,
남안지기)

0018 ☐☐☐

交往
jiāowǎng
동 사귀다, 교제하다

他们俩交往很长时间了。
Tāmen liǎ jiāowǎng hěn cháng shíjiān le.
그 둘은 사귄 지 오래되었다.

同学
0019 ☐☐☐

tóngxué

명 동창, 학우

同学之间应该互相帮助。

Tóngxué zhījiān yīnggāi hùxiāng bāngzhù.

동창끼리 서로 도와야 한다.

同事
0020 ☐☐☐

tóngshì

명 직장 동료

一定要跟同事搞好关系。

Yídìng yào gēn tóngshì gǎo hǎo guānxi.

반드시 직장 동료와 좋은 관계로 지내야 한다.

단어 플러스 **다양한 가족 관계**

- 公公 gōnggong 시아버지
- 婆婆 pópo 시어머니
- 丈人 zhàngren 장인
- 丈母娘 zhàngmuniáng 장모
- 姑姑 gūgu 고모
- 姑父 gūfu 고모부
- 姨 yí 이모
- 姨夫 yífu 이모부

1 다음 중국어와 우리말 뜻을 바르게 연결하세요.

① 同事 ·　　　　　　　 · 형제

② 朋友 ·　　　　　　　 · 친구

③ 邻居 ·　　　　　　　 · 직장 동료

④ 爸爸 ·　　　　　　　 · 이웃

⑤ 兄弟 ·　　　　　　　 · 아빠

2 알맞은 병음을 적어보세요.

① 亲戚 _____　　② 儿子 _____

③ 同学 _____　　④ 姐妹 _____

3 알맞은 중국어를 적어보세요.

① 남자친구 _____　　② 식구 _____

③ 며느리 _____　　④ 딸 _____

4 빈칸에 들어갈 알맞은 중국어를 고르세요.

> 보기　　　　　團聚　　　交往

① 你知道他们两个人 _____ 多长时间了吗?

　 그 두 사람이 사귄 지 얼마나 됐는지 알아요?

② 过年的时候，大家都回家 _____ 。

　 설을 쇨 때, 모두 집으로 돌아가 한자리에 모인다.

정답

1 ①-직장 동료　②-친구　③-이웃　④-아빠　⑤-형제

2 ① qīnqi　② érzi　③ tóngxué　④ jiěmèi

3 ① 男朋友　② 一家人　③ 媳妇　④ 女儿

4 ① 交往　② 团聚

머리부터
발끝까지

DAY 02
MP3 바로 듣기

오늘의 재미난 표현!

• 浑身上下
  húnshēn shàngxià

'머리부터 발끝까지'라는 뜻으로 '浑身上下'의 뒤에 어떤 사람에게서 느껴지는 느낌이나 구체적인 사실을 덧붙여 '머리부터 발끝까지 사랑스럽다', '머리부터 발끝까지 명품이다'와 같이 표현할 수 있다.

예 他这个人浑身上下散发着魅力。
   그 사람은 머리부터 발끝까지 매력을 뿜어내고 있다.

身体
shēntǐ
명 신체, 몸

0021 ☐☐☐

身体健康比什么都重要。
Shēntǐ jiànkāng bǐ shénme dōu zhòngyào.
신체 건강은 어떤 것보다도 중요하다.

头
tóu
명 머리

0022 ☐☐☐

今天太忙了，头很疼。
Jīntiān tài máng le, tóu hěn téng.
오늘 너무 바빠서 머리가 아프다.

脸
liǎn
명 얼굴

0023 ☐☐☐

脸上好像有什么东西。
Liǎn shang hǎoxiàng yǒu shénme dōngxi.
얼굴에 무언가가 있는 것 같다.

眼睛
yǎnjing
명 눈

0024 ☐☐☐

学生一定要保护好眼睛。
Xuésheng yídìng yào bǎohù hǎo yǎnjing.
학생은 반드시 눈을 잘 보호해야 한다.

眉毛
méimao
명 눈썹

0025 ☐☐☐

我每天早上画眉毛。
Wǒ měitiān zǎoshang huà méimao.
나는 매일 아침에 눈썹을 그린다.

鼻子
bízi
명 코

0026 ☐☐☐

感冒了，鼻子不通气。
Gǎnmào le, bízi bù tōng qì.
감기 걸려서 코가 막혔다.

嘴
zuǐ
명 입

0027 ☐☐☐

张开嘴，让我检查一下。
Zhāng kāi zuǐ, ràng wǒ jiǎnchá yíxià.
입 벌리세요, 제가 검사 좀 하겠습니다.

嘴唇
zuǐchún
명 입술

0028 ☐☐☐

天气干燥，嘴唇裂开了。
Tiānqì gānzào, zuǐchún liè kāi le.
날씨가 건조해서 입술이 갈라졌다.

耳朵
ěrduo
명 귀

0029 ☐☐☐

耳朵大的人有福。
Ěrduo dà de rén yǒu fú.
귀가 큰 사람은 복이 있다.

下巴
xiàba
명 턱

0030 ☐☐☐

他摸了摸下巴，思考了一下。
Tā mō le mō xiàba, sīkǎo le yíxià.
그는 턱을 만지작거리며 생각했다.

脖子
bózi
명 목

0031 ☐☐☐

长颈鹿的脖子很长。
Chángjǐnglù de bózi hěn cháng.
기린의 목은 길다.

肩膀
jiānbǎng
명 어깨

0032 ☐☐☐

肩膀宽的人穿衣服好看。
Jiānbǎng kuān de rén chuān yīfu hǎokàn.
어깨가 넓은 사람은 옷을 입으면 보기 좋다.

手
shǒu
명 손

0033 ☐☐☐

吃饭前一定要洗手。
Chī fàn qián yídìng yào xǐ shǒu.
밥 먹기 전에 반드시 손을 씻어야 한다.

指甲
zhǐjia
명 손톱

0034 ☐☐☐

指甲太长不方便。
Zhǐjia tài cháng bù fāngbiàn.
손톱이 너무 길어서 불편하다.

胳膊
gēbo
명 팔

0035 ☐☐☐

东西太重了，胳膊疼。
Dōngxi tài zhòng le, gēbo téng.
물건이 너무 무거워서 팔이 아프다.

胸
xiōng
명 가슴

0036 ☐☐☐

走路的时候要抬头挺胸。
Zǒu lù de shíhou yào tái tóu tǐng xiōng.
걸을 때는 고개를 들고 가슴을 펴야 한다.

肚子
dùzi
명 배, 복부

0037 ☐☐☐

肚子饿了，我们先吃饭吧。
Dùzi è le, wǒmen xiān chī fàn ba.
배고픈데, 우리 먼저 밥 먹자.

后背
hòubèi
명 등

0038 ☐☐☐

我现在觉得后背很痒。
Wǒ xiànzài juéde hòubèi hěn yǎng.
나는 지금 등이 가렵다.

腰
yāo
명 허리

0039 ☐☐☐

站了一整天，我的腰很酸。
Zhàn le yìzhěngtiān, wǒ de yāo hěn suān.
하루 종일 서 있었더니 허리가 시큰거린다.

屁股
pìgu
명 엉덩이

0040 ☐☐☐

吃完饭就拍屁股走人。
Chī wán fàn jiù pāi pìgu zǒu rén.
밥을 다 먹자마자 엉덩이를 털고 가버렸다.

大腿
dàtuǐ
명 허벅지

0041 ☐☐☐

昨天跑了很长的路，今天大腿疼。
Zuótiān pǎo le hěn cháng de lù, jīntiān dàtuǐ téng.
어제 오래 달렸더니 오늘 허벅지가 아프다.

➕ 小腿 xiǎotuǐ 종아리

膝盖
xīgài
명 무릎

0042 ☐☐☐

运动的时候要保护好膝盖。
Yùndòng de shíhou yào bǎohù hǎo xīgài.
운동할 때는 무릎을 잘 보호해야 한다.

脚
jiǎo
명 발

0043 ☐☐☐

你的脚穿多大的鞋?
Nǐ de jiǎo chuān duōdà de xié?
넌 신발 몇 신어?

🚩 단어 플러스 　**신체 부위 및 특징 표현**

- 单眼皮 dānyǎnpí 홑꺼풀, 외꺼풀
- 双眼皮 shuāngyǎnpí 쌍꺼풀
- 睫毛 jiémáo 속눈썹
- 牙齿 yáchǐ 치아
- 皱纹 zhòuwén 주름
- 酒窝 jiǔwō 보조개

1 다음 중국어와 우리말 뜻을 바르게 연결하세요.

① 眉毛 ·　　　　　　· 귀

② 耳朵 ·　　　　　　· 팔

③ 胳膊 ·　　　　　　· 눈썹

④ 肚子 ·　　　　　　· 엉덩이

⑤ 屁股 ·　　　　　　· 배

2 알맞은 병음을 적어보세요.

① 下巴 _____　　② 指甲 _____

③ 脖子 _____　　④ 大腿 _____

3 알맞은 중국어를 적어보세요.

① 발 _____　　② 입술 _____

③ 허리 _____　　④ 눈 _____

4 빈칸에 들어갈 알맞은 중국어를 고르세요.

> 보기　　　　　　　身体　　脸

① 我困了，去洗一下 _____。
　나 너무 졸려, 세수 좀 하고 올게.

② 一定要注意 _____ 健康。
　반드시 신체 건강에 유의해야 한다.

정답

1 ①-눈썹　　②-귀　　③-팔　　④-배　　⑤-엉덩이

2 ① xiàba　　② zhǐjia　　③ bózi　　④ dàtuǐ

3 ① 脚　　② 嘴唇　　③ 腰　　④ 眼睛

4 ① 脸　　② 身体

겉모습만 보고
판단하지 말 것!

오늘의 재미난 표현!

• 人不可貌相
  rén bùkě màoxiàng

'사람은 겉모습만 보고 판단해서는 안 된다'는 중국 속담으로 뒤에 '海水不可斗量'를 붙여 '사람은 겉모습만 보고 판단해서는 안 되고, 바닷물은 말로 측정할 수 없다'라고도 쓴다.

예 人不可貌相, 海水不可斗量。
   사람은 겉모습만 보고 판단해서는 안 되고, 바닷물은 말로 측정할 수 없다.

长相 0044 □□□
zhǎngxiàng
명 생김새, 용모

看人不要只看长相。
Kàn rén búyào zhǐ kàn zhǎngxiàng.
사람을 볼 때 생김새만 봐서는 안 된다.

脸型 0045 □□□
liǎnxíng
명 얼굴형

我非常喜欢你这样的脸型。
Wǒ fēicháng xǐhuan nǐ zhèyàng de liǎnxíng.
나는 너 같은 얼굴형을 매우 좋아한다.

好看 0046 □□□
hǎokàn
형 아름답다, 멋있다, 보기 좋다

她越来越好看了。
Tā yuèláiyuè hǎokàn le.
그녀는 갈수록 아름다워진다.

帅 0047 □□□
shuài
형 잘생기다

他不但人好，长得也很帅。
Tā búdàn rén hǎo, zhǎng de yě hěn shuài.
그는 사람이 좋을 뿐만 아니라 외모도 아주 잘생겼다.

漂亮 0048 □□□
piàoliang
형 예쁘다

我跟她谁更漂亮？
Wǒ gēn tā shéi gèng piàoliang?
나와 그녀 중에 누가 더 예뻐?

丑 0049 □□□
chǒu
형 밉다, 못생기다

这个字写得很丑。
Zhège zì xiě de hěn chǒu.
이 글자는 밉게(보기 싫게) 썼다.

可爱
kě'ài
형 귀엽다

0050 ☐☐☐

你妹妹笑起来的样子很可爱。
Nǐ mèimei xiào qǐlai de yàngzi hěn kě'ài.
네 여동생은 웃는 모습이 정말 귀엽다.

身材
shēncái
명 몸매

0051 ☐☐☐

为了保持身材，她天天做运动。
Wèile bǎochí shēncái, tā tiāntiān zuò yùndòng.
몸매를 유지하기 위해 그녀는 매일 운동을 한다.

苗条
miáotiao
형 날씬하다

0052 ☐☐☐

穿这件衣服显得很苗条。
Chuān zhè jiàn yīfu xiǎnde hěn miáotiao.
이 옷을 입으면 날씬해 보인다.

胖
pàng
형 뚱뚱하다

0053 ☐☐☐

你其实一点都不胖。
Nǐ qíshí yìdiǎn dōu bú pàng.
너는 사실 조금도 뚱뚱하지 않아.

瘦
shòu
형 마르다, 야위다

0054 ☐☐☐

太瘦对健康不好。
Tài shòu duì jiànkāng bù hǎo.
너무 마르면 건강에 좋지 않다.

皮肤
pífū
명 피부

0055 ☐☐☐

晚上睡得太晚对皮肤不好。
Wǎnshang shuì de tài wǎn duì pífū bù hǎo.
저녁에 너무 늦게 자는 것은 피부에 좋지 않다.

个子
gèzi
명 키

0056 ☐☐☐

小孩子多运动能长个子。
Xiǎo háizi duō yùndòng néng zhǎng gèzi.
아이는 운동을 많이 하면 키가 자랄 수 있다.

高
gāo
형 (키가) 크다

0057 ☐☐☐

我喜欢个子高的男生。
Wǒ xǐhuan gèzi gāo de nánshēng.
나는 키가 큰 남자를 좋아한다.

矮
ǎi
형 (키가) 작다

0058 ☐☐☐

两个人一高一矮，各有优点。
Liǎng ge rén yì gāo yì ǎi, gè yǒu yōudiǎn.
둘 중 하나는 크고 하나는 작은데, 각각 장점이 있다.

长
cháng
형 길다

0059 ☐☐☐

你的手指很长，适合弹乐器。
Nǐ de shǒuzhǐ hěn cháng, shìhé tán yuèqì.
너의 손가락은 길어서 악기를 연주하기에 적합하다.

短
duǎn
형 짧다

0060 ☐☐☐

头发太短了，没办法烫发。
Tóufa tài duǎn le, méi bànfǎ tàng fà.
머리가 너무 짧아서 파마를 할 수가 없다.

魅力
mèilì
명 매력

0061 ☐☐☐

我觉得一个人有魅力才是关键。
Wǒ juéde yí ge rén yǒu mèilì cái shì guānjiàn.
나는 사람은 매력 있는 것이 키포인트(중요한 포인트)라고 생각한다.

英俊
0062 ☐☐☐

yīngjùn

형 준수하다, 스마트해 보인다

他长得很英俊，非常受欢迎。
Tā zhǎng de hěn yīngjùn, fēicháng shòu huānyíng.
그는 준수하게 생겨서 매우 인기가 많다.

气质
0063 ☐☐☐

qìzhì

명 기질, 분위기

他有一股艺术家的气质。
Tā yǒu yì gǔ yìshùjiā de qìzhì.
그는 예술가 기질을 가지고 있다.

단어 플러스 ▶ 다양한 외모 표현 방법

- **难看** nánkàn 못생기다, 보기 싫다
- **酷** kù 멋있다
- **耐看** nàikàn 아무리 보아도 질리지 않는다
- **潇洒** xiāosǎ 시크하다, 세련되다
- **清纯** qīngchún 청순하다
- **颜值担当** yánzhí dāndāng 비주얼 담당

1 다음 중국어와 우리말 뜻을 바르게 연결하세요.

① 漂亮 •　　　　　　　• 매력

② 可爱 •　　　　　　　• 날씬하다

③ 苗条 •　　　　　　　• 귀엽다

④ 皮肤 •　　　　　　　• 예쁘다

⑤ 魅力 •　　　　　　　• 피부

2 알맞은 병음을 적어보세요.

① 身材 _____　　② 英俊 _____

③ 气质 _____　　④ 个子 _____

3 알맞은 중국어를 적어보세요.

① 생김새 _____　　② (키가) 크다 _____

③ 얼굴형 _____　　④ (키가) 작다 _____

4 빈칸에 들어갈 알맞은 중국어를 고르세요.

> 보기　　　　　瘦　　气质

① 他身上有一股文人的 _____。

　그에게는 작가 기질이 있다.

② 她儿子最近 _____ 了很多。

　그녀의 아들은 최근 많이 야위었다.

정답

1 ①-예쁘다　②-귀엽다　③-날씬하다　④-피부　⑤-매력

2 ① shēncái　② yīngjùn　③ qìzhì　④ gèzi

3 ① 长相　② 高　③ 脸型　④ 矮

4 ① 气质　② 瘦

나 이런 사람이야

DAY 04
MP3 바로 듣기

오늘의 재미난 표현!

- 杠精
  gàng jīng

사사건건 다른 사람에게 시비를 걸거나 불편함을 표현하는 사람을 뜻하는 인터넷 용어이다. '혹시 저만 이렇게 생각하나요?' 혹은 '이거 저만 불편한가요?'라는 댓글을 시작으로 다른 사람의 의견이나 행동에 반대 의견을 일삼고 자주 언쟁하는 사람을 가리키는 표현이다. 한국어로는 '프로 불편러'라고 한다.

예 他总是爱抬杠，是个杠精。
그는 늘 시비를 걸어, 정말 프로 불편러야.

性格
0064 ☐☐☐

xìnggé

명 성격

两个人做朋友，性格很重要。
Liǎng ge rén zuò péngyou, xìnggé hěn zhòngyào.
두 사람이 친구가 되는 데는 성격이 매우 중요하다.

积极
0065 ☐☐☐

jījí

형 적극적이다

我是一个积极向上的人。
Wǒ shì yí ge jījí xiàngshàng de rén.
나는 적극적으로 발전하려는 사람이다.

乐观
0066 ☐☐☐

lèguān

형 낙관적이다

希望你以乐观的态度对待生活。
Xīwàng nǐ yǐ lèguān de tàidù duìdài shēnghuó.
당신이 낙관적인 태도로 삶을 대하길 바랍니다.

小气
0067 ☐☐☐

xiǎoqi

형 인색하다, 쪼잔하다

朋友之间不要那么小气。
Péngyou zhījiān búyào nàme xiǎoqi.
친구 사이에 그렇게 인색하게 굴지 마라.

诚实
0068 ☐☐☐

chéngshí

형 솔직하다, 성실하다

他这个人对人不诚实。
Tā zhège rén duì rén bù chéngshí.
그는 남에게 솔직하지 못하다.

热情
0069 ☐☐☐

rèqíng

형 친절하다

这家饭店的服务员非常热情。
Zhè jiā fàndiàn de fúwùyuán fēicháng rèqíng.
이 식당의 종업원은 매우 친절하다.

0070

慢悠悠
mànyōuyōu
형 느긋하다, 꾸물거리다

他做什么事都慢悠悠的。
Tā zuò shénme shì dōu mànyōuyōu de.
그는 무슨 일을 하든지 느긋하다.

0071

细心
xìxīn
형 꼼꼼하다, 세심하다

这次考试，你要细心一点。
Zhè cì kǎoshì, nǐ yào xìxīn yìdiǎn.
이번 시험은 네가 좀 꼼꼼하게 봐야 한다.

0072

胆小
dǎnxiǎo
형 겁이 많다

我胆小，你不要吓我。
Wǒ dǎnxiǎo, nǐ búyào xià wǒ.
나는 겁이 많으니까 나를 놀라게 하지 말아줘.

0073

体贴
tǐtiē
형 자상하다, 배려심이 많다

我喜欢她的温柔和体贴。
Wǒ xǐhuan tā de wēnróu hé tǐtiē.
나는 그녀의 온화함과 자상함을 좋아한다.

0074

单纯
dānchún
형 단순하다

孩子的世界很单纯。
Háizi de shìjiè hěn dānchún.
아이의 세계는 매우 단순하다.

0075

狡猾
jiǎohuá
형 교활하다

你这个狡猾的老狐狸。
Nǐ zhège jiǎohuá de lǎo húli.
이 교활한 늙은 여우야.

活泼 0076 □□□
huópō
형 활발하다

这个孩子很活泼。
Zhège háizi hěn huópō.
이 아이는 매우 활발하다.

骄傲 0077 □□□
jiāo'ào
형 거만하다

成功的人千万不能骄傲。
Chénggōng de rén qiānwàn bù néng jiāo'ào.
성공한 사람은 절대 거만해서는 안 된다.

懒 0078 □□□
lǎn
형 게으르다

老板不会喜欢太懒的人。
Lǎobǎn bú huì xǐhuan tài lǎn de rén.
사장님은 너무 게으른 사람은 좋아하지 않을 것이다.

幽默 0079 □□□
yōumò
형 유머러스하다

成老师是一个幽默的人。
Chéng lǎoshī shì yí ge yōumò de rén.
성 쌤은 유머러스한 사람이다.

耐心 0080 □□□
nàixīn
형 참을성이 있다

希望大家耐心等待结果。
Xīwàng dàjiā nàixīn děngdài jiéguǒ.
모두 참을성 있게 결과를 기다려 주시기를 바랍니다.

内向 0081 □□□
nèixiàng
형 내향적이다

我弟弟内向，不喜欢说话。
Wǒ dìdi nèixiàng, bù xǐhuan shuō huà.
내 남동생은 내향적이라 말하는 걸 좋아하지 않는다.

自私
zìsī
형 이기적이다

0082 □□□

没有人喜欢自私的人。
Méiyǒu rén xǐhuan zìsī de rén.
이기적인 사람을 좋아하는 사람은 없다.

固执
gùzhí
형 고집스럽다

0083 □□□

他很固执，从来都不听劝。
Tā hěn gùzhí, cónglái dōu bù tīng quàn.
그는 고집이 세서 여태껏 충고를 들은 적이 없다.

> 단어 플러스 **다양한 성격 표현**

- 消极 xiāojí 소극적이다
- 悲观 bēiguān 비관적이다
- 大方 dàfang 대범하다
- 粗心 cūxīn 부주의하다
- 勇敢 yǒnggǎn 용감하다
- 谦虚 qiānxū 겸손하다
- 勤奋 qínfèn 부지런하다
- 外向 wàixiàng 외향적이다

1 다음 중국어와 우리말 뜻을 바르게 연결하세요.

① 性格 ·   · 솔직하다

② 小气 ·   · 성격

③ 诚实 ·   · 인색하다

④ 单纯 ·   · 거만하다

⑤ 骄傲 ·   · 단순하다

2 알맞은 병음을 적어보세요.

① 内向 _____ ② 固执 _____

③ 自私 _____ ④ 细心 _____

3 알맞은 중국어를 적어보세요.

① 친절하다 _____ ② 낙관적이다 _____

③ 겁이 많다 _____ ④ 적극적이다 _____

4 빈칸에 들어갈 알맞은 중국어를 고르세요.

| 보기 | 体贴   懒 |

① 我女朋友非常 _____。

내 여자친구는 매우 자상하다.

② 我最讨厌 _____ 的人。

나는 게으른 사람을 가장 싫어한다.

정답

1 ①-성격 ②-인색하다 ③-솔직하다 ④-단순하다 ⑤-거만하다

2 ① nèixiàng ② gùzhí ③ zìsī ④ xìxīn

3 ① 热情 ② 乐观 ③ 胆小 ④ 积极

4 ① 体贴 ② 懒

DAY 05

스트레스는 날려버려!

오늘의 재미난 표현!

• 生命在于运动
shēngmìng zàiyú yùndòng

'생명은 운동에 달려있다'라는 뜻의 명언이다. 많이 움직이고 운동하면 건강에 이롭고 더욱 건강하게 오래 살 수 있다는 말로 이해하면 된다. HSK 쓰기에도 활용하기 좋은 문장이니 문장을 통으로 기억해 둘 것!

예 不要一直躺着，生命在于运动。
　　계속 누워 있으면 안 된다, 생명은 운동에 달려 있다.
　　(= 누워 있지 말고 많이 움직이고 활동해야 한다.)

看电影
0084 ☐☐☐

kàn diànyǐng

영화를 보다

明天有时间看电影吗?

Míngtiān yǒu shíjiān kàn diànyǐng ma?

내일 영화 볼 시간 있어?

刷剧
0085 ☐☐☐

shuā jù

(TV 프로그램 등을) 정주행하다

周末我要在家刷剧。

Zhōumò wǒ yào zài jiā shuā jù.

주말에 나는 집에서 드라마 정주행할 거야.

养植物
0086 ☐☐☐

yǎng zhíwù

식물을 기르다

养植物能让我放松心情。

Yǎng zhíwù néng ràng wǒ fàngsōng xīnqíng.

식물을 기르는 것은 내 마음을 편안하게 만들어 줄 수 있다.

做菜
0087 ☐☐☐

zuò cài

요리를 하다

我在家经常做菜。

Wǒ zài jiā jīngcháng zuò cài.

나는 집에서 자주 요리를 한다.

0088 ☐☐☐

学习烘焙难吗?

Xuéxí hōngbèi nán ma?

로스팅 배우기 어려워?

烘焙 ★

hōngbèi

동 (불로) 굽다, 말리다

'烘焙'는 원래 차를 많이 마시는 중국 문화
답게 '(불로) 찻잎을 말리다'의 의미를 가지
고 있었으나 요즘에는 '(커피를) 로스팅하다',
'(빵이나 쿠키를) 베이킹하다'라는 의미로 더
많이 쓰여요.

玩游戏 0089 ☐☐☐
wán yóuxì
게임을 하다

我好久没有玩游戏了。
Wǒ hǎojiǔ méiyǒu wán yóuxì le.
나는 오랫동안 게임을 하지 않았다.

画画儿 0090 ☐☐☐
huà huàr
그림을 그리다

很多人从小开始学画画儿。
Hěn duō rén cóngxiǎo kāishǐ xué huà huàr.
많은 사람들은 어릴 때부터 그림 그리는 걸 배우기 시작한다.

收藏 0091 ☐☐☐
shōucáng
동 수집하다

我爸爸喜欢收藏字画。
Wǒ bàba xǐhuan shōucáng zìhuà.
우리 아버지는 서화 수집을 좋아하신다.

弹吉他 0092 ☐☐☐
tán jítā
기타를 치다

那个歌手总是一边弹吉他，一边唱歌。
Nàge gēshǒu zǒngshì yìbiān tán jítā, yìbiān chàng gē.
그 가수는 항상 기타를 치면서 노래를 부른다.

跳舞 0093 ☐☐☐
tiào wǔ
동 춤을 추다

你喜欢唱歌还是跳舞？
Nǐ xǐhuan chàng gē háishi tiào wǔ?
너는 노래 부르는 걸 좋아해 아니면 춤추는 걸 좋아해?

聊天 0094 ☐☐☐
liáo tiān
동 이야기하다, 수다를 떨다

我们坐下来聊天吧。
Wǒmen zuò xiàlai liáo tiān ba.
우리 앉아서 이야기하자.

散步
0095 ☐☐☐

sàn bù

图 산책하다

今天是散步的好天气。

Jīntiān shì sàn bù de hǎo tiānqì.

오늘은 산책하기 좋은 날씨다.

拍照片
0096 ☐☐☐

pāi zhàopiàn

사진을 찍다

我经常到野外拍照片。

Wǒ jīngcháng dào yěwài pāi zhàopiàn.

나는 자주 야외에 나가 사진을 찍는다.

运动
0097 ☐☐☐

yùndòng

명 동 운동(하다)

喜欢运动的人基本上都很开朗。

Xǐhuan yùndòng de rén jīběn shang dōu hěn kāilǎng.

운동을 좋아하는 사람들은 기본적으로 모두 활달하다.

登山
0098 ☐☐☐

dēng shān

图 등산하다

登山太累了，我不想去。

Dēng shān tài lèi le, wǒ bù xiǎng qù.

등산은 너무 힘들어서 나는 가고 싶지 않다.

观看比赛
0099 ☐☐☐

guānkàn bǐsài

경기를 관람하다

观众席上有很多人观看比赛。

Guānzhòngxí shang yǒu hěn duō rén guānkàn bǐsài.

관중석에 많은 사람들이 경기를 관람한다.

兜风
0100 ☐☐☐

dōu fēng

图 바람을 쐬다

不要一整天在家里，出去兜风也很好。

Búyào yìzhěngtiān zài jiā li, chūqu dōu fēng yě hěn hǎo.

하루 종일 집에 있지 말고 나가서 바람을 쐬는 것도 좋겠어요.

钓鱼
0101 □□□

diào yú

图 낚시하다

钓鱼需要安静。
Diào yú xūyào ānjìng.
낚시는 조용해야 한다.

旅行
0102 □□□

lǚxíng

图 여행하다

他一到假期就去旅行。
Tā yí dào jiàqī jiù qù lǚxíng.
그는 휴가철이 되면 바로 여행을 간다.

단어 플러스 **다양한 취미 활동**

- **追星** zhuīxīng 덕질하다(팬 활동을 하다)
- **发呆** fā dāi 멍때리다
- **花艺** huāyì 플라워 아트, 꽃꽂이
- **音乐剧** yīnyuèjù 뮤지컬
- **轰趴** hōngpā 홈 파티(home party)
- **露营** lùyíng 캠핑(camping)

1 다음 중국어와 우리말 뜻을 바르게 연결하세요.

① 刷剧 ·   · 춤을 추다

② 做菜 ·   · (TV 프로그램 등을) 정주행하다

③ 跳舞 ·   · 수집하다

④ 收藏 ·   · 낚시하다

⑤ 钓鱼 ·   · 요리를 하다

2 알맞은 병음을 적어보세요.

① 运动 _____   ② 旅行 _____

③ 拍照片 _____   ④ 玩游戏 _____

3 알맞은 중국어를 적어보세요.

① 영화를 보다 _____   ② 바람을 쐬다 _____

③ 식물을 기르다 _____   ④ 등산하다 _____

4 빈칸에 들어갈 알맞은 중국어를 고르세요.

> **보기**   聊天   画画儿

① 你是什么时候开始喜欢 _____ 的?
너는 언제부터 그림 그리는 걸 좋아하게 된 거야?

② 我们去那边 _____ 吧。
우리 저쪽에 가서 이야기하자.

정답

1 ①-(TV 프로그램 등을) 정주행하다   ②-요리를 하다   ③-춤을 추다
  ④-수집하다   ⑤-낚시하다
2 ① yùndòng   ② lǚxíng   ③ pāi zhàopiàn ④ wán yóuxì
3 ① 看电影   ② 兜风   ③ 养植物   ④ 登山
4 ① 画画儿   ② 聊天

입학에서 졸업까지

DAY 06
MP3 바로 듣기

오늘의 재미난 표현!

• 学区房
  xué qū fáng

'학군 좋은 집'이라는 뜻으로 현대판 맹모 삼천지교와 비슷하다. 우리나라의 강남 8학군과 마찬가지로 중국에도 양질의 교육을 받을 수 있도록 원래 거주하고 있던 곳을 떠나 학군이 좋은 지역으로 이사하는 부모들이 늘어나고 있다고 한다. 초등학교부터 명문 학군의 초입 길의 3~4평 쪽방이니 히름한 집조치도 고액에 거래되고 있는 현실! 하지만 최근 중국 정부에서 '学区房' 현상을 바로 잡기 위해 다양한 정책들을 내놓을 계획을 가지고 있어 기대가 된다.

예 听说他买到学区房了?
   듣자 하니 그가 학군 좋은 집을 샀다면서?

入学
0103 ☐☐☐
rù xué
[동] 입학하다

七周岁就可以入学了。
Qī zhōusuì jiù kěyǐ rù xué le.
만 7세가 되면 입학할 수 있다.

激动
0104 ☐☐☐
jīdòng
[동] 설레다, 흥분하다

明天开学，我很激动。
Míngtiān kāi xué, wǒ hěn jīdòng.
내일이 개학이라 나는 설렌다.

年级
0105 ☐☐☐
niánjí
[명] 학년

你现在上几年级？
Nǐ xiànzài shàng jǐ niánjí?
너는 지금 몇 학년이야?

学期
0106 ☐☐☐
xuéqī
[명] 학기

这个学期我考了第一名。
Zhège xuéqī wǒ kǎo le dì yī míng.
이번 학기에 나는 시험에서 1등을 했다.

书包
0107 ☐☐☐
shūbāo
[명] 책가방

我想买一个新书包。
Wǒ xiǎng mǎi yí ge xīn shūbāo.
나는 새 책가방을 하나 사고 싶다.

课本
0108 ☐☐☐
kèběn
[명] 교과서

学校发了很多新课本。
Xuéxiào fā le hěn duō xīn kèběn.
학교에서 새 교과서를 많이 배부했다.

上课
shàng kè
동 수업하다

0109 ☐☐☐

上课的时候千万不能迟到。
Shàng kè de shíhou qiānwàn bù néng chídào.
수업 시간에 절대 늦어서는 안 된다.

黑板
hēibǎn
명 칠판

0110 ☐☐☐

我看不清楚黑板上的字。
Wǒ kàn bu qīngchu hēibǎn shang de zì.
(나는) 칠판의 글씨가 잘 보이지 않는다.

教室
jiàoshì
명 교실

0111 ☐☐☐

教室里有很多学生。
Jiàoshì li yǒu hěn duō xuésheng.
교실 안에 많은 학생들이 있다.

校门
xiàomén
명 교문

0112 ☐☐☐

上课的时候，校门会关上。
Shàng kè de shíhou, xiàomén huì guān shang.
수업 시간에는 교문이 닫힌다.

校服
xiàofú
명 교복

0113 ☐☐☐

今天上学不用穿校服。
Jīntiān shàng xué búyòng chuān xiàofú.
오늘 등교할 때는 교복을 입지 않아도 된다.

同桌
tóngzhuō
명 짝꿍

0114 ☐☐☐

今天跟同桌吵架了。
Jīntiān gēn tóngzhuō chǎo jià le.
오늘 짝꿍과 싸웠다.

班长 0115 ☐☐☐
bānzhǎng
명 반장

班长告诉我们明天不上课。
Bānzhǎng gàosu wǒmen míngtiān bú shàng kè.
반장이 우리에게 내일 수업을 하지 않는다고 말했다.

班主任 0116 ☐☐☐
bānzhǔrèn
명 학급 담임

同学们都在等班主任老师来。
Tóngxuémen dōu zài děng bānzhǔrèn lǎoshī lái.
학생들 모두 담임 선생님이 오시기를 기다리고 있다.

家长 0117 ☐☐☐
jiāzhǎng
명 학부모, 가장

放学时，很多家长都会来接孩子。
Fàng xué shí, hěn duō jiāzhǎng dōu huì lái jiē háizi.
하교할 때, 아이를 데리러 오는 학부모가 많다.

教务处 0118 ☐☐☐
jiàowùchù
명 교무실

请问，教务处在哪里？
Qǐngwèn, jiàowùchù zài nǎli?
실례지만, 교무실이 어딘 가요?

体罚 0119 ☐☐☐
tǐfá
동 체벌하다

老师不可以随便体罚学生。
Lǎoshī bù kěyǐ suíbiàn tǐfá xuésheng.
선생님이 학생을 함부로 체벌해서는 안 된다.

医务室 0120 ☐☐☐
yīwùshì
명 양호실

我不舒服，想去医务室。
Wǒ bù shūfu, xiǎng qù yīwùshì.
나는 몸이 아파서 양호실에 가고 싶다.

0121 ☐☐☐

休息时间
xiūxi shíjiān
명 쉬는 시간

休息时间不要太吵。
Xiūxi shíjiān búyào tài chǎo.
쉬는 시간에 너무 떠들지 마세요.

0122 ☐☐☐

小卖部
xiǎomàibù
명 매점

小卖部里有很多零食。
Xiǎomàibù li yǒu hěn duō língshí.
매점에는 간식이 많다.

0123 ☐☐☐

伙食
huǒshí
명 급식

我们学校的伙食非常好。
Wǒmen xuéxiào de huǒshí fēicháng hǎo.
우리 학교의 급식은 매우 좋다.

0124 ☐☐☐

暑假
shǔjià
명 여름 방학

暑假一般比寒假短。
Shǔjià yìbān bǐ hánjià duǎn.
여름 방학은 일반적으로 겨울 방학보다 짧다.

0125 ☐☐☐

毕业
bì yè
동 졸업하다

我高中毕业已经十年了。
Wǒ gāozhōng bì yè yǐjing shí nián le.
나는 고등학교를 졸업한 지 이미 10년이 되었다.

🚩 단어 플러스 　**학교 관련 기타 표현**

- 小学 xiǎoxué 초등학교
- 初中 chūzhōng 중학교
- 高中 gāozhōng 고등학교
- 下课 xià kè 수업을 마치다
- 寒假 hánjià 겨울 방학
- 毕业典礼 bìyè diǎnlǐ 졸업식

1 다음 중국어와 우리말 뜻을 바르게 연결하세요.

① 书包 ·   · 수업하다

② 上课 ·   · 책가방

③ 黑板 ·   · 칠판

④ 年级 ·   · 교문

⑤ 校门 ·   · 학년

2 알맞은 병음을 적어보세요.

① 班主任 _____   ② 同桌 _____

③ 班长 _____   ④ 家长 _____

3 알맞은 중국어를 적어보세요.

① 여름 방학 _____   ② 쉬는 시간 _____

③ 급식 _____   ④ 교복 _____

4 빈칸에 들어갈 알맞은 중국어를 고르세요.

> 보기   入学   毕业

① 在中国，大部分学生七岁 _____。
중국에서 대부분 학생들은 7살에 입학한다.

② 我大学 _____ 已经十年了。
나는 대학교를 졸업한 지 이미 10년이 되었다.

정답 --

1 ①－책가방   ②－수업하다   ③－칠판   ④－학년   ⑤－교문
2 ① bānzhǔrèn   ② tóngzhuō   ③ bānzhǎng   ④ jiāzhǎng
3 ① 暑假   ② 休息时间   ③ 伙食   ④ 校服
4 ① 入学   ② 毕业

캠퍼스 라이프의 로망

오늘의 재미난 표현!

• 大学校园
  dàxué xiàoyuán

'대학교 캠퍼스'라는 뜻이다. 단순히 학교의 어느 한 장소에 그치지 않고 많은 사람들의 추억을 불러 일으키는 장소의 단어라 할 수 있다.

예 大学校园是一个小社会。
   대학교 캠퍼스는 하나의 작은 사회다.

校园
xiàoyuán

명 캠퍼스

0126 ☐☐☐

我们学校有很多校园活动。
Wǒmen xuéxiào yǒu hěn duō xiàoyuán huódòng.
우리 학교는 캠퍼스 활동이 많다.

➕ 校园情侣 xiàoyuán qínglǚ 캠퍼스 커플

浪漫
làngmàn

형 낭만적이다

0127 ☐☐☐

校园生活很浪漫。
Xiàoyuán shēnghuó hěn làngmàn.
캠퍼스 생활은 매우 낭만적이다.

主楼
zhǔlóu

명 본관

0128 ☐☐☐

我们学校的主楼很大。
Wǒmen xuéxiào de zhǔlóu hěn dà.
우리 학교의 본관은 매우 크다.

校食堂
xiào shítáng

명 학교 식당

0129 ☐☐☐

中午校食堂挤满了人。
Zhōngwǔ xiào shítáng jǐ mǎn le rén.
정오에 학교 식당은 사람들로 가득 차있다.

饭卡
fàn kǎ

명 식당 카드

0130 ☐☐☐

饭卡丢了可以补办。
Fàn kǎ diū le kěyǐ bǔbàn.
식당 카드를 잃어버리면 재발급 받을 수 있다.

宿舍
sùshè

명 기숙사

0131 ☐☐☐

不是本校学生就不能进宿舍。
Bú shì běnxiào xuésheng jiù bù néng jìn sùshè.
본교 학생이 아니면 기숙사에 들어갈 수 없다.

室友
shìyǒu

명 룸메이트

0132 ☐☐☐

我和室友们关系非常好。
Wǒ hé shìyǒumen guānxi fēicháng hǎo.
나는 룸메이트들과 사이가 매우 좋다.

0133

熄灯
xī dēng
통 소등하다

你们也是12点熄灯吗?
Nǐmen yě shì shí'èr diǎn xī dēng ma?
너희들도 12시에 소등해?

0134

迎新晚会
yíngxīn wǎnhuì
명 신입생 환영회

我一定要参加迎新晚会。
Wǒ yídìng yào cānjiā yíngxīn wǎnhuì.
나는 꼭 신입생 환영회에 참가할 것이다.

0135

社团
shètuán
명 동아리

你打算加入什么社团?
Nǐ dǎsuàn jiārù shénme shètuán?
너는 어떤 동아리에 가입할 거야?

0136

专业
zhuānyè
명 전공

你对自己的专业满意吗?
Nǐ duì zìjǐ de zhuānyè mǎnyì ma?
너는 네 전공에 만족해?

0137

系
xì
명 과(학과)

你们系男生多,还是女生多?
Nǐmen xì nánshēng duō háishi nǚshēng duō?
너희 과에는 남학생이 많아 아니면 여학생이 많아?

0138

选修课
xuǎnxiūkè
명 선택 과목

这次选修课你选了什么?
Zhè cì xuǎnxiūkè nǐ xuǎn le shénme?
이번 선택 과목은 어떤 걸 골랐어?

0139

必修课
bìxiūkè
명 필수 과목

我们专业有很多必修课。
Wǒmen zhuānyè yǒu hěn duō bìxiūkè.
우리 전공은 필수 과목이 많다.

0140 □□□

旷课
kuàng kè

동 수업을 빼먹다, 무단결석하다

不要旷课出去玩。
Búyào kuàng kè chūqu wán.
수업을 빼먹고 나가 놀지 마라.

0141 □□□

重修
chóngxiū

동 재수강하다

这门课我需要重修。
Zhè mén kè wǒ xūyào chóngxiū.
나는 이 과목을 재수강해야 한다.

0142 □□□

学分
xuéfēn

명 학점

你的学分够了吗?
Nǐ de xuéfēn gòu le ma?
너는 학점을 채웠어?

0143 □□□

奖学金
jiǎngxuéjīn

명 장학금

你可以申请奖学金。
Nǐ kěyǐ shēnqǐng jiǎngxuéjīn.
당신은 장학금을 신청할 수 있습니다.

0144 □□□

本科生
běnkēshēng

명 학부생, 본과생

本科生的课程其实都很实用。
Běnkēshēng de kèchéng qíshí dōu hěn shíyòng.
학부생의 커리큘럼은 사실 모두 실용적이다.

0145 □□□

论文
lùnwén

명 논문

我的论文已经完成了。
Wǒ de lùnwén yǐjīng wánchéng le.
내 논문은 이미 완성 됐다.

读研

0146 ☐☐☐

dú yán

대학원에 진학하다

毕业后，你想读研吗?

Bì yè hòu, nǐ xiǎng dú yán ma?

졸업 후에, 너는 대학원에 진학하고 싶어?

➕ 读研究生 dú yánjiūshēng
대학원에 진학하다(석사과정을 이수하다)

硕士

0147 ☐☐☐

shuòshì

명 석사

硕士学位一般读几年?

Shuòshì xuéwèi yìbān dú jǐ nián?

석사(학위)는 보통 몇 년 동안 공부하나요?

➕ 博士 bóshì 박사

 문화 플러스

대학에 입학하려면 '군사 훈련(军训)'을 받으라고?!

중국은 의무 징병제가 없는 대신 대학교(일부 고등학교)에 입학하기 전 '军事训练 (군사 훈련 jūnshì xùnliàn)'이라는 교육 과정을 반드시 거쳐야 해요. 대부분 '军训 (jūnxùn)'이라 줄여 부르죠.

매년 9월 입학 시즌이 되면 외국인 입학생을 제외한 중국인 신입생들이 군복을 입고 운동장에 모여 군사 훈련을 받는 광경이 펼쳐지는데 제식, 대열, 구급법, 기초 군사 훈련 등과 같은 과목의 교육이 진행돼요. 이 군사 훈련에 포함된 과목들을 이수해야만 나중에 졸업도 가능하죠.

학교에 따라 조금씩 차이가 존재하지만 대부분 8월 말에서 9월 초까지 보름에서 길게는 한 달까지 훈련하는 학교도 있다고 해요. 이 같은 군사 훈련의 목적은 애국주의 사상, 조직성과 규율성을 강화하기 위한 것인데요. 단기간에 동기들과 끈끈해질 수 있다는 장점도 있답니다.

1 다음 중국어와 우리말 뜻을 바르게 연결하세요.

① 校园 •　　　　　　• 동아리

② 宿舍 •　　　　　　• 선택 과목

③ 室友 •　　　　　　• 룸메이트

④ 社团 •　　　　　　• 기숙사

⑤ 选修课 •　　　　　• 캠퍼스

2 알맞은 병음을 적어보세요.

① 熄灯 _____　　② 旷课 _____

③ 校食堂 _____　　④ 重修 _____

3 알맞은 중국어를 적어보세요.

① 전공 _____　　② 장학금 _____

③ 논문 _____　　④ 학부생 _____

4 빈칸에 들어갈 알맞은 중국어를 고르세요.

보기　　　　　读研　　　学分

① 这个学期你的 _____ 是多少?
이번 학기에 너의 학점은 몇 점이야?

② 毕业后, 我打算继续 _____。
졸업 후에, 나는 계속 대학원에 진학할 계획이야.

정답 --

1 ①－캠퍼스　　②－기숙사　　③－룸메이트　　④－동아리　　⑤－선택 과목

2 ① xī dēng　　② kuàng kè　　③ xiào shítáng　　④ chóngxiū

3 ① 专业　　② 奖学金　　③ 论文　　④ 本科生

4 ① 学分　　② 读研

외국어 학원은 파고다, 중국어는 진짜 중국어

DAY 08
MP3 바로 듣기

오늘의 재미난 표현!

• 连轴转
  liánzhóuzhuàn

'어떤 일을 하는데 교대하거나 쉬지 않고 계속 한다'는 뜻으로 요즘 아이들이 사교육 때문에 학원을 쉴 새 없이 다니는 현상을 비유하는 말로도 사용한다.

예 现在的孩子在补习班连轴转。
   요즘 아이들은 학원에서 쉴 새 없이 공부를 한다.

科目
kēmù
명 과목

0148 ☐☐☐

你上大学时最喜欢什么科目？
Nǐ shàng dàxué shí zuì xǐhuan shénme kēmù?
너는 대학에 다닐 때, 어떤 과목을 가장 좋아했어?

理科
lǐkē
명 이과

0149 ☐☐☐

我是一名理科生。
Wǒ shì yì míng lǐkēshēng.
나는 이과생이다.

文科
wénkē
명 문과

0150 ☐☐☐

我选择了文科专业。
Wǒ xuǎnzé le wénkē zhuānyè.
나는 문과 전공을 선택했다.

语言
yǔyán
명 언어

0151 ☐☐☐

我非常喜欢学习语言。
Wǒ fēicháng xǐhuan xuéxí yǔyán.
나는 언어 배우는 걸 정말 좋아한다.

历史
lìshǐ
명 역사

0152 ☐☐☐

历史故事都非常有意思。
Lìshǐ gùshi dōu fēicháng yǒu yìsi.
역사 이야기는 모두 재미있다.

数学
shùxué
명 수학

0153 ☐☐☐

我早就放弃学数学了。
Wǒ zǎo jiù fàngqì xué shùxué le.
나는 일찍이 수학 공부를 포기했다.

美术
měishù
명 미술

0154 ☐☐☐

美术课大概一周一次。
Měishù kè dàgài yì zhōu yí cì.
미술 수업은 일주일에 한 번 한다.

体育
tǐyù
명 체육

0155 ☐☐☐

体育老师经常带我们做集体活动。
Tǐyù lǎoshī jīngcháng dài wǒmen zuò jítǐ huódòng.
체육 선생님은 자주 우리를 데리고 단체 활동을 한다.

经济
jīngjì
명 경제

0156 ☐☐☐

经济类的专业人气很高。
Jīngjì lèi de zhuānyè rénqì hěn gāo.
경제 계열 전공은 인기가 많다.

地理
dìlǐ
명 지리

0157 ☐☐☐

我地理没学好。
Wǒ dìlǐ méi xué hǎo.
나는 지리를 제대로 공부하지 않았다.

补习班 ★
bǔxíbān
명 학원

0158 ☐☐☐

你上过哪些补习班?
Nǐ shàng guo nǎ xiē bǔxíbān?
당신은 어떤 학원을 다녔나요?

'학원'을 중국어로 말하라고 하면 많은 학생들이 '学院(xuéyuàn)'이라고 답할 것 같은데요. 사실 중국에서 '学院'은 단과 대학을 뜻해요. '学院' 역시 중국 교육부가 지정한 정식 대학이며, 예술이나 체육과 같이 특화되어 있는 단과 대학에 '学院(xuéyuàn)'을 붙인답니다.

0159 □□□

测试
cèshì
동 테스트하다, 시험을 치다

这次测试对我们很重要。
Zhè cì cèshì duì wǒmen hěn zhòngyào.
이번 테스트는 우리에게 매우 중요하다.

0160 □□□

等级
děngjí
명 레벨, 등급

马上就要进行等级测试了。
Mǎshàng jiù yào jìnxíng děngjí cèshì le.
곧 레벨 테스트를 진행할 것이다.

0161 □□□

报名
bào míng
동 등록하다, 신청하다

你怎么还没有报名啊?
Nǐ zěnme hái méiyǒu bào míng a?
너는 왜 아직도 등록하지 않은 거야?

0162 □□□

开课
kāi kè
동 개강하다

这个月我们什么时候开课?
Zhège yuè wǒmen shénme shíhou kāi kè?
이번 달에 우리 언제 개강해?

0163 □□□

辅导
fǔdǎo
동 지도하다

老师们都辅导得很认真。
Lǎoshīmen dōu fǔdǎo de hěn rènzhēn.
선생님들 모두 열심히 지도하신다.

0164 □□□

家教
jiājiào
명 과외 교사, 가정 교사

我刚毕业的时候做过家教。
Wǒ gāng bì yè de shíhou zuò guo jiājiào.
나는 막 졸업했을 때 과외 교사를 했었다.

网课
wǎng kè

0165 ☐☐☐

명 온라인 수업, 인터넷 강의

这个网课的内容很丰富。
Zhège wǎng kè de nèiróng hěn fēngfù.
이 온라인 수업온 내용이 아주 풍부하다.

한국은 토익? 중국은 大学英语?

한국에서 졸업이나 취업을 위해 많은 학생들이 어학원을 다니며 토익과 HSK 시험을 준비한다면, 중국의 많은 대학생들은 졸업과 취업을 위해 '**大学英语**(대학 영어 dàxué yīngyǔ)'를 준비하는데요.

국가 차원에서 만든 영어시험으로 교육부의 주관 하에 매년 6월과 12월에 2회 시행하며, 대학생의 실제 영어 능력을 객관적이고 정확하게 파악하여 적합한 대학 영어 교육을 학생들에게 제공하기 위함이라는 목적도 가지고 있어요.

'CET(College English Test)'라고도 불리는 이 시험은 학교에서 요구하는 졸업 요건에 따라 4급 또는 6급을 선택해 응시하는데, 주로 4년제 대학의 졸업을 앞둔 대학생들은 4급을 응시하고 비교적 난이도가 높은 6급은 졸업을 앞둔 대학원생들이 응시한다고 해요. 이 시험에 합격해야만 졸업이 가능하고, 좋은 직장에 취업할 수 있어서 'CET 학원'을 다니는 학생들도 많답니다.

1 다음 중국어와 우리말 뜻을 바르게 연결하세요.

① 科目 ·　　　　　　　　　· 경제

② 数学 ·　　　　　　　　　· 과목

③ 经济 ·　　　　　　　　　· 수학

④ 体育 ·　　　　　　　　　· 체육

⑤ 开课 ·　　　　　　　　　· 개강하다

2 알맞은 병음을 적어보세요.

① 辅导 _____　　　② 测试 _____

③ 等级 _____　　　④ 文科 _____

3 알맞은 중국어를 적어보세요.

① 역사 _____　　　② 등록하다 _____

③ 미술 _____　　　④ 지리 _____

4 빈칸에 들어갈 알맞은 중국어를 고르세요.

> 보기　　　　　　　　语言　　　辅导

① 我们老师 _____ 得很认真。

우리 선생님은 열심히 지도하신다.

② 我非常喜欢学习 _____。

나는 언어 배우는 걸 정말 좋아한다.

정답

1 ①-과목　　②-수학　　③-경제　　④-체육　　⑤-개강하다

2 ① fǔdǎo　　② cèshì　　③ děngjí　　④ wénkē

3 ① 历史　　② 报名　　③ 美术　　④ 地理

4 ① 辅导　　② 语言

카페인으로 나를 채우는 나날들

DAY 09
MP3 바로 듣기

오늘의 **재미난 표현!**

• 临时抱佛脚
  línshí bào fójiǎo

'벼락치기를 한다'는 뜻으로 자주 쓰이는 말로, 직역하면 '급하고 결정적인 순간에 부처 다리를 안는다'는 의미이다. 이 말의 유래는 평소 부처를 믿거나 공양하지 않다가 무슨 일이 생겼을 때 부처에게 의지하며 소원을 빈다는 데서 비롯되었다. '급할 때 우물을 판다'는 한국어 속담과 비슷한 의미이다.

예 平时不学习，临时抱佛脚。
    평소 공부를 하지 않다가 (시험 때가 되니) 벼락치기를 한다.

0166 □□□

期中考试
qīzhōng kǎoshì
명 중간고사

离期中考试就剩一周了。
Lí qīzhōng kǎoshì jiù shèng yì zhōu le.
중간고사까지 일주일이 남았다.

0167 □□□

熬夜
áo yè
동 밤새우다

最近总是熬夜，复习得差不多了。
Zuìjìn zǒngshì áo yè, fùxí dé chàbuduō le.
요즘 자주 밤새워서, 복습이 거의 다 되었다.

0168 □□□

鼻血
bíxiě
명 코피

今天早上洗脸的时候，流鼻血了。
Jīntiān zǎoshang xǐ liǎn de shíhou, liú bíxiě le.
오늘 아침에 세수할 때, 코피가 흘렀다.

0169 □□□

试卷
shìjuàn
명 시험지

接下来我们开始发试卷。
Jiē xiàlai wǒmen kāishǐ fā shìjuàn.
이어서 시험지를 배부하기 시작하겠습니다.

0170 □□□

答题卡
dá tí kǎ
명 답안 작성 카드, OMR카드

答题卡都涂完了。
Dá tí kǎ dōu tú wán le.
답안 작성 카드를 다 칠했다.

0171 □□□

监考
jiānkǎo
명 동 시험 감독(관)

今天考试有两位监考。
Jīntiān kǎoshì yǒu liǎng wèi jiānkǎo.
오늘 시험에는 시험 감독관이 두 분 계신다.

考官
0172 ☐☐☐

kǎoguān

명 면접관

考官问我的问题很简单。

Kǎoguān wèn wǒ de wèntí hěn jiǎndān.

면접관이 나에게 물어본 질문은 간단했다.

遵守
0173 ☐☐☐

zūnshǒu

동 준수하다

请大家遵守考试时间。

Qǐng dàjiā zūnshǒu kǎoshì shíjiān.

모두 시험 시간을 준수해 주세요.

作弊
0174 ☐☐☐

zuò bì

동 부정행위를 하다, 커닝하다

作弊的学生会被取消考试资格。

Zuò bì de xuésheng huì bèi qǔxiāo kǎoshì zīgé.

부정행위를 하는 학생은 시험 자격을 취소당할 것이다.

瞎蒙
0175 ☐☐☐

xiā mēng

동 (시험을) 찍다

最后两道题，我都是瞎蒙的。

Zuìhòu liǎng dào tí, wǒ dōu shì xiā mēng de.

나는 마지막 두 문제 모두 찍었다.

满分
0176 ☐☐☐

mǎnfēn

명 만점

我没有办法拿到满分。

Wǒ méiyǒu bànfǎ ná dào mǎnfēn.

나는 만점을 받을 방법이 없다.

成绩单
0177 ☐☐☐

chéngjìdān

명 성적표

成绩单下来了吗？

Chéngjìdān xiàlai le ma?

성적표 나왔어?

分数线
0178 ☐☐☐
fēnshùxiàn
몡 커트라인

我刚好达到了分数线。
Wǒ gānghǎo dá dào le fēnshùxiàn.
나는 딱 커트라인 (점수)에 도달했다.

及格
0179 ☐☐☐
jí gé
통 합격하다

分数不用太高，及格就好。
Fēnshù búyòng tài gāo, jí gé jiù hǎo.
점수가 너무 높을 필요 없이 합격만 하면 된다.

重考
0180 ☐☐☐
chóng kǎo
재시험 (보다)

明年需要重考这门课。
Míngnián xūyào chóng kǎo zhè mén kè
내년에 이 과목을 재시험 봐야 한다.

听力
0181 ☐☐☐
tīnglì
몡 듣기

考听力的时候，一定要关空调。
Kǎo tīnglì de shíhou, yídìng yào guān kōngtiáo.
듣기 시험을 볼 때는 반드시 에어컨을 꺼야 한다.

阅读
0182 ☐☐☐
yuèdú
통 읽다, 열독하다

阅读能力是最基本的。
Yuèdú nénglì shì zuì jīběn de.
독해 능력은 가장 기본이다.

写作
0183 ☐☐☐
xiězuò
통 글을 쓰다

写作要写多少字?
Xiězuò yào xiě duōshao zì?
글을 쓰려면 몇 자를 써야 하나요?

口语 0184 ☐☐☐
kǒuyǔ
📙 말하기, 구어

口语水平和笔试成绩是两码事。
Kǒuyǔ shuǐpíng hé bǐshì chéngjì shì liǎng mǎ shì.
말하기 실력과 필기 시험 성적은 별개의 일이다.

高考 0185 ☐☐☐
gāokǎo
📙 대학 입학 시험

高考成绩对学生很重要。
Gāokǎo chéngjì duì xuésheng hěn zhòngyào.
대학 입학 시험 성적은 학생들에게 있어서 매우 중요하다.

단어 플러스 다양한 시험 관련 표현

- 期末考试 qīmò kǎoshì 기말고사
- 零分 líng fēn 0점
- 补考 bǔkǎo 재시험을 보다, 추가 시험을 보다
- 恶补 èbǔ 단시간에 집중 학습(보충)하다, 벼락치기로 학습(보충)하다
- 挂科 guà kē F학점을 받다

1 다음 중국어와 우리말 뜻을 바르게 연결하세요.

① 答题卡 ·   · 만점

② 监考 ·   · 시험지

③ 试卷 ·   · 시험 감독관

④ 成绩单 ·   · 답안 작성 카드

⑤ 满分 ·   · 성적표

2 알맞은 병음을 적어보세요.

① 分数线 _____ ② 听力 _____

③ 及格 _____ ④ 高考 _____

3 알맞은 중국어를 적어보세요.

① 읽다 _____ ② 밤새우다 _____

③ 코피 _____ ④ 중간고사 _____

4 빈칸에 들어갈 알맞은 중국어를 고르세요.

> 보기   作弊   重考

① 我需要 _____ 这门课。

나는 이 과목을 재시험 봐야 한다.

② _____ 的学生会被取消考试资格。

부정행위를 하는 학생은 시험 자격을 취소당할 것이다.

정답

1 ①-답안 작성 카드   ②-시험 감독관   ③-시험지   ④-성적표   ⑤-만점

2 ① fēnshùxiàn   ② tīnglì   ③ jí gé   ④ gāokǎo

3 ① 阅读   ② 熬夜   ③ 鼻血   ④ 期中考试

4 ① 重考   ② 作弊

준비부터
생활까지

오늘의 재미난 표현!

- 在家靠父母，在外靠朋友。
  Zài jiā kào fùmǔ, zài wài kào péngyou.

'집에서는 부모님에게 의지하고, 밖에서는 친구에게 의지한다'는 속담으로 집을 떠나면 부모님이 아닌 친구의 도움이 필요할 때가 많다는 의미를 담고 있다. '타지생활에서 있어서 친구, 즉 인간관계가 중요하다'라는 비유로 자주 쓰인다.

예 在家靠父母，在外靠朋友。多个朋友多一条路。
집에서는 부모님에게 의지하고, 밖에서는 친구에게 의지한다. 친구가 많으면 길도 많아진다.

留学
liú xué
동 유학하다

0186 ☐☐☐

现在去留学比以前方便。
Xiànzài qù liú xué bǐ yǐqián fāngbiàn.
지금 유학을 가는 것은 이전보다 편리하다.

➕ 留学生 liúxuéshēng 유학생

咨询
zīxún
동 문의하다

0187 ☐☐☐

我想咨询一下需要准备什么东西。
Wǒ xiǎng zīxún yíxià xūyào zhǔnbèi shénme dōngxi.
어떤 걸 준비해야 하는지 문의 좀 드리고 싶습니다.

推荐
tuījiàn
동 추천하다

0188 ☐☐☐

老师给我推荐了一个好学校。
Lǎoshī gěi wǒ tuījiàn le yí ge hǎo xuéxiào.
선생님께서 나에게 좋은 학교를 추천해 주셨다.

国家
guójiā
명 국가, 나라

0189 ☐☐☐

我们很快适应了他们国家的文化。
Wǒmen hěn kuài shìyìng le tāmen guójiā de wénhuà.
우리는 빠르게 그들 국가의 문화에 적응했다.

前途
qiántú
명 장래, 전망, 앞날

0190 ☐☐☐

你的前途一片光明。
Nǐ de qiántú yípiàn guāngmíng.
너의 장래는 한없이 밝다.

申请
shēnqǐng
동 신청하다

0191 ☐☐☐

我必须先申请一个护照。
Wǒ bìxū xiān shēnqǐng yí ge hùzhào.
나는 반드시 먼저 여권을 신청해야 한다.

签证
0192 □□□

qiānzhèng

명 비자

我去大使馆办理签证。
Wǒ qù dàshǐguǎn bànlǐ qiānzhèng.
나는 비자를 받으러 대사관에 간다.

证明
0193 □□□

zhèngmíng

명 증명서, 증서

学校的教授帮我开了证明。
Xuéxiào de jiàoshòu bāng wǒ kāi le zhèngmíng.
학교 교수님이 나를 도와 증명서를 발급해 주셨다.

学费
0194 □□□

xuéfèi

명 학비

一年的学费非常贵。
Yì nián de xuéfèi fēicháng guì.
일 년 학비가 매우 비싸다.

生活费
0195 □□□

shēnghuófèi

명 생활비

我要自己赚生活费。
Wǒ yào zìjǐ zhuàn shēnghuófèi.
나는 스스로 생활비를 벌어야 한다.

换钱
0196 □□□

huàn qián

동 환전하다

机场可以换钱吗?
Jīchǎng kěyǐ huàn qián ma?
공항에서 환전할 수 있어?

插班
0197 □□□

chābān

동 편입하다

他来我们班插班。
Tā lái wǒmen bān chābān.
그는 우리 반으로 편입해 왔다.

0198 ☐☐☐

收发室 ★

shōufāshì

명 (우편물) 수발실, 경비실

我跟收发室的大爷很熟。

Wǒ gēn shōufāshì de dàyé hěn shú.

나는 수발실의 할아버지와 잘 안다.

'收发室'는 학교의 입구 또는 기숙사의 입구에 있는 곳으로 건물 밖에 따로 있거나 1층에 경비실처럼 마련되어 있어요. 학생들의 통금을 관리하거나 택배나 우편물을 대신 수령하고 관리해 주는 곳으로 여기에 상주하며 근무하시는 분은 연세가 많은 어르신인 경우가 많아요.

0199 ☐☐☐

包裹

bāoguǒ

명 소포

我下课后就去取包裹。

Wǒ xià kè hòu jiù qù qǔ bāoguǒ.

나는 수업이 끝난 후에 소포를 찾으러 간다.

0200 ☐☐☐

交流

jiāoliú

통 소통하다, 교류하다

同学之间应该经常交流。

Tóngxué zhījiān yīnggāi jīngcháng jiāoliú.

학교 친구끼리 당연히 자주 소통해야 한다.

단어 플러스 　**유학 시 필요한 표현**

- 交换生 jiāohuànshēng 교환 학생
- 进修 jìnxiū 연수하다, 어학 연수하다
- 录取通知书 lùqǔ tōngzhīshū 입학 통지서
- 导师 dǎoshī 지도교수
- 延签 yán qiān 비자를 연장하다

1 다음 중국어와 우리말 뜻을 바르게 연결하세요.

① 国家 •　　　　　　• 비자

② 前途 •　　　　　　• 국가

③ 申请 •　　　　　　• 신청하다

④ 推荐 •　　　　　　• 추천하다

⑤ 签证 •　　　　　　• 장래

2 알맞은 병음을 적어보세요.

① 学费 _____　　② 证明 _____

③ 交流 _____　　④ 插班 _____

3 알맞은 중국어를 적어보세요.

① 환전하다 _____　　② 유학하다 _____

③ 문의하다 _____　　④ 생활비 _____

4 빈칸에 들어갈 알맞은 중국어를 고르세요.

> 보기　　　　　申请　　　留学

① 我想去国外 _____。

　나는 해외로 유학을 가고 싶다.

② 想要出国的话，必须先 _____ 护照。

　출국하려면 반드시 먼저 여권을 신청해야 한다.

정답

1 ①-국가　　②-장래　　③-신청하다　　④-추천하다　　⑤-비자
2 ① xuéfèi　②zhèngmíng　③ jiāoliú　④ chābān
3 ① 换钱　②留学　③咨询　④生活费
4 ① 留学　②申请

감정에 따라 변하는 내 마음

DAY 11
MP3 바로 듣기

오늘의 **재미난 표현!**

• 感情用事
gǎnqíng yòngshì

'냉정하게 고려하지 않고 감정에 의해서 일을 처리한다'는 의미로 감정이 앞서는 사람이나 상황에 자주 쓰는 성어이다.

─────────────────────────────

예 你不要总是感情用事。
너 자꾸 감정적으로 일을 처리하면 안돼.

心情
0201 □□□
xīnqíng
명 기분, 마음

我今天心情不太好。
Wǒ jīntiān xīnqíng bú tài hǎo.
나는 오늘 기분이 별로 좋지 않다.

情绪
0202 □□□
qíngxù
명 정서, 기분

你最近看起来情绪不稳定。
Nǐ zuìjìn kàn qǐlai qíngxù bù wěndìng.
너는 요즘 정서가 불안정해 보인다.

幸福
0203 □□□
xìngfú
명 행복

家人的健康就是我的幸福。
Jiārén de jiànkāng jiù shì wǒ de xìngfú.
가족의 건강이 바로 나의 행복이다.

高兴
0204 □□□
gāoxìng
형 기쁘다

见到大家很高兴。
Jiàn dào dàjiā hěn gāoxìng.
모두를 뵙게 되어서 매우 기쁩니다.

有意思
0205 □□□
yǒu yìsi
형 재미있다

每天做不同的事情很有意思。
Měitiān zuò bù tóng de shìqing hěn yǒu yìsi.
매일 다른 일을 하는 게 재미있다.

愤怒
0206 □□□
fènnù
형 분노하다

我按捺不住心里的愤怒。
Wǒ ànnà bu zhù xīnli de fènnù.
나는 마음속 분노를 억누를 수 없다.

抑郁
yìyù
형 우울하다

0207 ☐☐☐

经常感到抑郁很危险。
Jīngcháng gǎndào yìyù hěn wēixiǎn.
자주 우울함을 느끼면 위험하다.

慌张
huāngzhāng
형 당황하다

0208 ☐☐☐

遇到事故千万不要慌张。
Yù dào shìgù qiānwàn búyào huāngzhāng.
사고를 내도 절대 당황하지 마라.

吃惊
chī jīng
통 놀라다

0209 ☐☐☐

他们的话让我很吃惊。
Tāmen de huà ràng wǒ hěn chī jīng.
그들의 말은 나를 매우 놀라게 했다.

害羞
hài xiū
통 부끄러워하다

0210 ☐☐☐

孩子在陌生人面前很害羞。
Háizi zài mòshēngrén miànqián hěn hài xiū.
아이는 낯선 사람 앞에서 부끄러워한다.

满意
mǎnyì
통 만족하다

0211 ☐☐☐

顾客对我们的服务非常满意。
Gùkè duì wǒmen de fúwù fēicháng mǎnyì.
고객들은 우리의 서비스에 대해 매우 만족한다.

舒服
shūfu
형 편안하다

0212 ☐☐☐

新买的沙发很舒服。
Xīn mǎi de shāfā hěn shūfu.
새로 산 소파는 편안하다.

感动
0213 ☐☐☐
gǎndòng
동 형 감동하다

听到那个故事，我很感动。
Tīng dào nàge gùshì, wǒ hěn gǎndòng.
그 이야기를 듣고 나는 감동했다.

内疚
0214 ☐☐☐
nèijiù
형 양심의 가책을 느끼다

我对不起他，心里很内疚。
Wǒ duìbuqǐ tā, xīnli hěn nèijiù.
나는 그에게 미안해서 양심의 가책을 느낀다.

受刺激
0215 ☐☐☐
shòu cìjī
자극을 받다, 충격을 받다

他好像受刺激了。
Tā hǎoxiàng shòu cìjī le.
그는 아마도 자극을 받은 것 같다.

后悔
0216 ☐☐☐
hòuhuǐ
동 후회하다

我绝对不会后悔。
Wǒ juéduì bú huì hòuhuǐ.
나는 절대 후회하지 않을 것이다.

伤心
0217 ☐☐☐
shāng xīn
형 슬퍼하다, 상심하다

你不要为我伤心，我没关系。
Nǐ búyào wèi wǒ shāng xīn, wǒ méi guānxi.
나 때문에 슬퍼하지 마, 나는 괜찮아.

难过
0218 ☐☐☐
nánguò
형 괴롭다

不要告诉他，他知道会难过。
Búyào gàosu tā, tā zhīdao huì nánguò.
그에게 알리지 마, 그가 알면 괴로울 거야.

害怕
0219 ☐☐☐
hài pà
图 두렵다, 무서워하다

我害怕面对这件事。
Wǒ hài pà miànduì zhè jiàn shì.
나는 이 일을 직면하는 게 두렵다.

担心
0220 ☐☐☐
dān xīn
图 걱정하다, 염려하다

我过得非常好，你不用担心。
Wǒ guò de fēicháng hǎo, nǐ búyòng dān xīn.
나는 잘 지내고 있으니 걱정하지 마세요.

🚩 단어 플러스 **다양한 감정 표현**

- 欣慰 xīnwèi 기쁘고 위안이 되다, 기쁘고 안심이 되다
- 羞愧 xiūkuì 부끄럽다, 창피하다
- 无语 wúyǔ 어이가 없다
- 想念 xiǎngniàn 그리워하다
- 发毛 fā máo 소름끼치다
- 不甘心 bùgānxīn (기분이) 꿀꿀하다, 달갑지 않다, 내키지 않다

1 다음 중국어와 우리말 뜻을 바르게 연결하세요.

① 心情 • • 놀라다

② 有意思 • • 기분

③ 愤怒 • • 재미있다

④ 吃惊 • • 분노하다

⑤ 感动 • • 감동하다

2 알맞은 병음을 적어보세요.

① 抑郁 _____ ② 内疚 _____

③ 高兴 _____ ④ 满意 _____

3 알맞은 중국어를 적어보세요.

① 편안하다 _____ ② 상심하다 _____

③ 후회하다 _____ ④ 무서워하다 _____

4 빈칸에 들어갈 알맞은 중국어를 고르세요.

> 보기 担心 幸福

① 你的健康就是我的 _____。

너의 건강이 바로 나의 행복이다.

② 我在这里过得很好，不要 _____。

나는 여기서 잘 지내고 있으니 걱정하지 마.

정답

1 ①-기분 ②-재미있다 ③-분노하다 ④-놀라다 ⑤-감동하다

2 ① yìyù ② nèijiù ③ gāoxìng ④ mǎnyì

3 ① 舒服 ② 伤心 ③ 后悔 ④ 害怕

4 ① 幸福 ② 担心

내 짝은
대체 어디에?

DAY 12
MP3 바로 듣기

오늘의 재미난 표현!

- **邂逅**
xièhòu

'뜻하지 않게 만난다'는 뜻으로 일반적으로 생각지도 못한 장소에서 인연을 만날 때 쓰는 말이다.

예 这次旅行希望有一个美丽的邂逅。

이번 여행에서 아름다운 인연이 있기를 바란다.

0221 ☐☐☐

相亲 ★
xiāng qīn
동 선을 보다

我不想去相亲。
Wǒ bù xiǎng qù xiāng qīn.
나는 선을 보러 가고 싶지 않아.

'介绍(jièshào)'는 '중매하다'나 '(결혼 상대를) 소개하다'의 뜻도 가지고 있어요.

0222 ☐☐☐

期待
qīdài
동 기대하다

我非常期待明天的相亲。
Wǒ fēicháng qīdài míngtiān de xiāng qīn.
나는 내일 맞선이 매우 기대된다.

0223 ☐☐☐

沉默
chénmò
동 형 침묵하다, 조용하다

两个人一直保持沉默。
Liǎng ge rén yìzhí bǎochí chénmò.
두 사람은 줄곧 침묵하고 있다.

0224 ☐☐☐

尴尬
gāngà
형 부자연스럽다, 어색하다

当时的场面很尴尬。
Dāngshí de chǎngmiàn hěn gāngà.
당시 상황이 너무 부자연스러웠다.

0225 ☐☐☐

着装
zhuózhuāng
명 옷차림

这种场合一定要注意着装。
Zhè zhǒng chǎnghé yídìng yào zhù yì zhuózhuāng.
이런 자리에서는 반드시 옷차림에 주의해야 한다.

0226 ☐☐☐

理想型
lǐxiǎngxíng
명 이상형

我今天见到了我的理想型。
Wǒ jīntiān jiàn dào le wǒ de lǐxiǎngxíng.
나는 오늘 나의 이상형을 만났다.

好感
0227 ☐☐☐

hǎogǎn

명 호감

我对那个人有好感。
Wǒ duì nàge rén yǒu hǎogǎn.
나는 그 사람에게 호감을 가지고 있다.

缘分
0228 ☐☐☐

yuánfèn

명 인연

我们又见面了，真有缘分。
Wǒmen yòu jiàn miàn le, zhēn yǒu yuánfèn.
우리 또 만났네, 정말 인연이다.

星座
0229 ☐☐☐

xīngzuò

명 별자리

你不要总是问星座。
Nǐ búyào zǒngshì wèn xīngzuò.
너는 자꾸 별자리를 묻지 마라.

条件
0230 ☐☐☐

tiáojiàn

명 조건

我们俩的条件不合适。
Wǒmen liǎ de tiáojiàn bù héshì.
우리 둘의 조건은 적합하지 않다.

靠谱
0231 ☐☐☐

kào pǔ

형 이치에 맞다

这种介绍方式很不靠谱。
Zhè zhǒng jièshào fāngshì hěn bú kào pǔ.
이런 종류의 소개 방식은 이치에 맞지 않다.

一见钟情
0232 ☐☐☐

yíjiàn-zhōngqíng

첫눈에 반하다

你对他是一见钟情吗?
Nǐ duì tā shì yíjiàn-zhōngqíng ma?
너는 그에게 첫눈에 반했어?

0233 ☐☐☐

日久生情
rì jiǔ shēng qíng
시간이 지나 정이 생기다

我们两个算是日久生情。
Wǒmen liǎng ge suànshì rì jiǔ shēng qíng.
우리 둘은 시간이 지나 정이 든 셈이다.

0234 ☐☐☐

适婚
shìhūn
형 결혼 적령기이다

我们已经到了适婚年龄。
Wǒmen yǐjing dào le shìhūn niánlíng.
우리는 이미 결혼 적령기인 (나이가) 되었다.

0235 ☐☐☐

单身
dānshēn
명 솔로, 독신

你是母胎单身吗?
Nǐ shì mǔtái dānshēn ma?
너는 모태 솔로야?

0236 ☐☐☐

剩女
shèngnǚ
명 노처녀

现在这个年纪不是剩女。
Xiànzài zhège niánjì bú shì shèngnǚ.
지금 이 나이는 노처녀가 아니다.

➕ 剩男 shèngnán 노총각

0237 ☐☐☐

不婚主义
bù hūn zhǔyì
명 비혼주의

我支持不婚主义。
Wǒ zhīchí bù hūn zhǔyì.
나는 비혼주의를 지지한다.

0238 ☐☐☐

催婚
cuī hūn
동 결혼을 재촉하다

过节的时候，家人经常催婚。
Guò jié de shíhou, jiārén jīngcháng cuī hūn.
명절 때면, 가족들이 자주 결혼을 재촉한다.

문화 플러스

요즘 중국의 젊은 남녀는 어떻게 만나고 있을까요?

중국에서 젊은 남녀가 만나는 방법에는 크게 4가지가 있어요. 첫째는 한국의 '단체 미팅'과 비슷한 '**联谊会**(liányìhuì)'인데요. 중국의 경우, 의대, 사범대, 종합대 등으로 대학의 유형이 나뉘어져 있어 성비가 불균형한 학부가 있기도 해요. 이러다 보니 학교 안에서 마음에 드는 이성을 만날 기회가 적고 어렵다 보니 학부별 미팅을 열어 참가자를 모집해요. 인원은 20명에서 100명까지도 모이기도 합니다. 이 곳에서 마음에 드는 상대를 만나 좋은 관계로 이어가는 커플도 많아요.

두 번째는 '소개팅 앱(App)'이에요. 한국과 마찬가지로 요즘은 중국에서도 앱(App)을 통해 만나기도 해요. '90后'나 '00后' 세대를 공략한 애플리케이션(App)들이 많이 나오고 있어요. 그 중 가장 유명한 '**探探**(tàntàn)'이라는 앱(App)은 사용자가 많은 앱(App) 중 하나예요. 지역마다 특별한 장소에서 만남을 개최하거나 민낯(생얼) 공개하기 등의 이벤트도 진행한다고 해요.

세 번째는 한국의 맞선과 비슷할 '**相亲**(xiàng qīn)'이에요. 첫번째로 말한 '**联谊会**(liányìhuì)'와는 다르게 상대방의 가정 배경, 경제적 조건 등을 보는 현실적인 요소들을 포함하고 있어요. 나이가 좀 들고 결혼을 목적으로 만나는 진지한 자리인 거죠. 요즘 중국의 젊은 세대는 자신의 자아실현이나 개인 시간을 위해 결혼을 미루거나 비혼을 선언하기도 해요. 아름다운 만남으로 가족을 이루는 것 또한 축복받을 일이지만 개인의 자아실현과 자유 또한 존중받아야 하지 않을까요?

1 다음 중국어와 우리말 뜻을 바르게 연결하세요.

① 相亲 ·　　　　　　　　· 선을 보다

② 着装 ·　　　　　　　　· 기대하다

③ 期待 ·　　　　　　　　· 옷차림

④ 好感 ·　　　　　　　　· 호감

⑤ 星座 ·　　　　　　　　· 별자리

2 알맞은 병음을 적어보세요.

① 理想型 ＿＿＿＿＿　　② 一见钟情 ＿＿＿＿＿

③ 靠谱 ＿＿＿＿＿　　　④ 单身 ＿＿＿＿＿

3 알맞은 중국어를 적어보세요.

① 조건 ＿＿＿＿＿　　　② 결혼을 재촉하다 ＿＿＿＿＿

③ 비혼주의 ＿＿＿＿＿　④ 부자연스럽다 ＿＿＿＿＿

4 빈칸에 들어갈 알맞은 중국어를 고르세요.

> 보기　　　　　　日久生情　　　好感

① 我对他有 ＿＿＿＿＿。

나는 그에게 호감을 가지고 있다.

② 我跟女朋友是 ＿＿＿＿＿。

나와 여자친구는 시간이 지나며 정이 들었다.

정답

1 ①-선을 보다　　②-옷차림　　③-기대하다　　④-호감　　⑤-별자리

2 ① lǐxiǎngxíng　② yíjiàn-zhōngqíng　　　③ kào pǔ　　④ dānshēn

3 ① 条件　　②催婚　　③ 不婚主义　　④ 尴尬

4 ① 好感　　② 日久生情

DAY
13

멀고도 험난한
연애의 길

DAY 13
MP3 바로 듣기

오늘의 재미난 표현!

• 中央空调
zhōngyāng kōngtiáo

'중앙 냉난방'처럼 누구에게나 따뜻하게 대하여 상대로 하여금 오해하게 만드는 사람으로 주로 남자를 가리킨다.

예 我的男朋友是个中央空调，该怎么办?

내 남자친구는 누구에게나 다 잘해줘. 어떡해야 할까?

恋爱
liàn'ài
圆 연애

0239 ☐☐☐

恋爱是两个人的事。
Liàn'ài shì liǎng ge rén de shì.
연애는 두 사람의 일이다.

情侣
qínglǚ
圆 커플

0240 ☐☐☐

他们两个人是校园情侣。
Tāmen liǎng ge rén shì xiàoyuán qínglǚ.
그들 두 사람은 캠퍼스 커플이다.

感情
gǎnqíng
圆 감정

0241 ☐☐☐

他们之间的感情一直很好。
Tāmen zhījiān de gǎnqíng yìzhí hěn hǎo.
그들 사이의 감정은 계속 좋았다.

般配
bānpèi
囫 어울리다

0242 ☐☐☐

我觉得他们两个人很般配。
Wǒ juéde tāmen liǎng ge rén hěn bānpèi.
나는 그 두 사람이 잘 어울린다고 생각한다.

纪念日
jìniànrì
圆 기념일

0243 ☐☐☐

明天是我们的结婚纪念日。
Míngtiān shì wǒmen de jié hūn jìniànrì.
내일은 우리의 결혼기념일이다.

约会
yuēhuì
囵 데이트하다

0244 ☐☐☐

我们经常在外面约会。
Wǒmen jīngcháng zài wàimiàn yuēhuì.
우리는 자주 밖에서 데이트를 한다.

牵手
qiān shǒu
동 손을 잡다

0245 ☐☐☐

第一次牵手很紧张。
Dì yī cì qiān shǒu hěn jǐnzhāng.
처음 손을 잡으니 긴장된다.

搭讪
dāshàn
동 작업 걸다

0246 ☐☐☐

我有办法跟她搭讪。
Wǒ yǒu bànfǎ gēn tā dāshàn.
나는 그녀에게 작업을 걸 방법이 있다.

暧昧
àimèi
형 애매하다,
(남녀관계에서) 썸 타다

0247 ☐☐☐

我不喜欢搞暧昧的人。
Wǒ bù xǐhuan gǎo àimèi de rén.
나는 애매하게 만드는 사람을 좋아하지 않는다.

花心
huāxīn
형 바람기 있다

0248 ☐☐☐

我发现你真花心。
Wǒ fāxiàn nǐ zhēn huāxīn.
나는 당신이 진짜로 바람기가 있다는 걸 알게 되었다.

➕ 专一 zhuānyī 한결같다

备胎
bèitāi
명 (남녀관계에서) 세컨드,
어장관리

0249 ☐☐☐

我不要当你的备胎。
Wǒ bú yào dāng nǐ de bèitāi.
나는 너의 세컨드가 되고 싶지 않다.

劈腿★
pī tuǐ
동 양다리 걸치다

0250 ☐☐☐

恋爱的时候，劈腿是不道德的。
Liàn'ài de shíhou, pītuǐ shì bù dàodé de.
연애할 때 양다리 걸치는 건 부도덕한 것이다.

'脚踏两只船'은 직역하면 '발로 두 척의
배를 밟다'로 이 역시 '양다리를 걸치다'라는
의미예요.

0251 ☐☐☐

暗恋
ànliàn
[동] 짝사랑하다

我暗恋他很久了。
Wǒ ànliàn tā hěn jiǔ le.
나는 그를 짝사랑한지 오래 되었어.

0252 ☐☐☐

生气
shēng qì
[동] 화내다

你不要生气，我跟你道歉。
Nǐ búyào shēng qì, wǒ gēn nǐ dào qiàn.
화내지 마, 내가 사과할게.

0253 ☐☐☐

吃醋
chī cù
[동] 질투하다

他肯定会吃醋的。
Tā kěndìng huì chī cù de.
그는 틀림없이 질투할 것이다.

0254 ☐☐☐

吵架
chǎo jià
[동] 말다툼하다

你们两个人怎么又吵架了？
Nǐmen liǎng ge rén zěnme yòu chǎo jià le?
너희 둘은 왜 또 말다툼을 하니?

0255 ☐☐☐

和好
héhǎo
[동] [형] 화해하다, 화목하다

第二天马上就和好了。
Dì`èrtiān mǎshang jiù héhǎo le.
다음날 바로 화해했다.

0256 ☐☐☐

撒娇
sā jiāo
[동] 애교를 부리다

我从来不会撒娇。
Wǒ cónglái bú huì sā jiāo.
나는 여태까지 애교를 부려본 적이 없다.

放鸽子
0257 ☐☐☐
fàng gēzi
바람을 맞히다

不要经常放鸽子，这样很不好。
Búyào jīngcháng fàng gēzi, zhèyàng hěn bù hǎo.
자주 바람 맞히지 마, 이렇게 하는 건 좋지 않아.

分手
0258 ☐☐☐
fēn shǒu
图 헤어지다

不可以随便提分手。
Bù kěyǐ suíbiàn tí fēn shǒu.
함부로 헤어지자고 하면 안 된다.

➕ 复合 fùhé 재결합하다

前男友
0259 ☐☐☐
qián nányou
전 남자친구

前男友又给我打电话了。
Qián nányou yòu gěi wǒ dǎ diànhuà le.
전 남자친구가 또 나에게 전화했다.

➕ 前女友 qián nǚyǒu 전 여자친구

단어 플러스 **다양한 연애 형태**

- 三角恋 sānjiǎo liàn 삼각관계
- 姐弟恋 jiědì liàn 연상연하 커플 연애
- 异地恋 yìdì liàn 장거리 연애(국내)
- 异国恋 yìguó liàn 장거리 연애(국외)
- 黄昏恋 huánghūn liàn 노년 연애
- 办公室恋情 bàngōngshì liànqíng 사내(오피스) 연애

1 다음 중국어와 우리말 뜻을 바르게 연결하세요.

① 恋爱 •　　　　• 연애

② 纪念日 •　　　• 기념일

③ 感情 •　　　　• 감정

④ 牵手 •　　　　• 손을 잡다

⑤ 生气 •　　　　• 화내다

2 알맞은 병음을 적어보세요.

① 花心 _____　② 约会 _____

③ 情侣 _____　④ 般配 _____

3 알맞은 중국어를 적어보세요.

① 짝사랑하다 _____　② 헤어지다 _____

③ 말다툼하다 _____　④ 질투하다 _____

4 빈칸에 들어갈 알맞은 중국어를 고르세요.

> 보기　　　　　生气　　暧昧

① 为什么很多人喜欢搞 _____?

왜 많은 사람들이 썸 타는 걸 좋아하나요?

② 你别跟我 _____。

나한테 화내지 마.

정답

1 ①-연애　②-기념일　③-감정　④-손을 잡다　⑤-화내다

2 ① huāxīn　② yuēhuì　③ qínglǚ　④ bānpèi

3 ① 暗恋　② 分手　③ 吵架　④ 吃醋

4 ① 暧昧　② 生气

드디어 내게도
봄날이♥

DAY 14
MP3 바로 듣기

오늘의 재미난 표현!

- 隔夜仇
  gé yè chóu

'하룻밤을 넘기는 원한'이라는 뜻으로 주로 속담 '夫妻没有隔夜仇'로 많이 사용한다. '부부는 하룻밤을 넘기는 원한이 없다'는 말로 금방 화해하는 부부의 모습을 의미한다. 한국의 '부부 싸움은 칼로 물 베기'라는 속담과도 비슷한 의미이다.

예 不用管他们。夫妻没有隔夜仇。

그들은 신경 쓰지 마. 부부 싸움은 칼로 물 베기야.

求婚
0260 ☐☐☐

qiú hūn

통 청혼하다

昨天他向我求婚了。
Zuótiān tā xiàng wǒ qiú hūn le.
어제 그가 나에게 청혼을 했다.

婚戒 ★
0261 ☐☐☐

hūnjiè

명 결혼 반지

你们的婚戒很漂亮。
Nǐmen de hūnjiè hěn piàoliang.
너희 결혼 반지 너무 예쁘다.

‘婚戒(hūnjiè)’는 ‘结婚戒指(jiéhūn jièzhi)를 줄여서 부르는 말이에요.

领证 ★
0262 ☐☐☐

lǐng zhèng

통 결혼 증명서를 받다

我们已经领证了。
Wǒmen yǐjing lǐng zhèng le.
우리는 이미 결혼 증명서를 받았다.

결혼식을 올리고 혼인신고를 하는 한국과 달리 중국은 결혼식 전에 ‘领证(lǐng zhèng, 결혼 증명서)’를 먼저 수령하는데 이 과정이 우리나라의 혼인신고와 비슷한 의미예요. 중국어로 ‘先领证，再办婚礼。’라고 말해요.

婚礼
0263 ☐☐☐

hūnlǐ

명 결혼식

他们的婚礼很热闹。
Tāmen de hūnlǐ hěn rènao.
그들의 결혼식은 정말 시끌벅적했다.

来宾
0264 ☐☐☐

láibīn

명 내빈, 손님

欢迎各位来宾参加今天的婚礼。
Huānyíng gè wèi láibīn cānjiā jīntiān de hūnlǐ.
오늘 결혼식에 참석하신 여러 내빈을 환영합니다.

红包
0265 ☐☐☐

hóngbāo

명 (축의금, 세뱃돈 등을 넣은) 붉은 종이 봉투

当天我们收到了很多红包。

Dàngtiān wǒmen shōu dào le hěn duō hóngbāo.

당일 우리는 많은 축의금을 받았다.

➕ 礼金 lǐjīn 축의금

喜糖
0266 ☐☐☐

xǐtáng

명 결혼(약혼) 축하 사탕

婚礼第二天给同事们发喜糖。

Hūnlǐ dì'èrtiān gěi tóngshìmen fā xǐtáng.

결혼식 다음날 동료들에게 결혼 사탕을 주었다.

新郎
0267 ☐☐☐

xīnláng

명 신랑

新郎今天格外帅气。

Xīnláng jīntiān géwài shuàiqi.

신랑은 오늘 유난히 잘생겼다.

➕ 新娘 xīnniáng 신부

伴娘
0268 ☐☐☐

bànniáng

명 신부 들러리

伴娘们都是新娘的好姐妹。

Bànniángmen dōu shì xīnniáng de hǎo jiěmèi.

신부 들러리는 모두 신부의 친한 언니동생들이다.

➕ 伴郎 bànláng 신랑 들러리

婚房
0269 ☐☐☐

hūnfáng

명 신혼집

请你们去我们的婚房坐坐。

Qǐng nǐmen qù wǒmen de hūnfáng zuòzuo.

우리 신혼집으로 초대할게요.

两口子
0270 ☐☐☐

liǎng kǒuzi

명 부부 두 사람, 내외

两口子的日子真甜蜜。

Liǎng kǒuzi de rìzi zhēn tiánmì.

부부 두 사람의 생활은 정말 달콤하다.

0271 □□□

过日子
guò rìzi
살아가다, 나날을 보내다

你们两个人真会过日子啊！
Nǐmen liǎng ge rén zhēn huì guò rìzi a!
너희 두 사람 정말 잘 살 거야!

0272 □□□

怀孕
huái yùn
동 임신하다

我听到了她怀孕的好消息。
Wǒ tīng dào le tā huái yùn de hǎo xiāoxi.
나는 그녀가 임신했다는 기쁜 소식을 들었다.

0273 □□□

出轨
chū guǐ
동 바람을 피우다

出轨不能只怪小三。
Chū guǐ bù néng zhǐ guài xiǎosān.
바람을 피운 걸 내연녀(세 번째 여자)만 탓할 수는 없다.

0274 □□□

合适
héshì
형 알맞다, 어울리다

两个人的性格不合适。
Liǎng ge rén de xìnggé bù héshì.
두 사람의 성격은 잘 맞지 않는다.

0275 □□□

离婚
lí hūn
동 이혼하다

离婚了就不要后悔。
Lí hūn le jiù búyào hòuhuǐ.
이혼했으면 후회하지 마.

0276 □□□

分居
fēn jū
동 별거하다, 분가하다

他们早就开始分居了。
Tāmen zǎo jiù kāishǐ fēn jū le.
그들은 일찍이 별거를 해왔다.

0277 ☐☐☐

白头偕老
báitóu-xiélǎo

성 백년해로하다

希望两位新人白头偕老。

Xīwàng liǎng wèi xīnrén báitóu-xiélǎo.

두 사람이 백년해로하기를 바랍니다.

문화 플러스

중국에 특별한 결혼기념일이 있다!

한국의 결혼 성수기(?)라 하면 대부분 '5월의 신부'나 따뜻한 봄을 떠올리실 텐데요. 중국도 한국처럼 결혼 성수기가 있고, 특정한 기간에 결혼식이나 혼인신고를 많이 해요.

바로 520과 521인데요. 중국어로 520(5월 20일)이 **我爱你**의 발음과 비슷하다고 하여 고백데이(Day)와 같은 기념일 문화가 되었어요. 중국에서 5월 20일은 남성이 여성에게 고백하거나 프러포즈하는 날이고 5월 21일은 여성이 남성에게 고백에 대한 화답을 하는 날이 된거죠.

요즘은 고백데이(Day)보다도 많은 신혼 부부들이 520 또는 521에, 결혼식을 올리거나 무더기로 혼인신고를 하기도 해요. 520과 521말고도 또 특별한 결혼기념일이 있는데, 바로 국경절(**国庆节**)이에요.

'황금 연휴 기간'이라고도 불리는 국경절은 비교적 휴일이 길고 많은 사람들의 시간 활용이 자유롭다는 점에서 많은 신혼 부부들이 국경절에 결혼식을 올려요. 중국은 화려하고 하객이 많아 시끌벅적한 결혼식을 선호하기 때문에 많은 하객이 참석할 수 있으며 화려하고 성대한 결혼식을 올릴 수 있는 국경절을 결혼식 날짜로 선택해요.

모든 중국인이 꼭 그렇지는 않지만 대부분 520, 521 그리고 국경절 기간에 결혼식을 올리거나 혼인신고를 한다는 점에서 한국과 다른 문화 중 하나일 수 있겠네요.

1 다음 중국어와 우리말 뜻을 바르게 연결하세요.

① 婚礼 ·　　　　　　　　· 임신하다

② 红包 ·　　　　　　　　· 신랑

③ 来宾 ·　　　　　　　　· 내빈

④ 新郎 ·　　　　　　　　· 결혼식

⑤ 怀孕 ·　　　　　　　　· 축의금을 담은 붉은 봉투

2 알맞은 병음을 적어보세요.

① 喜糖 _____　　② 合适 _____

③ 婚房 _____　　④ 离婚 _____

3 알맞은 중국어를 적어보세요.

① 청혼하다 _____　　② 바람을 피우다 _____

③ 결혼 반지 _____　　④ 신부 들러리 _____

4 빈칸에 들어갈 알맞은 중국어를 고르세요.

> 보기　　　　　　　　白头偕老　　　领证

① 希望新郎新娘 _____ 。

신랑신부가 백년해로하기를 바랍니다.

② 我们明天去 _____ 吧。

우리 내일 결혼 증명서를 받으러 가자. (=혼인신고 하러 가자.)

정답

1 ①-결혼식　　②-축의금을 담은 붉은 봉투　　③-내빈　　④-신랑
　⑤-임신하다
2 ① xǐtáng　　② héshì　　③ hūnfáng　　④ lí hūn
3 ① 求婚　　② 出轨　　③ 婚戒　　④ 伴娘
4 ① 白头偕老　　② 领证

육아는 곧 전쟁,
피어나는 전우애

DAY 15
MP3 바로 듣기

오늘의 재미난 표현!

• 心头肉
  xīntóuròu

직역하면 '가슴에 있는 살붙이'라는 표현이지만 보통은 누군가에게 가장 중요하고
가장 아끼는 사람이라는 표현으로 '애지중지하는 나의 살붙이'라는 의미로도 쓴다.

예 孩子是父母的心头肉。
  아이는 부모님이 애지중지하는 자신의 살붙이이다.

幼儿
0278 □□□

yòu'ér

명 유아, 어린이

超市里有很多幼儿商品。
Chāoshì li yǒu hěn duō yòu'ér shāngpǐn.
슈퍼마켓 안에 많은 유아 상품이 있다.

➕ 婴儿 yīng'ér 아기, 영아

宝宝
0279 □□□

bǎobao

명 귀염둥이, 아기
(어린아이에 대한 애칭)

妈妈在这里，宝宝不要哭。
Māma zài zhèli, bǎobao búyào kū.
엄마 여기 있어, 귀염둥이야 울지 마.

哭闹
0280 □□□

kū nào

통 울며 보채다, 떼쓰다

孩子可能饿了，所以一直哭闹。
Háizi kěnéng è le, suǒyǐ yìzhí kūnào.
아이가 배가 고픈지 계속 울며 보채고 있다.

哄
0281 □□□

hǒng

통 (어린 아이를) 달래다, 돌보다

我去哄孩子睡觉。
Wǒ qù hǒng háizi shuì jiào.
내가 아이를 달래고 재우러 갈게.

乖
0282 □□□

guāi

형 얌전하다, 착하다

今天他一整天都非常乖。
Jīntiān tā yìzhěngtiān dōu fēicháng guāi.
오늘 그는 하루 종일 얌전하다.

喂
0283 □□□

wèi

통 먹이다(먹여 주다)

喂孩子吃饭的时候，应该慢慢喂。
Wèi háizi chī fàn de shíhou, yīnggāi mànman wèi.
아이에게 밥을 먹일 때는 반드시 천천히 먹여야 한다.

母乳
0284 □□□

mǔrǔ

명 모유

母乳对孩子的健康更好。
Mǔrǔ duì háizi de jiànkāng gèng hǎo.
모유는 아이의 건강에 특히 좋다.

奶瓶
0285 ☐☐☐
nǎipíng
명 젖병

奶瓶应该仔细消毒。
Nǎipíng yīnggāi zǐxì xiāo dú.
젖병은 꼼꼼히 소독해야 한다.

奶粉
0286 ☐☐☐
nǎifěn
명 분유

奶粉的种类很多。
Nǎifěn de zhǒnglèi hěn duō.
분유의 종류가 많다.

尿布
0287 ☐☐☐
niàobù
명 기저귀

这种牌子的尿布非常柔软。
Zhè zhǒng páizi de niàobù fēicháng róuruǎn.
이 브랜드의 기저귀는 매우 부드럽다.

照顾 ★
0288 ☐☐☐
zhàogù
동 돌보다

妈妈来我家帮我照顾孩子。
Māma lái wǒ jiā bāng wǒ zhàogù háizi.
엄마가 우리 집에 와서 아이 돌보는 걸 도와 주신다.

'아이를 돌보다'의 의미로 '看孩子(kān háizi)'라고도 쓸 수 있는데 이때 '看'은 4성이 아닌 1성으로 발음해요.

责任感
0289 ☐☐☐
zérèngǎn
명 책임감

当父母要有责任感。
Dāng fùmǔ yào yǒu zérèngǎn.
부모로서 책임감을 가져야 한다.

辛苦
0290 ☐☐☐
xīnkǔ
형 고생스럽다, 수고하다

爸爸为了这个家非常辛苦。
Bàba wèile zhège jiā fēicháng xīnkǔ.
아빠는 이 집을 위해서 고생하신다.

辅食
0291 ☐☐☐
fǔshí
명 이유식

这种辅食没有添加防腐剂。
Zhè zhǒng fǔshí méiyǒu tiānjiā fángfǔjì.
이 이유식은 방부제를 첨가하지 않았다.

翻身 ★
0292 ☐☐☐
fān shēn
동 몸을 뒤집다

我家孩子终于学会翻身了。
Wǒ jiā háizi zhōngyú xué huì fān shēn le.
우리 아이는 마침내 몸을 뒤집는 걸 배웠다.

'翻身'은 아이의 뒤집기에도 사용하지만 '인생 역전'을 표현할 때 더 많이 사용해요.

爬
0293 ☐☐☐
pá
동 기어가다, 기다

孩子爬的速度很快。
Háizi pá de sùdù hěn kuài.
아이가 기어가는 속도가 빠르다.

保姆
0294 ☐☐☐
bǎomǔ
명 보모

我们家雇了一名保姆。
Wǒmen jiā gù le yì míng bǎomǔ.
우리 집은 보모를 한 명 고용했다.

摇篮
0295 ☐☐☐
yáolán
명 요람

这种摇篮是电动的，不用人推。
Zhè zhǒng yáolán shì diàndòng de, búyòng rén tuī.
이 요람은 전동식이라 사람이 밀지 않아도 된다.

玩具
0296 ☐☐☐
wánjù
명 장난감, 완구

家里玩具太多了，不要买。
Jiā li wánjù tài duō le, búyào mǎi.
집에 장난감이 너무 많으니 사지 마세요.

0297 ☐☐☐

婴儿背带
yīng'ér bēidài

명 아기 띠
(아기를 안을 때 쓰는 띠)

孩子大了，不再需要婴儿背带了。
Háizi dà le, bú zài xūyào yīng'ér bēidài le.
아기가 커서 더 이상 아기 띠가 필요 없다.

0298 ☐☐☐

婴儿车
yīng'ér chē

명 유모차

爷爷给孙子买了一辆婴儿车。
Yéye gěi sūnzi mǎi le yí liàng yīng'ér chē.
할아버지는 손자에게 유모차 한 대를 사줬다.

0299 ☐☐☐

周岁宴 ★
zhōusuìyàn

명 돌잔치

孩子周岁宴来了很多客人。
Háizi zhōusuìyàn lái le hěn duō kèrén.
아이 돌잔치에 많은 손님이 왔다.

만으로 세는 나이를 '周岁(zhōusuì)'라 하고 태어나자마자 한 살로 세는 나이를 '虚岁(xūsuì)'라고 해요.

0300 ☐☐☐

托儿所
tuō'érsuǒ

명 어린이집, 탁아소

我不想送孩子去托儿所。
Wǒ bù xiǎng sòng háizi qù tuō'érsuǒ.
나는 아이를 어린이집에 보내고 싶지 않다.

🚩 **단어 플러스** **육아 관련 기타 표현**

- 月子中心 yuèzi zhōngxīn 산후조리원
- 产假 chǎnjià 출산휴가
- 育儿假 yù'érjià 육아휴직
- 丧偶式育儿 sàng'ǒushì yù'ér 독박 육아
- 在职妈妈 zàizhí māma 워킹맘

1 다음 중국어와 우리말 뜻을 바르게 연결하세요.

① 乖　　•　　　　　•　젖병

② 哭闹　•　　　　　•　몸을 뒤집다

③ 奶瓶　•　　　　　•　울며 보채다

④ 哄　　•　　　　　•　얌전하다

⑤ 翻身　•　　　　　•　달래다

2 알맞은 병음을 적어보세요.

① 母乳 _____　　② 奶粉 _____

③ 宝宝 _____　　④ 保姆 _____

3 알맞은 중국어를 적어보세요.

① 고생스럽다 _____　　② 돌보다 _____

③ 기어가다 _____　　④ 장난감 _____

4 빈칸에 들어갈 알맞은 중국어를 고르세요.

보기　　　　　　尿布　　　周岁宴

① 这个牌子的 _____ 很好用。

　이 브랜드의 기저귀는 쓰기 좋다.

② 我儿子的 _____ 来了很多客人。

　우리 아들 돌잔치에 많은 손님이 왔다.

정답

1　①-얌전하다　　②-울며 보채다　③-젖병　　④-달래다　　⑤-몸을 뒤집다

2　① mǔrǔ　　② nǎifěn　　③ bǎobao　　④ bǎomǔ

3　① 辛苦　　② 照顾　　③ 爬　　④ 玩具

4　① 尿布　　② 周岁宴

직업에는
귀천이 없지

오늘의 재미난 **표현!**

• 贵贱之分
  guìjiàn zhī fēn

'귀함과 천함의 차이'라는 표현으로 문장 앞에 '职业没有'를 붙여 쓰면 '职业没有
贵贱之分(직업에는 귀천이 없다)'로 쓸 수 있고, '人没有'를 붙이면 '人没有贵贱
之分(사람은 귀하고 천하고 차이가 있을 수 없다)'로도 쓸 수 있다.

예 职业没有贵贱之分。
   직업에는 귀천이 없다.

老师
lǎoshī
명 선생님

0301 ☐☐☐

父母是孩子最好的老师。
Fùmǔ shì háizi zuì hǎo de lǎoshī.
부모는 아이의 가장 좋은 선생님이다.

设计师
shèjìshī
명 디자이너

0302 ☐☐☐

我想当一个服装设计师。
Wǒ xiǎng dāng yí ge fúzhuāng shèjìshī.
나는 패션 디자이너가 되고 싶다.

会计师
kuàijìshī
명 회계사

0303 ☐☐☐

我在准备报考会计师。
Wǒ zài zhǔnbèi bào kǎo kuàijìshī.
나는 회계사 시험에 응시하려고 준비하고 있다.

律师
lǜshī
명 변호사

0304 ☐☐☐

律师需要准确了解法律。
Lǜshī xūyào zhǔnquè liǎojiě fǎlǜ.
변호사는 법률을 정확히 알아야 한다.

工程师
gōngchéngshī
명 엔지니어

0305 ☐☐☐

我们公司需要一位工程师。
Wǒmen gōngsī xūyào yí wèi gōngchéngshī.
우리 회사는 엔지니어 한 명이 필요하다.

厨师
chúshī
명 주방장, 요리사

0306 ☐☐☐

他爸爸是一个大饭店的厨师。
Tā bàba shì yí ge dà fàndiàn de chúshī.
그의 아버지는 호텔의 주방장이다.

面包师
miànbāoshī
명 제빵사, 파티셰

0307 ☐☐☐

这家咖啡店的面包师很有名。
Zhè jiā kāfēidiàn de miànbāoshī hěn yǒumíng.
이 카페의 제빵사는 매우 유명하다.

记者
0308 ☐☐☐
jìzhě
몡 기자

学校门口来了很多记者。
Xuéxiào ménkǒu lái le hěn duō jìzhě.
학교 입구에 많은 기자들이 왔다.

歌手
0309 ☐☐☐
gēshǒu
몡 가수

你不当歌手可惜了。
Nǐ bù dāng gēshǒu kěxī le.
네가 가수가 되지 못하는 것이 안타깝다.

演员
0310 ☐☐☐
yǎnyuán
몡 배우, 연기자

我看了很多那个演员出演的电影。
Wǒ kàn le hěn duō nà ge yǎnyuán chūyǎn de diànyǐng.
나는 그 배우가 출연한 영화를 많이 봤다.

➕ 明星 míngxīng 유명인, 스타

警察
0311 ☐☐☐
jǐngchá
몡 경찰

快看！警察来了！
Kuài kàn! Jǐngchá lái le!
빨리 와봐! 경찰이 왔어!

法官
0312 ☐☐☐
fǎguān
몡 판사, 법관

法官判定他有罪。
Fǎguān pàndìng tā yǒu zuì.
판사는 그를 유죄로 판정했다.

外交官
0313 ☐☐☐
wàijiāoguān
몡 외교관

外交官需要精通当地语言。
Wàijiāoguān xūyào jīngtōng dāngdì yǔyán.
외교관은 현지 언어에 정통해야 한다.

研究员
0314 ☐☐☐

yánjiūyuán

명 연구원

你的性格适合当研究员。

Nǐ de xìnggé shìhé dāng yánjiūyuán.

네 성격은 연구원이 되기에 적합하다.

乘务员 ★
0315 ☐☐☐

chéngwùyuán

명 승무원

乘务员要负责乘客安全。

Chéngwùyuán yào fùzé chéngkè ānquán.

승무원은 승객의 안전을 책임져야 한다.

> 스튜어디스는 '空姐(kōngjiě)', 스튜어드는 '空少(kōngshào)'라고 말해요.

飞行员
0316 ☐☐☐

fēixíngyuán

명 파일럿, (비행기) 조종사

飞行员的身体素质要好。

Fēixíngyuán de shēntǐ sùzhì yào hǎo.

파일럿의 신체 조건은 좋아야 한다.

保洁员
0317 ☐☐☐

bǎojiéyuán

명 환경미화원

每个楼层都有一个保洁员。

Měi ge lóucéng dōu yǒu yí ge bǎojiéyuán.

층마다 환경미화원이 한 명 있다.

司机
0318 ☐☐☐

sījī

명 (차량의) 기사, 운전사

明天我给你当司机。

Míngtiān wǒ gěi nǐ dāng sījī.

내일 내가 너의 운전기사가 되어 줄게.

医生
0319 ☐☐☐

yīshēng

명 의사

生病了一定要听医生的话。

Shēng bìng le yídìng yào tīng yīshēng de huà.

병이 나면 반드시 의사의 말을 들어야 한다.

➕ **大夫** dàifu 의사

护士
0320 ☐☐☐
hùshi
명 간호사

护士在给病人打针。
Hùshi zài gěi bìngrén dǎ zhēn.
간호사가 환자에게 주사를 놓고 있다.

教练
0321 ☐☐☐
jiàoliàn
명 코치

教练让选手继续训练。
Jiàoliàn ràng xuǎnshǒu jìxù xùnliàn.
코치가 선수에게 계속 훈련을 시켰다.

导游
0322 ☐☐☐
dǎoyóu
명 가이드

导游带我们参观景点。
Dǎoyóu dài wǒmen cānguān jǐngdiǎn.
가이드가 우리를 데리고 명소를 돌아봤다.

自由职业者
0323 ☐☐☐
zìyóu zhíyèzhě
명 프리랜서

她算是一个自由职业者。
Tā suànshì yí ge zìyóu zhíyèzhě.
그녀는 프리랜서인 셈이다.

단어 플러스 › 중국의 신흥 직업

- 遛狗师 liù gǒu shī 개 산책사
- 整理收纳师 zhěnglǐ shōunàshī 정리 수납사
- 易货师 yìhuòshī 물물 교환 거래사(바터)
- 碳排放管理员 tàn páifàng guǎnlǐyuán 탄소 배출 관리원
- 酒体设计师 jiǔtǐ shèjìshī 주류 설계사
- 防疫员 fángyìyuán 방역원
- 消毒员 xiāodúyuán 소독원
- 二手车经纪人 èrshǒuchē jīngjìrén 중고자동차 브로커(중개인)

연습 문제

부록의 385쪽 Final check로 확인 학습까지 꼭!!!

1 다음 중국어와 우리말 뜻을 바르게 연결하세요.

① 老师 •　　　　• 선생님
② 设计师 •　　　• 가수
③ 护士 •　　　　• 간호사
④ 歌手 •　　　　• 디자이너
⑤ 乘务员 •　　　• 승무원

2 알맞은 병음을 적어보세요.

① 记者 _____　② 外交官 _____
③ 演员 _____　④ 警察 _____

3 알맞은 중국어를 적어보세요.

① 의사 _____　② 프리랜서 _____
③ 가이드 _____　④ 환경 미화원 _____

4 빈칸에 들어갈 알맞은 중국어를 고르세요.

> 보기
> 工程师　　　教练

① _____ 让选手继续训练。
코치가 선수에게 계속해서 훈련을 시켰다.

② 我们公司需要一位 _____。
우리 회사는 엔지니어 한 명이 필요하다.

정답

1 ①-선생님　②-디자이너　③-간호사　④-가수　⑤-승무원
2 ① jìzhě　② wàijiāoguān　③ yǎnyuán　④ jǐngchá
3 ① 医生　② 自由职业者　③ 导游　④ 保洁员
4 ① 教练　② 工程师

이번엔
나도 합격

오늘의 재미난 표현!

- **万事俱备，只欠东风**
  Wànshì-jùbèi, zhǐqiàn-dōngfēng

직역하면 '모든 게 준비되어 있으나, 동풍만이 모자라다'라는 성어로 삼국지에 나오는 문장이다. '모든 준비를 마쳤으니 마지막으로 중요한 조건만 갖추면 된다' 뜻으로 쓰인다.

예 明天要面试了，万事俱备，只欠东风。
  내일 면접이다. 모든 준비를 마쳤으니 마지막으로 합격할 일만 남았다.

应届生
0324 ☐☐☐

yīngjièshēng

명 당해 연도의 졸업생

这次我们只招应届生。

Zhè cì wǒmen zhǐ zhāo yīngjièshēng.

이번에 우리는 오직 당해 연도의 졸업생만 모집한다.

海归
0325 ☐☐☐

hǎiguī

명 해외 유학생, 해외에서 일을 하다가 돌아온 사람

海归的待遇非常好。

Hǎiguī de dàiyù fēicháng hǎo.

해외 유학생의 대우는 매우 좋다.

求职
0326 ☐☐☐

qiúzhí

동 구직하다

我在网上看到了求职信息。

Wǒ zài wǎngshang kàn dào le qiúzhí xìnxī.

나는 인터넷에서 구직 정보를 봤다.

简历
0327 ☐☐☐

jiǎnlì

명 이력서

我投了很多简历，但是还没有消息。

Wǒ tóu le hěn duō jiǎnlì, dànshì hái méiyǒu xiāoxi.

나는 이력서를 많이 넣었는데 아직 소식이 없다.

优点
0328 ☐☐☐

yōudiǎn

명 장점

简历上写清楚自己的优点。

Jiǎnlì shang xiě qīngchu zìjǐ de yōudiǎn.

이력서에 자신의 장점을 명확하게 써라.

➕ 缺点 quēdiǎn 단점

面试
0329 ☐☐☐

miànshì

동 면접보다

面试的时候，第一印象非常重要。

Miànshì de shíhou, dì-yī yìnxiàng fēicháng zhòngyào.

면접 볼 때는 첫인상이 매우 중요하다.

技巧
0330 □□□
jìqiǎo
명 노하우, 기술

面试也有很多技巧。
Miànshì yě yǒu hěn duō jìqiǎo.
면접에도 많은 노하우가 있다.

紧张
0331 □□□
jǐnzhāng
형 긴장하다

一见到面试官，我就开始紧张。
Yí jiàn dào miànshìguān, wǒ jiù kāishǐ jǐnzhāng.
면접관을 보자마자 긴장하기 시작했다.

信心
0332 □□□
xìnxīn
명 자신감

这次我很有信心。
Zhè cì wǒ hěn yǒu xìnxīn.
나는 이번만큼은 자신이 있다.

自我介绍
0333 □□□
zìwǒ jièshào
자기소개

我准备了很多版本的自我介绍。
Wǒ zhǔnbèi le hěn duō bǎnběn de zìwǒ jièshào.
나는 여러 버전의 자기소개를 준비했다.

印象
0334 □□□
yìnxiàng
명 인상

你应该给他们留下深刻的印象。
Nǐ yīnggāi gěi tāmen liú xià shēnkè de yìnxiàng.
너는 그들에게 깊은 인상을 남겨야 한다.

荣幸
0335 □□□
róngxìng
형 영광스럽다

非常荣幸能够得到这次机会。
Fēicháng róngxìng nénggòu dé dào zhè cì jīhuì.
이번 기회를 얻게 되어 매우 영광스럽습니다.

通知
0336 □□□
tōngzhī
통 알리다, 통지하다

我们会用短信的方式通知各位面试结果。
Wǒmen huì yòng duǎnxìn de fāngshì tōngzhī gèwèi miànshì jiéguǒ.
저희가 문자 메시지로 여러분에게 면접 결과를 알려드리겠습니다.

消息
0337 □□□
xiāoxi
명 소식

有一个好消息，还有一个坏消息。
Yǒu yí ge hǎo xiāoxi, háiyǒu yí ge huài xiāoxi.
좋은 소식이 하나 있고, 나쁜 소식이 하나 있어.

招聘 ★
0338 □□□
zhāopìn
통 채용하다

这次招聘了很多外国人。
Zhè cì zhāopìn le hěn duō wàiguórén.
이번에 많은 외국인을 채용했다.

요즘은 헤드헌팅 회사를 통해 이직을 하거나 입사를 하기도 하는데요. '猎头(liètóu)'는 '고급 인재를 물색하다'라는 뜻으로 헤드헌팅 회사를 중국어로 '猎头公司(liètóu gōngsī)'라고 말해요.

信息
0339 □□□
xìnxī
명 정보, 소식

我得到了很可靠的信息。
Wǒ dé dào le hěn kěkào de xìnxī.
나는 매우 믿을만한 정보를 얻었다.

就业
0340 □□□
jiù yè
통 취업하다, 취직하다

现在的就业形势非常严峻。
Xiànzài de jiù yè xíngshì fēicháng yánjùn.
지금은 취업난(상황)이 매우 심각하다.

创业
0341 ☐☐☐
chuàngyè
동 창업하다

有很多年轻人开始创业了。
Yǒu hěn duō niánqīngrén kāishǐ chuàngyè le.
많은 젊은이들이 창업을 하기 시작했다.

新人
0342 ☐☐☐
xīnrén
명 신입 사원

我是新人，请您多多关照。
Wǒ shì xīnrén, qǐng nín duōduō guānzhào.
저는 신입 사원입니다, 잘 부탁드립니다.

实习生
0343 ☐☐☐
shíxíshēng
명 인턴, 실습생

实习生的实习期是六个月。
Shíxíshēng de shíxíqī shì liù ge yuè.
인턴의 실습 기간은 6개월이다.

转正
0344 ☐☐☐
zhuǎn zhèng
동 정규직으로 전환하다

六个月以后可以转正。
Liù ge yuè yǐhòu kěyǐ zhuǎn zhèng.
6개월 후에 정규직으로 전환할 수 있다.

薪酬
0345 ☐☐☐
xīnchóu
명 임금, 급여

公司的薪酬也是非常重要的。
Gōngsī de xīnchóu yě shì fēicháng zhòngyào de.
회사의 임금 또한 매우 중요하다.

福利
0346 ☐☐☐
fúlì
명 복지

这家公司的员工福利很不错。
Zhè jiā gōngsī de yuángōng fúlì hěn búcuò.
이 회사의 직원 복지는 괜찮다.

문화 플러스

'劳动合同' 확인하고 '五险一金' 가입했지?

중국 역시 한국처럼 많은 대졸자들이 취업을 준비하고 있으며, 극심한 취업난을 이겨내고자 많은 노력을 합니다. 그런 노력 끝에 취업에 성공하고 나면 한국과 마찬가지로 근로 계약서를 작성하게 되는데요. 중국어로 근로 계약서를 '劳动合同(láodòng hétóng)'이라 불러요.

우리나라의 근로 계약서와 비슷하게 근로 내용 및 근로 장소, 근로 시간과 휴식 시간, 취업 규칙, 사회 보험 및 복리후생, 임금, 근로 계약의 종료 등에 대한 내용이 기술되어 있습니다. 서류상 약속된 급여가 세전 급여인지 세후 급여인지 1년에 12번인지, '春节(Chūn Jié)' 보너스를 포함한 13번인지 꼭 확인해야 해요.

여기서 하나 더 알려드리고 싶은 게 바로 '五险一金(wǔxiǎn yījīn)'인데요. 중국도 한국과 마찬가지로 대부분의 회사에 입사하게 되면 보험에 가입이 됩니다. 중국에도 한국의 4대 보험인 국민연금, 건강보험, 고용보험, 산재보험과 비슷한 것들이 있는데요. 그걸 줄여 부르는 말이 바로 '五险一金(wǔxiǎn yījīn)'이에요.

5개의 보험인 양로보험, 의료보험, 실업보험, 산재보험, 출산보험과 1개의 기금인 주택공적금을 부르는 말로 대다수가 가입하는 복지 중 하나라고 생각하면 됩니다. 양로보험은 한국의 국민연금과 비슷해요. 산재보험과 출산보험은 전부 기업에서 부담하고, 나머지는 급여에서 일정액을 공제해요. 주택공적금의 경우, 기업과 직원이 동일 비율로 적립해 추후에 직원이 주택을 구입(월세), 건축, 수리하는 데 사용하도록 돕는 기금이라고 생각하면 됩니다. '생로병사'와 관계된 전부를 '五险一金(wǔxiǎn yījīn)'을 통해 모을 수 있는 거죠.

다만 지역에 따라 세금을 공제하는 비율과 최저임금이 달라 월급에도 차이가 있을 수 있어요. 혹시 중국으로 취업을 준비하는 분이 계시다면 꼭 '근로 계약서'를 꼼꼼히 읽어 보시기 바랍니다.

1 다음 중국어와 우리말 뜻을 바르게 연결하세요.

① 海归 •　　　　　　　• 해외 유학생

② 求职 •　　　　　　　• 구직하다

③ 紧张 •　　　　　　　• 자신감

④ 信心 •　　　　　　　• 긴장하다

⑤ 技巧 •　　　　　　　• 스킬

2 알맞은 병음을 적어보세요.

① 消息 _____　　② 荣幸 _____

③ 招聘 _____　　④ 信息 _____

3 알맞은 중국어를 적어보세요.

① 취직 _____　　② 신입 _____

③ 창업하다 _____　　④ 정규직으로 전환하다 _____

4 빈칸에 들어갈 알맞은 중국어를 고르세요.

> 보기　　　　荣幸　　　　自我介绍

① 非常 _____ 能够得到这次面试机会。
이번 면접 기회를 얻게 되어 영광스럽습니다.

② 我准备了很多版本的 _____。
나는 여러 버전의 자기소개를 준비했다.

> 칭팁
> 1 ①-해외 유학생　②-구직하다　③-긴장하다　④-자신감　⑤-스킬
> 2 ① xiāoxi　② róngxìng　③ zhāopìn　④ xìnxī
> 3 ① 就业　② 新人　③ 创业　④ 转正
> 4 ① 荣幸　② 自我介绍

DAY
18
직장인의 비애

오늘의 재미난 표현!

- 马屁精
  mǎpìjīng

아부를 떨고 아첨을 하는 행동은 '拍马屁'라고 하고 아부나 아첨을 잘하는 사람을
'马屁精'이라고 한다.

예 他总是在领导面前拍马屁，真是个马屁精。

그는 항상 상사 앞에서 아부를 떤다. 정말 아첨쟁이다.

职场
0347 ☐☐☐
zhíchǎng
명 직장

职场就是战场。
Zhíchǎng jiù shì zhànchǎng.
직장은 전쟁터이다.

单位
0348 ☐☐☐
dānwèi
명 회사, 기관

今天我们单位有活动。
Jīntiān wǒmen dānwèi yǒu huódòng.
오늘 우리 회사는 행사가 있다.

办公楼
0349 ☐☐☐
bàngōnglóu
명 사옥, 오피스 빌딩

这个办公楼是新建的。
Zhège bàngōnglóu shì xīn jiàn de.
이 사옥은 새로 지은 것이다.

上班族
0350 ☐☐☐
shàngbānzú
명 월급쟁이, 샐러리맨

附近有很多上班族。
Fùjìn yǒu hěn duō shàngbānzú.
주변에 월급쟁이들이 많다.

打拼
0351 ☐☐☐
dǎpīn
동 열심히 일하다, 분투하다

他一个人在外打拼很多年。
Tā yí ge rén zài wài dǎpīn hěn duō nián.
그는 혼자 밖에서 여러 해 동안 열심히 일했다.

忍
0352 ☐☐☐
rěn
동 참다, 인내하다

同事不尊重你，你不应该忍着。
Tóngshì bù zūnzhòng nǐ, nǐ bù yīnggāi rěnzhě.
동료가 너를 존중하지 않으니 (네가) 참아서는 안 된다.

压力
0353 ☐☐☐
yālì
명 스트레스

上班族压力很大。
Shàngbānzú yālì hěn dà.
월급쟁이들은 스트레스를 많이 받는다.

领导
0354 ☐☐☐
lǐngdǎo
명 리더, 지도자

领导批准了这个方案。
Lǐngdǎo pī zhǔn le zhège fāng'àn.
리더가 이 방안을 허가했다.

员工
0355 ☐☐☐
yuángōng
명 직원

公司全体员工都在场。
Gōngsī quántǐ yuángōng dōu zài chǎng.
회사의 전 직원이 모두 현장에 있다.

上司
0356 ☐☐☐
shàngsi
명 상사

要跟上司搞好关系。
Yào gēn shàngsi gǎo hǎo guānxì.
상사와 좋은 관계를 가져야 한다.

汇报
0357 ☐☐☐
huìbào
동 보고하다

请向总裁汇报业务成果。
Qǐng xiàng zǒngcái huìbào yèwù chéngguǒ.
총수에게 업무 성과를 보고하세요.

报销
0358 ☐☐☐
bàoxiāo
명 정산하다

单位给你报销这些费用。
Dānwèi gěi nǐ bàoxiāo zhèxiē fèiyòng.
회사에서 이 비용들을 정산해 드릴게요.

马屁
0359 ☐☐☐

mǎpì

명 아부, 아첨

你真会拍马屁。

Nǐ zhēn huì pāi mǎpì.

넌 정말 아부를 잘 떠는구나.

打印
0360 ☐☐☐

dǎyìn

통 인쇄하다

请你帮我打印一份材料。

Qǐng nǐ bāng wǒ dǎyìn yí fèn cáiliào.

나를 도와서 자료를 한 부 인쇄해 주세요.

发邮件
0361 ☐☐☐

fā yóujiàn

메일을 보내다

我回公司马上给你发邮件。

Wǒ huí gōngsī mǎshàng gěi nǐ fā yóujiàn.

제가 회사로 돌아가면 바로 메일을 보내드릴게요.

午休时间
0362 ☐☐☐

wǔxiū shíjiān

점심시간

午休时间去趟健身房。

Wǔxiū shíjiān qù tàng jiànshēnfáng.

점심시간에 헬스장에 다녀온다.

加班
0363 ☐☐☐

jiā bān

통 초과 근무하다

最近怎么天天加班？

Zuìjìn zěnme tiāntiān jiā bān?

요즘 왜 매일 초과 근무를 해?

聚餐
0364 ☐☐☐

jù cān

통 회식하다

今天我们公司聚餐。

Jīntiān wǒmen gōngsī jù cān

오늘 우리 회사는 회식을 한다.

0365

看脸色
kàn liǎnsè
눈치를 보다

你应该学会看脸色。
Nǐ yīnggāi xuéhuì kàn liǎnsè.
너는 눈치 보는 걸 배워야 한다.

0366

请假
qǐng jià
통 휴가를 내다,
휴가를 신청하다

我想请假去趟医院。
Wǒ xiǎng qǐng jià qù tàng yīyuàn.
저는 휴가를 내고 병원에 다녀오고 싶습니다.

0367

升职
shēng zhí
통 승진하다

这次轮到我升职了。
Zhè cì lún dào wǒ shēng zhí le.
이번에는 내가 승진할 차례다.

0368

跳槽
tiào cáo
통 이직하다

听说你又要跳槽了?
Tīngshuō nǐ yòu yào tiào cáo le?
듣자 하니 너는 또 이직하려고 한다며?

0369

复职 ★
fù zhí
통 복직하다

你打算什么时候复职?
Nǐ dǎsuàn shénme shíhou fù zhí?
너는 언제 복직할 예정이야?

‘复工(fù gōng)’ 역시 ‘복직하다’의 의미를 가지고 있지만 ‘复工(fù gōng)’은 파업이나 조업 중단 후, 다시 노사 합의가 원만히 이루어져 ‘복직하다’, ‘다시 일에 복귀하다’라는 의미를 가지고 있기 때문에 두 단어의 쓰임이 달라요.

辞职 0370 ☐☐☐

cí zhí

图 (회사를) 그만두다, 사직하다

我想辞职后出国深造一年。

Wǒ xiǎng cí zhí hòu chū guó shēnzào yì nián.

나는 회사를 그만두고 출국해서 1년 동안 공부를 더하고 싶다.

解雇 ★ 0371 ☐☐☐

jiěgù

图 해고하다

公司要解雇你。

Gōngsī yào jiěgù nǐ.

회사에서 당신을 해고하려 합니다.

'炒鱿鱼(chǎo yóuyú)'와 '开除(kāichú)' 역시 '해고하다'라는 뜻으로 쓰여요.

退休 0372 ☐☐☐

tuì xiū

图 퇴직하다

我父母都已经退休了。

Wǒ fùmǔ dōu yǐjing tuì xiū le.

저희 부모님께서는 이미 퇴직하셨습니다.

단어 플러스 직장 문화와 관련된 다양한 표현들

- 打工人 dǎgōng rén 월급의 노예, 근로자
- 社畜 shèchù 회사의 노예
- 朝九晚五 zhāojiǔwǎnwǔ 오전 9시에 출근해서 오후 5시에 퇴근하다
- 日光族 rìguāngzú 월급을 타서 당일에 다 써버리는 사람
- 职场 PUA zhíchǎng PUA 직장내 괴롭힘, 직장내 가스라이팅
- 996工作制 996 gōngzuòzhì 오전 9시부터 밤 9시까지 주 6일 근무하다
- 715 工作制 715 gōngzuòzhì 일주일에 7일을 하루 15시간씩 일하다
- 弹性工作制 tánxìng gōngzuòzhì 탄력 근무제, 유연 근무제

연습 문제

부록의 389쪽 Final check로 확인 학습까지 꼭!!!

1 다음 중국어와 우리말 뜻을 바르게 연결하세요.

① 职场 ·   · 직원

② 打拼 ·   · 스트레스

③ 压力 ·   · 리더

④ 领导 ·   · 직장

⑤ 员工 ·   · 열심히 일하다

2 알맞은 병음을 적어보세요.

① 上司 _____   ② 打印 _____

③ 马屁 _____   ④ 加班 _____

3 알맞은 중국어를 적어보세요.

① 승진하다 _____   ② 이직하다 _____

③ (회사를) 그만두다 _____   ④ 해고하다 _____

4 빈칸에 들어갈 알맞은 중국어를 고르세요.

> **보기**   看脸色   汇报

① 你应该学会 _____。
너는 눈치보는 걸 배워야 한다.

② 今天下午要向总裁 _____ 业务成果。
오늘 오후에 총수에게 업무 성과를 보고해야 한다.

정답

1 ①-직장   ②-열심히 일하다 ③-스트레스   ④-리더   ⑤-직원
2 ① shàngsi   ② dǎyìn   ③ mǎpì   ④ jiā bān
3 ① 升职   ② 跳槽   ③ 辞职   ④ 解雇
4 ① 看脸色   ② 汇报

메모

DAY
19

고군분투
비즈니스 이야기

오늘의 재미난 표현!

- 上帝
  shàngdì

하느님, 천재 등으로 많이 쓰는 단어인데, 보통은 '고객이 왕이다' 라는 표현에 가장 많이 쓰인다.

예 顾客就是上帝。
고객이 바로 왕이야.

做生意
0373 ☐☐☐
zuò shēngyi
사업하다, 장사하다

我将来想做生意。
Wǒ jiānglái xiǎng zuò shēngyi.
나는 장차 사업을 하고 싶다.

项目
0374 ☐☐☐
xiàngmù
명 프로젝트

这个项目由你来负责。
Zhè ge xiàngmù yóu nǐ lái fùzé.
이 프로젝트는 네가 책임져라.

策划
0375 ☐☐☐
cèhuà
동 기획하다, 계획하다

他亲自策划了这场活动。
Tā qīnzì cèhuà le zhè chǎng huódòng.
그가 직접 이 행사를 기획했다.

细节
0376 ☐☐☐
xìjié
명 세부 사항, 자세한 사정

我们需要商量一下细节。
Wǒmen xūyào shāngliang yíxià xìjié.
우리는 세부 사항을 상의해야 한다.

负责人
0377 ☐☐☐
fùzérén
명 책임자

我想找负责人谈一谈。
Wǒ xiǎng zhǎo fùzérén tán yi tán.
나는 책임자를 찾아 이야기하고 싶다.

客户
0378 ☐☐☐
kèhù
명 거래처, 고객

客户提了很多要求。
Kèhù tí le hěn duō yāoqiú.
거래처가 많은 요구를 제시하였다.

报价 0379 ☐☐☐
bàojià
명 제시 가격, 입찰 가격

这个报价太高了。
Zhè ge bàojià tài gāo le.
이 제시 가격은 너무 높다.

合作 0380 ☐☐☐
hézuò
동 합작하다, 협력하다

希望这次合作愉快。
Xīwàng zhè cì hézuò yúkuài.
이번 합작이 즐겁기를 바랍니다.

配合 0381 ☐☐☐
pèihé
동 협조하다, 협력하다

感谢您配合我们的工作。
Gǎnxiè nín pèihé wǒmen de gōngzuò.
저희 업무에 협조해 주셔서 감사합니다.

达成共识 0382 ☐☐☐
dáchéng gòngshí
합의에 이르다

这次我们能够达成共识。
Zhè cì wǒmen nénggòu dáchéng gòngshí.
이번에 우리는 합의에 이를 수 있다.

合同 0383 ☐☐☐
hétóng
명 계약서

合同已经写好了，请您看一下。
Hétóng yǐjing xiě hǎo le, qǐng nín kàn yíxià.
계약서를 이미 작성했으니, 한번 봐주세요.

签 ★ 0384 ☐☐☐
qiān
동 서명하다

签完合同我们就可以回国了。
Qiān wán hétóng wǒmen jiù kěyǐ huí guó le.
계약서에 서명하면 우리는 귀국할 수 있다.

> 동사 '签' 뒤에 명사 '名'과 '字'를 각각 붙여 쓰면 '签名(qiān míng)', '签字(qiān zì)'로 '서명하다', '사인하다'의 뜻으로 쓰여요.

应酬
0385 □□□
yìngchou
명 회식, 접대

工作的时候少不了应酬。
Gōngzuò de shíhou shǎobuliǎo yìngchou.
일을 할 때 회식을 빼놓을 수 없다.

出差
0386 □□□
chū chāi
통 출장 가다

我最近经常到外地出差。
Wǒ zuìjìn jīngcháng dào wàidì chū chāi.
나는 요즘 자주 타지로 출장을 간다.

安排
0387 □□□
ānpái
명 스케줄
통 안배하다, 배정하다

今天晚上有什么安排?
Jīntiān wǎnshang yǒu shénme ānpái?
오늘 저녁 스케줄이 어떻게 되나요?

拜访
0388 □□□
bàifǎng
통 찾아뵙다, 방문하다

下个月我将亲自拜访贵公司。
Xià ge yuè wǒ jiāng qīnzì bàifǎng guì gōngsī.
다음 달에 제가 직접 귀사를 찾아뵙겠습니다.

幸会
0389 □□□
xìnghuì
통 만나 뵙게 되어 영광입니다

您不愧是专家，幸会幸会！
Nín búkuì shì zhuānjiā, xìnghuì xìnghuì!
당신은 전문가답네요. 만나 뵙게 되어 영광입니다!

久仰
0390 □□□
jiǔyǎng
통 말씀 많이 들었습니다

你好，久仰大名！
Nǐ hǎo, jiǔyǎng dàmíng!
안녕하세요, 존함은 오래전부터 들었습니다!

称呼
0391 ☐☐☐
chēnghu
동 ~라고 부르다

我应该怎么称呼您?
Wǒ yīnggāi zěnme chēnghu nín?
제가 당신을 어떻게 부르면 될까요?

名片
0392 ☐☐☐
míngpiàn
명 명함

这是我的名片。
Zhè shì wǒ de míngpiàn.
이것은 내 명함이다.

联系方式
0393 ☐☐☐
liánxì fāngshì
연락처

上面有我的联系方式。
Shàngmian yǒu wǒ de liánxì fāngshì.
위에 제 연락처가 있습니다.

단어 플러스 ▶ **비즈니스 관련 표현**

- 股东大会 gǔdōng dàhuì 주주총회
- 市场占有率 shìchǎng zhànyǒulǜ 시장 점유율
- 营业额 yíngyè'é 매출액
- 货款 huòkuǎn 상품 대금, 물품 대금
- 新产品 xīn chǎnpǐn 신제품
- 谈判条件 tánpàn tiáojiàn 협상 조건
- 成交 chéng jiāo 거래가 성립되다

1 다음 중국어와 우리말 뜻을 바르게 연결하세요.

① 项目 ·   · 프로젝트

② 报价 ·   · 제시 가격

③ 合作 ·   · 합작하다

④ 拜访 ·   · 찾아뵙다

⑤ 合同 ·   · 계약서

2 알맞은 병음을 적어보세요.

① 幸会 _____   ② 出差 _____

③ 称呼 _____   ④ 联系方式 _____

3 알맞은 중국어를 적어보세요.

① 책임자 _____   ② 명함 _____

③ 스케줄 _____   ④ ~라고 부르다 _____

4 빈칸에 들어갈 알맞은 중국어를 고르세요.

> 보기   应酬   策划

① 这次活动是他 _____ 的。
이번 이벤트는 그가 기획한 것이다.

② 工作的时候少不了 _____ 。
일을 할 때 회식을 빼놓을 수 없다.

정답

1 ①–프로젝트   ②–제시 가격   ③–합작하다   ④–찾아 뵙다   ⑤–계약서

2 ① xìnghuì   ② chū chāi   ③ chēnghu   ④ liánxì fāngshì

3 ① 负责人   ② 名片   ③ 安排   ④ 称呼

4 ① 策划   ② 应酬

철밥통도
옛말이야

DAY 20
MP3 바로 듣기

오늘의 재미난 표현!

• 铁饭碗
  tiěfànwǎn

정년까지 특별한 이슈가 없는 한 직업을 잃을 염려가 없는 확실한 직업, 평생 직업,
철밥통 등의 의미로 쓰인다. 중국에서도 관공서에서 일하는 공무원이나 학교 선생님
혹은 국영 기업에서 근무하는 직원 등을 철밥통에 비유하거나 비꼬는 표현으로 사용
하였다. 하지만 각종 까다로운 민원 업무의 응대나 대형 산불, 장마, 폭설, 코로나19
와 같은 재난 상황에서 많은 공무원들이 고생하며 격무를 하고 있어 많은 사람들이
공무원들의 노고에 감사를 표하고 있으며 '철밥통도 옛말'이라는 말도 나오고 있다.

예 公务员是个铁饭碗。
   공무원은 철밥통이다.

机构
0394 ☐☐☐

jīgòu

명 기구

我想创办一个慈善机构。
Wǒ xiǎng chuàngbàn yí ge císhàn jīgòu.
나는 자선 기구를 설립하고 싶다.

公务员
0395 ☐☐☐

gōngwùyuán

명 공무원

我正在准备公务员考试。
Wǒ zhèngzài zhǔnbèi gōngwùyuán kǎoshì.
나는 공무원 시험을 준비하고 있다.

市政府
0396 ☐☐☐

shì zhèngfǔ

명 시청

市政府离这里远吗?
Shì zhèngfǔ lí zhè li yuǎn ma?
시청은 여기에서 먼가요?

法院
0397 ☐☐☐

fǎyuàn

명 법원

我在法院工作。
Wǒ zài fǎyuàn gōngzuò.
나는 법원에서 일한다.

派出所
0398 ☐☐☐

pàichūsuǒ

명 파출소

我昨天去了一趟派出所。
Wǒ zuótiān qù le yí tàng pàichūsuǒ.
나는 어제 파출소에 한 번 다녀왔다.

消防队
0399 ☐☐☐

xiāofángduì

명 소방서

消防队在商场后面。
Xiāofángduì zài shāngchǎng hòumiàn.
소방서는 백화점 뒤에 있다.

邮局 0400 □□□
yóujú
명 우체국

我去邮局寄一个包裹。
Wǒ qù yóujú jì yí ge bāoguǒ.
나는 우체국에 가서 소포를 하나 부친다.

政务大厅 ★ 0401 □□□
zhèngwù dàtīng
명 정부 지원 센터

我去政务大厅办理业务。
Wǒ qù zhèngwù dàtīng bànlǐ yèwù.
나는 정부 지원 센터에 가서 업무를 처리한다.

'政务大厅'은 한국의 동사무소와 비슷해요. 간단한 민원 처리나 서류를 발급해 주는 곳입니다.

身份证 0402 □□□
shēnfènzhèng
명 신분증

请出示一下身份证。
Qǐng chūshì yíxià shēnfènzhèng.
신분증 좀 보여 주세요.

办事 0403 □□□
bàn shì
동 일을 처리하다

他们的办事效率很高。
Tāmen de bàn shì xiàolǜ hěn gāo.
그들의 일을 처리하는 효율은 매우 높다.

手续 0404 □□□
shǒuxù
명 수속

所有的手续都已经办好了。
Suǒyǒu de shǒuxù dōu yǐjing bàn hǎo le.
모든 수속이 이미 잘 처리되었다.

复杂 0405 □□□
fùzá
형 복잡하다

申请过程太复杂了。
Shēnqǐng guòchéng tài fùzá le.
신청 과정이 너무 복잡하다.

领事馆
lǐngshìguǎn
명 영사관

0406

签证到期了，需要去领事馆续签。
Qiānzhèng dào qī le, xūyào qù lǐngshìguǎn xù qiān.
비자 기간이 만료되어서 영사관에 가서 기간을 연장해야
한다.

等待
děngdài
동 기다리다

0407

马上就到您了，请您耐心等待。
Mǎshàng jiù dào nín le, qǐng nín nàixīn děngdài.
곧 도착합니다. 인내심을 가지고 기다려 주세요.

排队
pái duì
동 줄을 서다

0408

外面有很多人排队等候。
Wàimiàn yǒu hěn duō rén pái duì děnghòu.
밖에 많은 사람들이 줄을 서서 기다리고 있다.

登记
dēng jì
동 등록하다, 체크인하다

0409

请先去登记一下。
Qǐng xiān qù dēng jì yíxià.
먼저 가서 등록해 주세요.

盖章
gài zhāng
동 도장을 찍다, 날인하다

0410

这个表格需要盖章。
Zhège biǎogé xūyào gài zhāng.
이 양식에는 도장을 찍어야 한다.

缴纳
jiǎonà
동 납부하다

0411

学生每学期都需要缴纳学费。
Xuésheng měi xuéqī dōu xūyào jiǎonà xuéfèi.
학생은 학기마다 등록금을 납부해야 한다.

罚款

0412 ☐☐☐

fá kuǎn

동 벌금을 내다

违反规定要罚款。

Wéifǎn guīdìng yào fá kuǎn.

규정을 위반하면 벌금을 내야 한다.

문화 플러스

중국에서도 화재 신고는 119

중국에서도 화재 신고는 한국과 마찬가지로 119에 전화하는데요. 그 이유는 119의 숫자 발음인 '幺幺九(yāo yāo jiǔ)'가 '要要救(yào yào jiù)'의 발음과 비슷해 '귀중한 생명을 구해야 한다'는 의미에서 119로 지정되었다고 해요.

중국과 한국의 공통점이 하나 더 있는데 바로 '소방의 날'이에요. 두 국가 모두 11월 9일을 '소방의 날'로 지정하였는데요. 중국의 경우엔 1992년부터 매년 11월 9일을 '소방의 날'로 지정하였는데, 그 이유 중 하나는 겨울에 화재 사고가 많은 점을 감안해 소방 안전을 강화하고 점검하기 위함이죠. 소방의 날에는 중국 전역의 학교나 기관에서 안전 훈련을 하거나 아이들의 경우에는 화재 예방 포스터를 그리는 등의 활동을 하기도 해요.

그렇다면 경찰서 신고나 응급 구조 신고 번호는 한국과 같을까요? 한국과 번호가 같은 건 화재 신고인 119뿐이에요. 중국에서 경찰서에 신고할 때는 110, 응급 구조 신고는 120에 해야 합니다. 꼭 기억해 두세요!

연습 문제

1 다음 중국어와 우리말 뜻을 바르게 연결하세요.

① 市政府 ·　　　　　　· 시청

② 消防队 ·　　　　　　· 복잡하다

③ 身份证 ·　　　　　　· 도장을 찍다

④ 复杂　·　　　　　　· 신분증

⑤ 盖章　·　　　　　　· 소방서

2 알맞은 병음을 적어보세요.

① 办事 _____　　② 派出所 _____

③ 法院 _____　　④ 罚款 _____

3 알맞은 중국어를 적어보세요.

① 줄을 서다 _____　　② 공무원 _____

③ 수속 _____　　④ 우체국 _____

4 빈칸에 들어갈 알맞은 중국어를 고르세요.

> 보기　　　　　　等待　　　缴纳

① 不要着急, 请您耐心 _____。

　조급해하지 마시고, 인내심을 가지고 기다려 주세요.

② 会员应该按时 _____ 费用。

　회원들은 반드시 제때에 비용을 납부해야 한다.

정답 -

1 ①-시청　　②-소방서　　③-신분증　　④-복잡하다　　⑤-도장을 찍다

2 ① bàn shì　　② pàichūsuǒ　　③ fǎyuàn　　④ fá kuǎn

3 ① 排队　　② 公务员　　③ 手续　　④ 邮局

4 ① 等待　　② 缴纳

입사하고 싶어요 제발요!!

DAY 21
MP3 바로 듣기

오늘의 재미난 표현!

• 领头羊
lǐngtóuyáng

직역하면 '양떼에서 서열이 가장 높은 양'이라는 뜻이지만 비유의 뜻으로 '선두 주자, 선두 기업, 리더'의 의미로도 많이 쓰인다.

예 那家公司是无人驾驶技术领域的领头羊。
그 회사는 자율주행 기술 분야의 선두 주자이다.

家
0413 ☐☐☐
jiā
영 가게, 기업 따위를 세는 단위

这家公司的待遇很不错。
Zhè jiā gōngsī de dàiyù hěn búcuò.
이 회사의 대우는 매우 좋다.

500强
0414 ☐☐☐
wǔbǎi qiáng
500대

这家企业是世界500强之一。
Zhè jiā qǐyè shì shìjiè wǔbǎi qiáng zhīyī.
이 기업은 세계 500대 기업 중 하나이다.

集团
0415 ☐☐☐
jítuán
명 그룹

这个集团的知名度很高。
Zhège jítuán de zhīmíngdù hěn gāo.
이 그룹의 인지도는 매우 높다.

国企
0416 ☐☐☐
guóqǐ
명 국영 기업, 공기업

我觉得在国企工作更稳定。
Wǒ juéde zài guóqǐ gōngzuò gèng wěndìng.
나는 국영 기업에서 일하는 게 더 안정적이라고 생각한다.

外企
0417 ☐☐☐
wàiqǐ
명 외국계 기업

外企的工作更有挑战性。
Wàiqǐ de gōngzuò gèng yǒu tiǎozhànxìng.
외국계 기업의 업무가 더 도전적이다.

企业家
0418 ☐☐☐
qǐyèjiā
명 기업가

他是一名成功的企业家。
Tā shì yì míng chénggōng de qǐyèjiā.
그는 성공한 기업가이다.

总经理
0419 □□□

zǒngjīnglǐ

명 사장, 최고 경영자

我们的总经理非常平易近人。
Wǒmen de zǒngjīnglǐ fēicháng píngyìjìnrén.
우리 사장님은 서글서글하여 다가가기 쉽다.

经营
0420 □□□

jīngyíng

동 경영하다

他正在经营一家餐饮店。
Tā zhèngzài jīngyíng yì jiā cānyǐndiàn.
그는 지금 음식점을 경영하고 있다.

上市
0421 □□□

shàng shì

동 상장되다, 출시되다

这家公司今年刚上市。
Zhè jiā gōngsī jīnnián gāng shàng shì.
이 회사는 올해에 막 상장됐다.

内行
0422 □□□

nèiháng

명 전문가, 베테랑

内行看了都知道。
Nèiháng kàn le dōu zhīdao.
전문가가 보면 다 안다.

➕ 外行 wàiháng 비전문가, 문외한

人才
0423 □□□

réncái

명 인재

你是一个不可多得的人才。
Nǐ shì yí ge bù kě duō dé de réncái.
당신은 매우 드문 인재이다.

阿里巴巴
0424 □□□

Ālǐbābā

고유 알리바바

阿里巴巴是一家电子商务公司。
Ālǐbābā shì yì jiā diànzǐ shāngwù gōngsī.
알리바바는 전자 상거래 회사이다.

腾讯
Téngxùn
고유 텐센트

0425 ☐☐☐

腾讯运营多个社交平台。
Téngxùn yùnyíng duō ge shèjiāo píngtái.
텐센트는 여러 개의 소셜 플랫폼을 운영한다.

百度
Bǎidù
고유 바이두

0426 ☐☐☐

百度的信息量非常庞大。
Bǎidù de xìnxīliàng fēicháng pángdà.
바이두의 정보량은 매우 방대하다.

小米
Xiǎomǐ
고유 샤오미

0427 ☐☐☐

小米的电子产品很受欢迎。
Xiǎomǐ de diànzǐ chǎnpǐn hěn shòu huānyíng.
샤오미의 전자 제품은 매우 인기가 있다.

海尔
Hǎi'ěr
고유 하이얼

0428 ☐☐☐

海尔的家电非常有名。
Hǎi'ěr de jiādiàn fēicháng yǒumíng.
하이얼의 가전은 매우 유명하다.

华为
Huáwèi
고유 화웨이

0429 ☐☐☐

华为致力于信息和通信技术的开发。
Huáwéi zhìlìyú xìnxī hé tōngxìn jìshù de kāifā.
화웨이는 정보 통신 기술 개발에 주력하고 있다.

万达
Wàndá
고유 완다

0430 ☐☐☐

万达集团创立于1988年。
Wàndá jítuán chuànglì yú 1988 nián.
완다 그룹은 1988년에 창립되었다.

三星电子 0431 □□□
Sānxīng diànzǐ

고유 삼성전지

三星电子是韩国最大的电子工业企业。
Sānxīng diànzǐ shì Hánguó zuì dà de diànzǐ gōngyè qǐyè.
삼성전자는 한국 최대 전자 공업의 기업이다.

总部 0432 □□□
zǒngbù

명 본사

我们公司总部在北京。
Wǒmen gōngsī zǒngbù zài Běijīng.
우리 회사의 본사는 베이징에 있다.

倒闭 0433 □□□
dǎobì

동 (기업·공장 등이) 도산하다

这家公司绝对不会倒闭。
Zhè jiā gōngsī juéduì bú huì dǎobì.
이 회사는 절대 도산하지 않을 것이다.

 문화 플러스

중국 대학생 취업 선호 1위 기업은 어디일까?

글로벌 HR컨설팅 회사인 '유니버섬'은 매년 대학생들을 대상으로 '가장 매력적인 고용주'에 대한 설문조사를 진행하는데요. 21년에 진행한 설문조사에 따르면 중국 대학생들이 가장 선호하는 직장 1위는 바로 '알리바바(阿里巴巴)', 2위는 '화웨이(华为)'로 선정되었다고 해요.

그렇다면 중국 대학생들이 선호하는 외국계 기업에는 어떤 곳이 있을까요? 조사에 따르면 경영학과 공학을 전공하는 학생들이 선호하는 기업 순위에 애플, 구글 그리고 한국의 삼성전자가 3위로 어깨를 나란히 했다고 해요. 한국이나 중국이나 대학생들의 바람은 모두 비슷한 것 같아요, 모든 취업 준비생들에게 행운이 있길 응원합니다!

1 다음 중국어와 우리말 뜻을 바르게 연결하세요.

① 家 ・ ・ 그룹

② 500强 ・ ・ 국영기업

③ 集团 ・ ・ 500대

④ 国企 ・ ・ 외국계 기업

⑤ 外企 ・ ・ 가게, 기업 따위를 세는 단위

2 알맞은 병음을 적어보세요.

① 企业家 _____　② 总经理 _____

③ 经营 _____　④ 上市 _____

3 알맞은 중국어를 적어보세요.

① 전문가 _____　② 인재 _____

③ 텐센트 _____　④ 바이두 _____

4 빈칸에 들어갈 알맞은 중국어를 고르세요.

> 보기　　　　　总部　　倒闭

① 我们公司 _____ 在北京。

우리 회사의 본사는 베이징에 있다.

② 这家公司绝对不会 _____。

이 회사는 절대 도산하지 않을 것이다.

정답

1 ①-가게, 기업 따위를 세는 단위　②-500대　③-그룹
　④-국영 기업　⑤-외국계 기업

2 ① qǐyèjiā　② zǒngjīnglǐ　③ jīngyíng　④ shàng shì

3 ① 内行　② 人才　③ 腾讯　④ 百度

4 ① 总部　② 倒闭

랜선 집들이에 초대할게

DAY 22
MP3 바로 듣기

오늘의 **재미난 표현!**

• 乔迁
qiáoqiān

이사 가거나 승진했을 때 쓰이는 말이다. 대부분은 새 집으로 가거나 더 좋은 곳으로 이사를 했을 때 축하하는 말로 쓰거나 즐거움이나 기쁨을 나타내는 표현으로 쓰인다.

예 我们一起到朋友的新家庆祝乔迁之喜。
우리는 함께 친구의 새집에 가서 집들이를 축하했다.

0434 ☐☐☐

家具 ★

jiājù

몡 가구

周末我们一起去看看家具吧。

Zhōumò wǒmen yìqǐ qù kànkan jiājù ba.

주말에 우리 같이 가구 보러 가자.

> 중국 사람들도 가구를 살 때 '이케아'에 많이 가는데요. 중국어로 '이케아'는 '宜家(Yíjiā)'라고 해요.

0435 ☐☐☐

装修

zhuāngxiū

통 인테리어를 하다

我们家需要重新装修一下。

Wǒmen jiā xūyào chóngxīn zhuāngxiū yíxià.

우리 집은 인테리어를 다시 해야 한다.

0436 ☐☐☐

材质

cáizhì

몡 재질

你喜欢什么材质的家具?

Nǐ xǐhuan shénme cáizhì de jiājù?

너는 어떤 재질의 가구를 좋아하니?

0437 ☐☐☐

原木

yuánmù

몡 원목

这张桌子是原木做的。

Zhè zhāng zhuōzi shì yuánmù zuò de.

이 탁자는 원목으로 만든 것이다.

0438 ☐☐☐

尺寸

chǐcùn

몡 치수, 사이즈

你知道厨房的尺寸吗?

Nǐ zhīdao chúfáng de chǐcùn ma?

너는 주방의 치수를 알고 있니?

0439 ☐☐☐

餐桌

cānzhuō

몡 식탁

我想买一张大一点儿的餐桌。

Wǒ xiǎng mǎi yì zhāng dà yìdiǎnr de cānzhuō.

나는 좀 더 큰 식탁을 사고 싶다.

茶几
0440 ☐☐☐

chájī

명 티 테이블, 찻상

客厅里需要放一个茶几。

Kètīng li xūyào fàng yí ge chájī.

거실에 티 테이블을 하나 놓아야 한다.

沙发
0441 ☐☐☐

shāfā

명 소파

这个沙发坐上去很舒服。

Zhège shāfā zuò shàngqu hěn shūfu.

이 소파는 앉으면 매우 편안하다.

床
0442 ☐☐☐

chuáng

명 침대

我要买一张双人床。

Wǒ yào mǎi yì zhāng shuāngrénchuáng.

나는 2인용 침대를 하나 사려고 한다.

舒适
0443 ☐☐☐

shūshì

형 쾌적하다, 편안하다

家里布置得非常舒适。

Jiā li bùzhì de fēicháng shūshì.

집안을 아주 쾌적하게 꾸몄다.

枕头
0444 ☐☐☐

zhěntou

명 베개

枕头太高了反而不舒服。

Zhěntou tài gāo le fǎn'ér bù shūfu.

베개가 너무 높아서 오히려 불편하다.

被子
0445 ☐☐☐

bèizi

명 이불

我喜欢厚一点的被子。

Wǒ xǐhuan hòu yìdiǎn de bèizi.

나는 좀 두꺼운 이불을 좋아한다.

椅子
yǐzi
명 의자

0446 ☐☐☐

买四把椅子应该够了。
Mǎi sì bǎ yǐzi yīnggāi gòu le.
의자 네 개를 사면 충분할 거야.

书架
shūjià
명 책꽂이

0447 ☐☐☐

我想在书房里放一个书架。
Wǒ xiǎng zài shūfáng li fàng yí ge shūjià.
나는 서재에 책꽂이를 하나 두고 싶다.

衣柜
yīguì
명 옷장

0448 ☐☐☐

我有很多衣服，需要买大一点的衣柜。
Wǒ yǒu hěn duō yīfu, xūyào mǎi dà yìdiǎn de yīguì.
나는 옷이 많아서, 좀 더 큰 옷장을 사야 한다.

抽屉
chōuti
명 서랍

0449 ☐☐☐

抽屉越多越好。
Chōuti yuè duō yuè hǎo.
서랍은 많을수록 좋다.

地毯
dìtǎn
명 러그, 카펫

0450 ☐☐☐

我喜欢短毛的地毯。
Wǒ xǐhuan duǎnmáo de dìtǎn.
나는 단모 러그를 좋아한다.

灯
dēng
명 등

0451 ☐☐☐

家里的灯太暗了。
Jiā li de dēng tài àn le.
집안의 등이 너무 어두워요.

镜子
0452 ☐☐☐

jìngzi

명 거울

这里放一面镜子，出门的时候就能照一照。

Zhèli fàng yí miàn jìngzi, chū mén de shíhou jiù néng zhào yi zhào.

여기에 거울을 하나 놓으면 외출할 때 바로 볼 수 있겠네.

....

相框
0453 ☐☐☐

xiàngkuàng

명 액자

墙上挂一个大的相框。

Qiáng shang guà yí ge dà de xiàngkuàng.

벽에 큰 액자가 하나 걸려있다.

문화 플러스

한국에서 말하는 '인테리어'와 중국에서 말하는 '装修'의 차이

우리가 오늘 배운 '装修(zhuāngxiū)'를 사전에서 찾으면 '인테리어를 하다'라는 뜻으로 나올 거예요. 그러면 많은 학생들이 한국에서 하는 인테리어와 중국에서 하는 인테리어를 동일하게 생각할 텐데요. 사실은 아주 천지 차이랍니다.

한국에서 지내며 주변 한국인들의 말을 들어보니 한국인들이 말하는 인테리어는 정말 말 그대로 집 내부 인테리어를 본인의 취향으로 업그레이드하거나 변화를 주는 걸 말하더라고요. 반면 중국에서는 집을 사게 되면 날 것 그대로 시멘트 상태의 집을 분양받게 됩니다. 애초에 기본 옵션의 인테리어나 내부 설비 시공이 없는 거죠. 그러다 보니 벽지 도배, 세면대, 싱크대, 변기, 타일, 내부 설비 공사도 하며 집 전체를 시공하고 꾸미는 것 전부를 바로 '装修(zhuāngxiū)'라고 해요. 한국의 인테리어와는 다른 개념인거죠. 하지만 꼭 모두가 이렇게 하는 건 아니에요. 추가 비용을 지불하고 기본 인테리어까지 포함된 집을 구매할 수 있는데요. 그런 집을 바로 '精装房(jīng zhuāng fáng)'이라고 하고, 방금 위에서 설명한 날 것 그대로인 시멘트 상태의 집을 바로 '毛坯房(máopī fáng)'이라고 해요.

1 다음 중국어와 우리말 뜻을 바르게 연결하세요.

① 家具 ·　　　　　 · 가구

② 材质 ·　　　　　 · 치수

③ 尺寸 ·　　　　　 · 식탁

④ 餐桌 ·　　　　　 · 옷장

⑤ 衣柜 ·　　　　　 · 재질

2 알맞은 병음을 적어보세요.

① 抽屉 ＿＿＿＿＿　　② 枕头 ＿＿＿＿＿

③ 沙发 ＿＿＿＿＿　　④ 椅子 ＿＿＿＿＿

3 알맞은 중국어를 적어보세요.

① 액자 ＿＿＿＿＿　　② 등 ＿＿＿＿＿

③ 거울 ＿＿＿＿＿　　④ 티 테이블 ＿＿＿＿＿

4 빈칸에 들어갈 알맞은 중국어를 고르세요.

보기	舒适　　　床

① 我要买一张双人 ＿＿＿＿＿。

나는 2인용 침대를 하나 사려고 한다.

② 家里布置得非常 ＿＿＿＿＿。

집안을 아주 쾌적하게 꾸몄다.

정답

1　①-가구　　②-재질　　③-치수　　④-밥상　　⑤-옷장

2　① chōuti　② zhěntou　③ shāfā　④ yǐzi

3　① 相框　② 灯　③ 镜子　④ 茶几

4　① 床　② 舒适

없는 게 없어
집이 최고야

오늘의 재미난 표현!

• 齐全
qíquán

'완전히 갖추다, 완비하다'의 뜻으로 여러 가지 시설이나 장비를 완벽하게 모두 갖추고 있다는 의미이다. 최근 집에서 보내는 시간이 길어지면서 집에 다양한 가전을 비롯해 오락 시설이나 운동 시설까지 갖추고 지내는 사람들의 비율이 점점 늘어나고 있다는 점에서 알아두면 좋을 표현이다.

예 这个房子家电非常齐全。
이 집에는 없는 가전제품이 없다.

家电
jiādiàn

📖 가전제품

0454 ☐☐☐

家电的保修期非常重要。
Jiādiàn de bǎoxiūqī fēicháng zhòngyào.
가전제품의 수리 보증 기간은 매우 중요하다.

台
tái

📖 대[기계를 세는 단위]

0455 ☐☐☐

我想买一台新的空调。
Wǒ xiǎng mǎi yì tái xīn de kòngtiáo.
저는 에어컨 한 대를 새로 사고 싶어요.

功能
gōngnéng

📖 기능

0456 ☐☐☐

功能非常齐全，我很满意。
Gōngnéng fēicháng qíquán, wǒ hěn mǎnyì.
기능을 아주 완벽히 갖추고 있어서, 나는 만족스럽다.

冰箱
bīngxiāng

📖 냉장고

0457 ☐☐☐

我喜欢双开门的大冰箱。
Wǒ xǐhuan shuāng kāi mén de dà bīngxiāng.
나는 양문형(양쪽으로 문이 열리는) 큰 냉장고를 좋아한다.

电饭锅
diànfànguō

📖 전기밥솥

0458 ☐☐☐

我们家有五口人，需要买大一点的电饭锅。
Wǒmen jiā yǒu wǔ kǒu rén, xūyào mǎi dà yìdiǎn de diànfànguō.
우리 집은 다섯 식구라 좀 더 큰 전기밥솥을 사야 해.

电磁炉
diàncílú

📖 인덕션

0459 ☐☐☐

电磁炉比煤气灶更方便。
Diàncílú bǐ méiqìzào gèng fāngbiàn.
인덕션이 가스레인지보다 더 편리하다.

微波炉
0460 ☐☐☐

wéibōlú

명 전자레인지

微波炉是必不可少的家电。
Wéibōlú shì bì bù kě shǎo de jiādiàn.
전자레인지는 없어서는 안 될 가전제품이다.

饮水机
0461 ☐☐☐

yǐnshuǐjī

명 정수기

饮水机应该定期清理。
Yǐnshuǐjī yīnggāi dìngqī qīnglǐ.
정수기는 반드시 정기적으로 청소해야 한다.

咖啡机
0462 ☐☐☐

kāfēijī

명 커피 머신

我喜欢喝咖啡，想买一台咖啡机。
Wǒ xǐhuan hē kāfēi, xiǎng mǎi yì tái kāfēijī.
저는 커피 마시는 걸 좋아해서, 커피 머신 한 대를 사고 싶어요.

洗碗机
0463 ☐☐☐

xǐwǎnjī

명 식기세척기

你觉得洗碗机好用吗?
Nǐ juéde xǐwǎnjī hǎo yòng ma?
너는 식기세척기가 쓸만한 것 같아?

插座
0464 ☐☐☐

chāzuò

명 콘센트

这里应该放一个插座。
Zhèli yīnggāi fàng yí ge chāzuò.
여기에 콘센트를 하나 놓아야 한다.

电视
0465 ☐☐☐

diànshì

명 텔레비전, TV

这台电视有点儿小。
Zhè tái diànshì yǒudiǎnr xiǎo.
이 텔레비전은 좀 작다.

加湿器
jiāshīqì
명 가습기

0466 ☐☐☐

冬天需要放一台加湿器。
Dōngtiān xūyào fàng yì tái jiāshīqì.
겨울에는 가습기를 한 대 두어야 해.

空气净化器
kōngqì jìnghuàqì
명 공기 청정기

0467 ☐☐☐

最近雾霾很严重，家里需要空气净化器。
Zuìjìn wùmái hěn yánzhòng, jiā li xūyào kōngqì jìnghuàqì.
요즘 미세먼지가 심각해서 집에 공기 청정기가 필요하다.

空调
kōngtiáo
명 에어컨

0468 ☐☐☐

空调开得太大对身体不好。
Kōngtiáo kāi de tài dà duì shēntǐ bù hǎo.
에어컨을 너무 세게 틀면 몸에 좋지 않다.

吸尘器
xīchénqì
명 청소기

0469 ☐☐☐

这台吸尘器是无线的。
Zhè tái xīchénqì shì wú xiàn de.
이 청소기는 무선이다.

吹风机
chuīfēngjī
명 드라이기

0470 ☐☐☐

用吹风机吹干头发。
Yòng chuīfēngjī chuī gān tóufa.
드라이기로 머리를 말리다.

熨斗
yùndǒu
명 다리미

0471 ☐☐☐

使用熨斗时要注意控制温度。
Shǐyòng yùndǒu shí yào zhùyì kòngzhì wēndù.
다리미를 사용할 때는 온도 조절에 주의해야 한다.

0472 ☐☐☐

洗衣机
xǐyījī

명 세탁기

洗衣机应该放在阳台上。
Xǐyījī yīnggāi fàng zài yángtái shang.
세탁기는 베란다에 놓아야 한다.

0473 ☐☐☐

干衣机
gānyījī

명 의류 건조기

最近很多家庭都买干衣机。
Zuìjìn hěn duō jiātíng dōu mǎi gānyījī.
최근 많은 가정에서 의류 건조기를 산다.

0474 ☐☐☐

售后服务
shòuhòu fúwù

명 애프터서비스

这个品牌的售后服务非常好。
Zhège pǐnpái de shòuhòu fúwù fēicháng hǎo.
이 브랜드의 애프터서비스는 매우 좋다.

> **단어 플러스** **다양한 가전제품**

- 智能马桶盖 zhìnéng mǎtǒng gài 비데
- 衣物护理机 yīwù hùlǐjī 스타일러, 의류 관리기
- 人工智能(AI)音箱 réngōng zhìnéng yīnxiāng 인공지능(AI) 스피커
- 电动牙刷 diàndòng yáshuā 전동 칫솔
- 空气炸锅 kōngqì zhá guō 에어 프라이어
- 榨汁机 zhàzhījī 작즙기
- 面包机 miànbāojī 제빵기
- 酸奶机 suānnǎijī 요거트 제조기

연습 문제

부록의 399쪽 Final check로 확인 학습까지 꼭!!!

1 다음 중국어와 우리말 뜻을 바르게 연결하세요.

① 家电　　·　　　　　· 정수기

② 电磁炉 ·　　　　　· 인덕션

③ 功能　　·　　　　　· 기능

④ 饮水机 ·　　　　　· 콘센트

⑤ 插座　　·　　　　　· 가전제품

2 알맞은 병음을 적어보세요.

① 台 _____　　② 咖啡机 _____

③ 洗碗机 _____　　④ 熨斗 _____

3 알맞은 중국어를 적어보세요.

① 의류 건조기 _____　　② 공기 청정기 _____

③ 텔레비전 _____　　④ 에어컨 _____

4 빈칸에 들어갈 알맞은 중국어를 고르세요.

> 보기　　　　　售后服务　　　加湿器

① 这个品牌的 _____ 非常好。
이 브랜드의 애프터서비스는 매우 좋다.

② 今年冬天我们家需要买一台 _____。
올해 겨울에 우리 집은 가습기를 한 대 사야 한다.

정답

1 ①-가전제품　②-인덕션　③-기능　④-정수기　⑤-콘센트

2 ① tái　② kāfēijī　③ xǐwǎnjī　④ yùndǒu

3 ① 干衣机　② 空气净化器　③ 电视　④ 空调

4 ① 售后服务　② 加湿器

세상에서 제일 무서운 파란 화면

DAY 24
MP3 바로 듣기

오늘의 재미난 표현!

- **离不开**
  líbukāi

'떨어질 수 없다, 떠날 수 없다'의 뜻으로 '어떤 사물이나 사람 사이의 관계가 긴밀하여 떼어내기 힘들다'라는 의미로 쓰거나 '어떤 장소를 떠날 수 없거나 발걸음이 쉽사리 떨어지지 않는다'라는 뜻으로 쓰이기도 한다. 현대인에게 있어 떼어내기 힘든 것 중 하나가 바로 컴퓨터와 인터넷이 아닐까?

예 我们的生活离不开电脑。
우리들의 생활은 컴퓨터와 떼어 내려야 떼어낼 수 없다.

启动
qǐdòng
图 부팅하다

0475 ☐☐☐

需要重新启动电脑。
Xūyào chóngxīn qǐdòng diànnǎo.
컴퓨터를 재부팅해야 한다.

显示器
xiǎnshìqì
명 모니터

0476 ☐☐☐

显示器很大，非常适合看电影。
Xiǎnshìqì hěn dà fēicháng shìhé kàn diànyǐng.
모니터가 커서 영화 보기에 아주 적합하다.

桌面
zhuōmiàn
명 바탕화면

0477 ☐☐☐

你的电脑桌面很乱。
Nǐ de diànnǎo zhuōmiàn hěn luàn.
네 컴퓨터 바탕화면은 너무 어수선하다.

键盘
jiànpán
명 키보드

0478 ☐☐☐

这个键盘手感很好。
Zhège jiànpán shǒugǎn hěn hǎo.
이 키보드는 촉감이 좋다.

打字
dǎ zì
图 타자를 치다, 타이핑하다

0479 ☐☐☐

你打字的速度真快。
Nǐ dǎ zì de sùdù zhēn kuài.
너의 타자 치는 속도는 정말 빠르다.

输入
shūrù
图 입력하다

0480 ☐☐☐

您输入的信息错误。
Nín shūrù de xìnxī cuòwù.
귀하가 입력하신 정보는 옳지 않습니다.

密码
0481 ☐☐☐

mìmǎ

명 비밀번호

请正确输入密码。

Qǐng zhèngquè shūrù mìmǎ.

비밀번호를 정확히 입력해 주세요.

鼠标
0482 ☐☐☐

shǔbiāo

명 마우스

无线鼠标用起来更方便。

Wúxiàn shǔbiāo yòng qǐlai gèng fāngbiàn.

무선 마우스가 사용하기에 더 편리하다.

点击
0483 ☐☐☐

diǎnjī

동 클릭하다

先点击右键打开软件。

Xiān diǎnjī yòujiàn dǎ kāi ruǎnjiàn.

먼저 마우스의 오른쪽 버튼을 클릭해서 프로그램을 여세요.

耳麦
0484 ☐☐☐

ěrmài

명 헤드셋

玩儿电脑游戏需要耳麦。

Wánr diànnǎo yóuxì xūyào ěrmài.

컴퓨터 게임을 하려면 헤드셋이 필요하다.

音箱
0485 ☐☐☐

yīnxiāng

명 스피커

这个音箱音质非常棒。

Zhège yīnxiāng yīnzhì fēicháng bàng.

이 스피커는 음질이 아주 좋다.

➕ 音响 yīnxiǎng 음향

U盘
0486 ☐☐☐

U pán

명 USB

这个U盘的容量非常大。

Zhège U pán de róngliàng fēicháng dà.

이 USB의 용량은 매우 크다.

移动硬盘
0487 ☐☐☐

yídòng yìngpán

명 외장하드

把材料复制到移动硬盘里。

Bǎ cáiliào fùzhì dào yídòng yìngpán li.

자료를 외장하드에 복사하다.

路由器 ₀₄₈₈ □□□
lùyóuqì
명 공유기

路由器有问题，上不了网。
Lùyóuqì yǒu wèntí, shàngbuliǎo wǎng.
공유기에 문제가 있어서 인터넷에 접속할 수 없다.

平板电脑 ₀₄₈₉ □□□
píngbǎn diànnǎo
명 태블릿PC

平板电脑携带非常方便。
Píngbǎn diànnǎo xiédài fēicháng fāngbiàn.
태블릿PC는 휴대하기 아주 편리하다.

系统 ₀₄₉₀ □□□
xìtǒng
명 시스템

需要重新安装一下系统。
Xūyào chóngxīn ānzhuāng yíxià xìtǒng.
시스템을 다시 설치해야 합니다.

病毒 ₀₄₉₁ □□□
bìngdú
명 바이러스

电脑好像中病毒了。
Diànnǎo hǎoxiàng zhòng bìngdú le.
컴퓨터가 바이러스에 걸린 것 같다.

死机 ₀₄₉₂ □□□
sǐ jī
동 컴퓨터가 다운(down)되다

怎么就突然死机了呢?
Zěnme jiù tūrán sǐ jī le ne?
왜 갑자기 다운이 됐지?

打开 ₀₄₉₃ □□□
dǎ kāi
동 열다

打开网页就可以看到相关内容。
Dǎ kāi wǎngyè jiù kěyǐ kàn dào xiāngguān nèiróng.
홈페이지를 열면 관련 내용을 볼 수 있다.

文件 ₀₄₉₄ □□□
wénjiàn
명 파일, 문서

这个文件的容量太大了。
Zhège wénjiàn de róngliàng tài dà le.
이 파일의 용량은 너무 크다.

保存
0495 □□□
bǎocún
[동] 저장하다

打字的时候应该边写边保存。
Dǎ zì de shíhou yīnggāi biān xiě biān bǎocún.
타자를 칠 때는 쓰면서 저장해야 한다.

删除
0496 □□□
shānchú
[동] 삭제하다

不要删除那些图片。
Búyào shānchú nàxiē túpiàn.
그 사진들은 삭제하지 마세요.

截图
0497 □□□
jié tú
[동] 화면을 캡쳐하다

你把这个画面截图发给我。
Nǐ bǎ zhège huàmiàn jié tú fā gěi wǒ.
네가 이 화면을 캡쳐해서 나한테 보내줘.

단어 플러스 **컴퓨터 관련 주요 브랜드**

- 英特尔 Yīngtè'ěr 인텔(Intel)
- 华硕 Huáshuò 에이수스(ASUS)
- 联想 Liánxiǎng 레노버(Lenovo)
- 戴尔 Dài'ěr 델(DELL)
- 技嘉科技 Jìjiā kējì 기가바이트(GIGABYTE)

1 다음 중국어와 우리말 뜻을 바르게 연결하세요.

① 启动 •　　　　　　• 모니터
② 密码 •　　　　　　• 헤드셋
③ 显示器 •　　　　　• 비밀번호
④ 键盘 •　　　　　　• 키보드
⑤ 耳麦 •　　　　　　• 부팅하다

2 알맞은 병음을 적어보세요.

① 鼠标 _____ ② 桌面 _____
③ 打字 _____ ④ 音箱 _____

3 알맞은 중국어를 적어보세요.

① 컴퓨터가 다운(down)되다 _____ ② 외장하드 _____
③ 파일 _____ ④ 열다 _____

4 빈칸에 들어갈 알맞은 중국어를 고르세요.

> 보기　　　　　　保存　　截图

① 你把这个画面 _____ 发给我。
네가 이 화면을 캡쳐해서 나한테 보내줘.

② 打字的时候应该边写边 _____。
타자를 칠 때는 쓰면서 저장해야 한다.

정답

1 ①-부팅하다　②-비밀번호　③-모니터　④-키보드　⑤-헤드셋
2 ① shǔbiāo　② zhuōmiàn　③ dǎ zì　④ yīnxiāng
3 ① 死机　② 移动硬盘　③ 文件　④ 打开
4 ① 截图　② 保存

인터넷 쇼핑은
직구가 제 맛이지

DAY 25
MP3 바로 듣기

오늘의 **재미난 표현!**

• 网络时代
wǎngluò shídài

단어 그대로 '인터넷 시대'를 뜻하는데, '互联网时代(hùliánwǎng shídài)'로 쓰기도 한다. 현대인의 삶과 생활에서 컴퓨터와 인터넷이 아주 밀접한 만큼 전 세계 어디서나 쉽게 듣고 볼 수 있는 표현 중 하나이기도 하다.

예 现在是网络时代，网络知识很重要。
지금은 인터넷 시대인 만큼 인터넷 지식이 중요하다.

互联网
0498 ☐☐☐
hùliánwǎng
명 인터넷

现在是互联网时代。
Xiànzài shì hùliánwǎng shídài.
지금은 인터넷 시대이다.

用户
0499 ☐☐☐
yònghù
명 사용자

这个网站有非常多的用户。
Zhège wǎngzhàn yǒu fēicháng duō de yònghù.
이 사이트에는 정말 많은 사용자가 있다.

上网
0500 ☐☐☐
shàng wǎng
동 인터넷에 접속하다

我上网查资料。
Wǒ shàng wǎng chá zīliào.
나는 인터넷에 접속하여 자료를 찾아본다.

网速
0501 ☐☐☐
wǎngsù
명 인터넷 속도

我家的网速不够快。
Wǒ jiā de wǎngsù bú gòu kuài.
우리 집의 인터넷 속도는 그다지 빠르지 않다.

搜索
0502 ☐☐☐
sōusuǒ
동 검색하다

这个网页搜索不到我需要的资料。
Zhège wǎngyè sōusuǒ bú dào wǒ xūyào de zīliào.
이 홈페이지에서는 내가 필요로 하는 자료를 검색할 수 없다.

热搜
0503 ☐☐☐
rèsōu
명 인기 검색어, 실시간 검색어

这个歌手又上了热搜。
Zhège gēshǒu yòu shàng le rèsōu.
이 가수는 또 인기 검색어에 올랐다.

账号
zhànghào
図 아이디(ID), 계정

0504 ☐☐☐

账号就是我的手机号码。
Zhànghào jiù shì wǒ de shǒujī hàomǎ.
아이디는 바로 내 휴대폰 번호이다.

注册
zhù cè
図 가입하다, 등록하다

0505 ☐☐☐

我重新注册了一个新的账号。
Wǒ chóngxīn zhù cè le yí ge xīn de zhànghào.
나는 다시 새로운 아이디로 가입했다.

登录
dēnglù
図 로그인하다

0506 ☐☐☐

这个服务需要先登录。
Zhège fúwù xūyào xiān dēnglù.
이 서비스는 먼저 로그인을 해야 한다.

退出
tuìchū
図 로그아웃하다

0507 ☐☐☐

先不要退出，等一等看看。
Xiān búyào tuìchū, děng yi děng kànkan.
먼저 로그아웃하지 말고 좀 기다려 보세요.

网站 ★
wǎngzhàn
図 사이트, 웹 사이트

0508 ☐☐☐

这个网站的知名度非常高。
Zhège wǎngzhàn de zhīmíngdù fēicháng gāo.
이 사이트의 인지도는 굉장히 높다.

> 사람이나 기관을 대표해 공식적으로 운영하는 홈페이지를 '공식 홈페이지'라고 하는데 중국어로는 '官网(guānwǎng)'이라고 해요.

网址
0509 ☐☐☐
wǎngzhǐ
뎽 인터넷 주소

你把网址发到我的手机上吧。
Nǐ bǎ wǎngzhǐ fā dào wǒ de shǒujī shang ba.
인터넷 주소를 내 휴대폰으로 보내줘.

首页
0510 ☐☐☐
shǒuyè
뎽 메인 페이지

首页设计得非常简洁。
Shǒuyè shèjì de fēicháng jiǎnjié.
메인 페이지를 아주 깔끔하게 디자인했다.

刷新
0511 ☐☐☐
shuāxīn
뎡 새로 고침하다

你刷新一下页面看看。
Nǐ shuāxīn yíxià yèmiàn kànkan.
페이지를 새로 고침해보세요.

上传
0512 ☐☐☐
shàngchuán
뎡 업로드하다

资料是什么时候上传的?
Zīliào shì shénme shíhou shàngchuán de?
언제 자료를 업로드했어?

下载
0513 ☐☐☐
xiàzài
뎡 다운로드하다

网上能下载电影。
Wǎngshàng néng xiàzài diànyǐng.
인터넷에서 영화를 다운로드할 수 있다.

安装
0514 ☐☐☐
ānzhuāng
뎡 설치하다

安装这种软件非常容易。
Ānzhuāng zhè zhǒng ruǎnjiàn fēicháng róngyì.
이런 프로그램을 설치하는 건 매우 쉽다.

链接
liànjiē
통 링크하다

0515 ☐☐☐

这里有一个链接，点击就可以进入。
Zhèli yǒu yí ge liànjiē, diǎnjī jiù kěyǐ jìnrù.
여기 링크가 하나 있는데 클릭하면 바로 들어갈 수 있다.

平台
píngtái
명 플랫폼

0516 ☐☐☐

最近有很多新的社交平台。
Zuìjìn yǒu hěn duō xīn de shèjiāo píngtái.
요즘은 새로운 소셜 플랫폼이 많다.

黑客
hēikè
명 해커

0517 ☐☐☐

上网的时候应该小心黑客。
Shàng wǎng de shíhou yīnggāi xiǎoxīn hēikè.
인터넷에 접속할 때는 해커를 조심해야 한다.

> 단어 플러스 **다양한 인터넷 관련 용어**

- **云生活** yún shēnghuó 클라우드 생활
  (온라인으로 소비, 업무, 생활이 이루어지는 것을 말함)

- **云计算** yún jìsuàn 클라우드 컴퓨팅

- **云喝酒** yún hē jiǔ 랜선 술자리, 비대면 술자리

- **远程学习** yuǎnchéng xuéxí 원격 수업, 원격 학습

- **网上冲浪** wǎngshàng chōnglàng 웹 서핑

- **海淘族** hǎitáozú 해외직구파

1 다음 중국어와 우리말 뜻을 바르게 연결하세요.

① 互联网 ·　　　　　　· 인터넷 속도

② 注册 ·　　　　　　· 인터넷

③ 用户 ·　　　　　　· 사용자

④ 账号 ·　　　　　　· 가입하다

⑤ 网速 ·　　　　　　· 아이디(ID)

2 알맞은 병음을 적어보세요.

① 搜索 _____　　　② 网站 _____

③ 上网 _____　　　④ 注册 _____

3 알맞은 중국어를 적어보세요.

① 로그아웃하다 _____　　② 링크하다 _____

③ 인터넷 주소 _____　　④ 메인 페이지 _____

4 빈칸에 들어갈 알맞은 중국어를 고르세요.

> **보기**　　　　刷新　　黑客

① 上网的时候，应该小心 _____。

인터넷에 접속할 때는 해커를 조심해야 한다.

② 你 _____ 一下页面看看。

페이지를 새로 고침해보세요.

정답

1 ①-인터넷　②-가입하다　③-사용자　④-아이디(ID)　⑤-인터넷 속도

2 ① sōusuǒ　② wǎngzhàn　③ shàng wǎng　④ zhù cè

3 ① 退出　② 链接　③ 网址　④ 首页

4 ① 黑客　② 刷新

스마트폰 페이스를 주의하자

DAY 26
MP3 바로 듣기

오늘의 재미난 표현!

• 手机脸
shǒujī liǎn

직역하면 '스마트폰 얼굴'이라는 뜻인데, 휴대폰을 너무 많이 보다 보니 얼굴과 자세에 변형이 생기고 변화를 가져와 얼굴이 변했다는 의미로 쓰인다. 피부 탄력이 현저히 떨어져 얼굴이 아래로 처지고 이중 턱이 생기며 스마트폰 자체에서 나오는 빛으로 인해 노화가 유발되었다는 데서 나온 이야기로 어느 정도 과학적으로 증명되었다고 한다. 한국어로는 '스마트폰 페이스' 또는 '스마트폰 노안'이라고 부르기도 한다.

예 你少看点手机，注意手机脸。
휴대폰을 조금만 봐, 스마트폰 얼굴 되지 않게 조심해.

0518 ☐☐☐

智能手机
zhìnéng shǒujī
몡 스마트폰

我们的生活离不开智能手机。
Wǒmen de shēnghuó líbukāi zhìnéng shǒujī.
우리의 생활은 스마트폰과 떼어낼 수 없다.

0519 ☐☐☐

屏幕
píngmù
몡 화면

手机屏幕越来越大。
Shǒujī píngmù yuèláiyuè dà.
휴대폰 화면이 점점 커진다.

0520 ☐☐☐

应用软件
yìngyòng ruǎnjiàn
몡 애플리케이션

他下载了很多应用软件。
Tā xiàzài le hěn duō yìngyòng ruǎnjiàn.
그는 많은 애플리케이션을 다운로드 했다.

0521 ☐☐☐

短信
duǎnxìn
몡 문자 메시지

我收到了很多广告短信。
Wǒ shōu dào le hěn duō guǎnggào duǎnxìn.
나는 광고 문자 메세지를 많이 받았다.

0522 ☐☐☐

电池
diànchí
몡 배터리

这款手机电池很耐用。
Zhè kuǎn shǒujī diànchí hěn nàiyòng.
이 핸드폰의 배터리는 오래 쓸 수 있다.

0523 ☐☐☐

充电
chōng diàn
동 충전하다

不要边充电边打电话。
Búyào biān chōng diàn biān dǎ diànhuà.
충전하면서 전화하지 마세요.

0524 □□□

关机
guān jī
통 휴대폰을 끄다,
(기계의) 전원을 끄다

上课的时候应该关机。
Shàng kè de shíhou yīnggāi guān jī.
수업할 때는 반드시 휴대폰을 꺼야 한다.

0525 □□□

设置
shèzhì
통 설정하다

早上你最好设置一个闹钟。
Zǎoshang nǐ zuìhǎo shèzhì yí ge nàozhōng.
너는 아침에 알람을 하나 설정하는 게 좋을 것 같다.

0526 □□□

振动
zhèndòng
통 진동하다

我好像听到了手机振动声。
Wǒ hǎoxiàng tīng dào le shǒujī zhèndòng shēng.
나는 휴대폰 진동 소리를 들은 것 같다.

0527 □□□

静音
jìngyīn
명 무음

我的手机现在是静音模式。
Wǒ de shǒujī xiànzài shì jìngyīn móshì.
내 휴대폰은 지금 무음 모드이다.

0528 □□□

无线网络
wúxiàn wǎngluò
명 무선 인터넷, 와이파이

你家无线网络的密码是多少?
Nǐ jiā wúxiàn wǎngluò de mìmǎ shì duōshao?
너희 집 무선 인터넷의 비밀번호는 뭐야?

0529 □□□

飞行模式
fēixíng móshì
비행기 모드

飞机起飞前应该把手机调到飞行模式。
Fēijī qǐfēi qián yīnggāi bǎ shǒujī tiáo dào fēixíng móshì.
비행기가 이륙하기 전에 반드시 휴대폰을 비행기 모드로 전환해야 한다.

耳机
0530 ☐☐☐

ěrjī

명 이어폰

我把耳机忘在办公室了。
Wǒ bǎ ěrjī wàng zài bàngōngshì le.
나는 이어폰을 사무실에 두고 왔다.

蓝牙
0531 ☐☐☐

lányá

명 블루투스

最近大家都用蓝牙耳机。
Zuìjìn dàjiā dōu yòng lányá ěrjī.
요즘은 모두 블루투스 이어폰을 사용한다.

指纹识别 ★
0532 ☐☐☐

zhǐwén shíbié

명 지문 인식

指纹识别功能很方便。
Zhǐwén shíbié gōngnéng hěn fāngbiàn.
지문 인식 기능은 편리하다.

'안면 인식'은 중국어로 '人脸识别(rén liǎn shíbié)' 또는 '刷脸(shuā liǎn)'이라고 해요.

信号
0533 ☐☐☐

xìnhào

명 신호

这里信号不太好。
Zhèli xìnhào bú tài hǎo.
여기는 신호가 별로 좋지 않다.

手机支付 ★
0534 ☐☐☐

shǒujī zhīfù

명 모바일 결제

有手机支付就不用带钱包。
Yǒu shǒujī zhīfù jiù bú yòng dài qiánbāo.
모바일 결제가 있으면 지갑을 들고 다닐 필요가 없다.

중국에서 가장 많이 사용하는 모바일 결제 방식으로는 '위챗 페이'와 '알리 페이'가 있어요. '위챗 페이'는 메신저 '微信'과 연동해 사용할 수 있고 '微信支付(wēixìn zhīfù)'라고 말하고 '알리 페이'는 중국어로 '支付宝(zhīfùbǎo)'라고 해요.

0535

扫
sǎo
图 스캔하다

用手机扫这里就可以看到视频了。
Yòng shǒujī sǎo zhèli jiù kěyǐ kàn dào shìpín le.
휴내폰으로 여기를 스캔하면 동영상을 볼 수 있다.

0536

二维码
èrwéimǎ
명 QR코드

你让我扫一下你的二维码。
Nǐ ràng wǒ sǎo yíxià nǐ de èrwéimǎ.
저에게 당신의 QR코드를 스캔하게 해주세요.

0537

绑定
bǎng dìng
图 연동하다

手机号码和银行卡是绑定的。
Shǒujī hàomǎ hé yínhángkǎ shì bǎng dìng de.
휴대폰 번호와 은행 카드를 연동했다.

0538

便捷
biànjié
형 편리하다

有了手机，生活就非常便捷。
Yǒu le shǒujī, shēnghuó jiù fēicháng biànjié.
휴대폰이 있으면 생활이 편리하다.

0539

手机壳
shǒujī ké
휴대폰 케이스

手机壳太大了，不好看。
Shǒujī ké tài dà le, bù hǎokàn.
휴대폰 케이스가 너무 커서 안 예쁘다.

0540

低头族
dītóuzú
명 수그리족, 스마트폰 좀비

上班时间地铁上都是低头族。
Shàng bān shíjiān dìtiě shang dōu shì dītóuzú.
출근시간 지하철은 모두가 수그리족들(고개를 숙이고 스마트폰만 보는 사람들)이다.

문화 플러스

알아 두면 유용한 중국 애플리케이션들

오늘은 알아 두면 유용할 중국 어플 몇 가지를 소개해 볼게요.

① 微信(Wēixìn)으로 '위챗'이라 불리는 무료 메신저 프로그램이에요. 한국의 '카카오톡'과 비슷해 단체방(群)도 만들 수 있고, 이모티콘(表情包) 사용도 자유롭죠. '카카오페이'처럼 모바일 결제(微信支付)도 가능하답니다.

② 盒马鲜生(Hémǎ xiānshēng) '허마셴성'이라 불리는 앱(APP)이에요. '허마셴성'의 3km이내 주택가를 중심으로 신선식품을 총알 배송(30분 이내)해주는 플랫폼으로 젊은 세대에게 선풍적인 인기를 끌고 있으며 '盒区房(héqūfáng, 허마 주변 주택)'이라는 신조어도 생겼어요.

③ 叮当快药(Dīngdāng kuàiyào) '띵땅콰이야오'라고 불리는 앱(APP)으로 24시간 약을 배달해 주는 O2O 플랫폼이에요. 플랫폼에 가맹된 중국 전역 약국망을 활용해 소비자와 가장 가까운 약국과 배달 서비스를 연결해 28분만에 필요한 약을 배달해 주는 앱(APP)이죠. 밤 늦게 아프거나 증상이 있는데 어떤 약을 먹어야 할지 모를 땐 어플 내에서 의사나 약사와 상담도 가능해요.

④ 抖音(Dǒuyīn) 중국어로는 낯설겠지만 어쩌면 한국인들에게 가장 유명한 앱(APP)인 '틱톡'이에요. 일찍이 한국에서는 CF와 많은 연예인들이 사용하는 모습을 통해 익숙한 분들이 많을텐데요. 중국어로는 '抖音'이에요. 중국들 역시 짧고 재미있는 영상부터 스트리트 패션 스냅샷까지 다양하게 활용하고 있어요.

⑤ 小红书(Xiǎohóngshū) '샤오홍슈'라고 불리는 앱(APP)이에요. 한국에서 가장 많이 사용하는 SNS 플랫폼이 '인스타그램'이라면 중국에서 가장 많이 사용하는 SNS 플랫폼은 바로 '小红书'예요. 주로 중국의 20~30대 여성들이 많이 사용하고 있어요. '小红书'의 특이한 점은 바로 여러 가지 기능을 한 데 모은 어플이라는 점이에요. 이 세 가지가 아마 20~30대 여성들의 독보적인 지지를 받는 원인이 아닐까 싶어요.

1 다음 중국어와 우리말 뜻을 바르게 연결하세요.

① 智能手机 · · 문자 메시지

② 短信 · · 스마트폰

③ 应用软件 · · 화면

④ 电池 · · 애플리케이션

⑤ 屏幕 · · 배터리

2 알맞은 병음을 적어보세요.

① 飞行模式 _____ ② 关机 _____

③ 设置 _____ ④ 蓝牙 _____

3 알맞은 중국어를 적어보세요.

① 지문 인식 _____ ② 신호 _____

③ 진동하다 _____ ④ 이어폰 _____

4 빈칸에 들어갈 알맞은 중국어를 고르세요.

> 보기 手机支付 手机壳

① 有 _____ 就不用带钱包。

모바일 결제가 있으면 지갑을 들고 다닐 필요가 없다.

② _____ 太大了，不好看。

휴대폰 케이스가 너무 커서 안 예쁘다.

정답

1 ①-스마트폰 ②-문자 메세지 ③-애플리케이션 ④-배터리 ⑤-화면
2 ① fēixíng móshì ② guān jī ③ shèzhì ④ lányá
3 ① 指纹识别 ② 信号 ③ 振动 ④ 耳机
4 ① 手机支付 ② 手机壳

메모

영양제를 대신할 비타민 덩어리

오늘의 재미난 표현!

• 维生素
  wéishēngsù

'维他命(wéitāmìng)'이라고도 부르는 비타민은 뒤에 알파벳 A, B, C, D를 붙여 비타민의 종류를 표현한다. 维生素A, 维生素C 처럼 쓸 수도 있고 간단히 축약해 维A나 维C처럼 쓸 수도 있다. 과일이나 채소에 많이 함유되어 있어 영양제를 내신할 수 있으니 과일을 꼭 챙겨 먹어 보자!

예 多吃水果，补充维生素。
　 과일을 많이 먹어, 비타민을 보충해야지.

水果
shuǐguǒ
명 과일

0541 □□□

这个季节有很多时令水果。
Zhège jìjié yǒu hěn duō shílìng shuǐguǒ.
이 계절에는 제철 과일이 많다.

皮
pí
명 껍질

0542 □□□

有的水果应该吃皮。
Yǒu de shuǐguǒ yīnggāi chī pí.
어떤 과일은 껍질을 먹어야 한다.

➕ 壳 ké 껍질

草莓
cǎoméi
명 딸기

0543 □□□

草莓又酸又甜，很好吃。
Cǎoméi yòu suān yòu tián, hěn hǎochī.
딸기는 새콤달콤해서 맛있다.

葡萄
pútáo
명 포도

0544 □□□

这种葡萄没有籽，吃起来很方便。
Zhè zhǒng pútáo méiyǒu zǐ, chī qǐlai hěn fāngbiàn.
이 포도는 씨가 없어서 먹기에 매우 편하다.

剥
bāo
동 벗기다. 까다

0545 □□□

把外面的皮剥下来。
Bǎ wàimiàn de pí bāo xiàlai.
겉껍질을 벗겨내다.

香蕉
xiāngjiāo
명 바나나

0546 □□□

猴子非常喜欢吃香蕉。
Hóuzi fēicháng xǐhuan chī xiāngjiāo.
원숭이는 바나나 먹는 걸 좋아한다.

橘子
júzi
명 귤

0547 ☐☐☐

秋天是橘子成熟的季节。
Qiūtiān shì júzi chéngshú de jìjié.
가을은 귤이 익는 계절이다.

➕ 橙子 chéngzi 오렌지

柚子
yòuzi
명 유자

0548 ☐☐☐

我不太喜欢柚子的苦味。
Wǒ bú tài xǐhuan yòuzi de kǔwèi.
나는 유자의 쓴 맛을 별로 좋아하지 않는다.

柠檬
níngméng
명 레몬

0549 ☐☐☐

放一点柠檬去腥味。
Fàng yìdiǎn níngméng qù xīngwèi.
레몬을 좀 넣어 비린내를 없애자.

荔枝
lìzhī
명 리치

0550 ☐☐☐

吃荔枝可以美容，但不能过量。
Chī lìzhī kěyǐ měiróng, dàn bù néng guò liàng.
리치를 먹으면 미용에 좋을 수 있으나 지나치게 먹으면
안 된다.

切
qiē
동 썰다, 자르다

0551 ☐☐☐

他切的西瓜大小刚好。
Tā qiē de xīguā dàxiǎo gānghǎo.
그가 썬 수박의 크기가 딱 알맞다.

芒果
mángguǒ
명 망고

0552 ☐☐☐

芒果是热带水果。
Mángguǒ shì rèdài shuǐguǒ.
망고는 열대 과일이다.

哈密瓜
0553 ☐☐☐
hāmìguā
명 하미과

新疆的哈密瓜非常有名。
Xīnjiāng de hāmìguā fēicháng yǒumíng.
신장의 하미과는 매우 유명하다.

西瓜
0554 ☐☐☐
xīguā
명 수박

夏天一定要喝西瓜汁。
Xiàtiān yídìng yào hē xīguāzhī.
여름에는 꼭 수박 주스를 마셔야 한다.

榴莲
0555 ☐☐☐
liúlián
명 두리안

榴莲闻起来臭，但是吃起来香。
Liúlián wén qǐlai chòu, dànshì chī qǐlai xiāng.
두리안은 냄새가 지독하지만, 먹으면 맛있다.

菠萝
0556 ☐☐☐
bōluó
명 파인애플

菠萝的皮比较难剥。
Bōluó de pí bǐjiào nán bāo.
파인애플의 껍질은 비교적 벗기기 힘들다.

火龙果
0557 ☐☐☐
huǒlóngguǒ
명 용과, 피타야

这里的火龙果太贵了。
Zhèli de huǒlóngguǒ tài guì le.
여기의 용과는 너무 비싸다.

苹果
0558 ☐☐☐
píngguǒ
명 사과

妈妈让我每天早上吃一个苹果。
Māmā ràng wǒ měitiān zǎoshang chī yí ge píngguǒ.
엄마는 나에게 매일 아침 사과 한 개를 먹으라고 하셨다.

削
0559 ☐☐☐

xiāo

图 깎다, 껍질을 벗기다

我给你削一个苹果。
Wǒ gěi nǐ xiāo yí ge píngguǒ.
너에게 사과 하나를 깎아줄게.

梨
0560 ☐☐☐

lí

명 배

这个地方盛产梨。
Zhège dìfang shèngchǎn lí.
이곳은 배가 많이 난다.

桃子
0561 ☐☐☐

táozi

명 복숭아

夏天的桃子又大又好吃。
Xiàtiān de táozi yòu dà yòu hǎochī.
여름 복숭아는 크고 맛있다.

단어 플러스 ▷ 과일로 배우는 재있는 표현들

- 草莓族 cǎoméizú 딸기족
  (조금만 눌러도 금방 물러지는 딸기처럼 외부의 스트레스에 취약한 사람들)

- 柠檬精 níngméngjīng 부러워서 배가 아프다, 질투쟁이

- 榴莲族 liúliánzú 두리안족
  (두리안의 외형과 냄새처럼 성격이 고약하고 대인관계가 원만하지 않은 사람들)

- 梨花带雨 líhuā dài yǔ 여자가 눈부시게 아름답다는 것을 나타내는 말

- 望梅止渴 wàng méi zhǐ kě 매실을 생각하며 갈증을 해소한다는 뜻으로 공상으로 스스로를 위안하다, 빈말로 자신을 달랜다는 비유적 표현으로 사용

1 다음 중국어와 우리말 뜻을 바르게 연결하세요.

① 水果 •　　　　　• 포도

② 香蕉 •　　　　　• 과일

③ 葡萄 •　　　　　• 딸기

④ 剥　 •　　　　　• 바나나

⑤ 草莓 •　　　　　• 벗기다

2 알맞은 병음을 적어보세요.

① 切 _____　　② 削 _____

③ 榴莲 _____　　④ 火龙果 _____

3 알맞은 중국어를 적어보세요.

① 망고 _____　　② 수박 _____

③ 레몬 _____　　④ 귤 _____

4 빈칸에 들어갈 알맞은 중국어를 고르세요.

> 보기　　　　　桃子　　　梨

① 这个地方盛产 _____。
　　이곳은 배가 많이 난다.

② 夏天的 _____ 又大又好吃。
　　여름 복숭아는 크고 맛있다.

정답

1 ①-과일　　②-바나나　　③-포도　　④-벗기다　　⑤-딸기

2 ① qiē　　② xiāo　　③ liúlián　　④ huǒlóngguǒ

3 ① 芒果　　② 西瓜　　③ 柠檬　　④ 橘子

4 ① 梨　　② 桃子

미식(美食)의
천국, 중국!

오늘의 재미난 표현!

• 民以食为本
  mín yǐ shí wéi běn

'사람은 밥을 먹는 것을 근본으로 한다'는 뜻이다. '밥을 먹어야 힘이 나 여러 가지
일을 할 수 있다'는 표현으로 쓰며, 그만큼 식사가 사람에게 있어서 중요한 부분이
라는 걸 표현할 때 쓴다. 한국의 '금강산도 식후경'과도 비슷한 표현이다.

예 再怎么样也要吃一口，民以食为本。

　　아무리 안 좋아도 한입은 먹어야지, 사람이 먹어야 살지.

美食
0562 ☐☐☐
měishí
명 맛있는 음식

我最喜欢看美食节目。
Wǒ zuì xǐhuan kàn měishí jiémù.
나는 맛있는 음식 프로그램을 가장 즐겨 본다.

家常菜
0563 ☐☐☐
jiācháng cài
명 집밥, 가정식 요리

今天特别想吃家常菜。
Jīntiān tèbié xiǎng chī jiācháng cài.
오늘따라 유달리 집밥이 먹고 싶다.

菜谱
0564 ☐☐☐
càipǔ
명 레시피, 요리책

按照这个菜谱做就可以了。
Ànzhào zhège càipǔ zuò jiù kěyǐ le.
이 레시피대로 만들면 됩니다.

➕ 食谱 shípǔ 레시피, 요리책

下厨
0565 ☐☐☐
xià chú
동 요리하다, 음식을 만들다

今天我亲自下厨。
Jīntiān wǒ qīnzì xià chú.
오늘은 내가 직접 요리한다.

拿手
0566 ☐☐☐
náshǒu
형 잘하다, 자신있다

这是我的拿手菜，你尝尝。
Zhè shì wǒ de náshǒu cài, nǐ chángchang.
이게 내가 잘하는 요리야. 한번 먹어봐.

烤
0567 ☐☐☐
kǎo
동 굽다

应该用小火烤。
Yīnggāi yòng xiǎo huǒ kǎo.
약한 불로 구워야 한다.

炸
0568 ☐☐☐

zhá
⟨동⟩ 튀기다

炸出来的食品不健康。
Zhá chūlai de shípǐn bú jiànkāng.
튀겨낸 음식은 건강하지 않다.

炒
0569 ☐☐☐

chǎo
⟨동⟩ 볶다

我给大家炒两个菜。
Wǒ gěi dàjiā chǎo liǎng gè cài.
제가 여러분에게 두 가지 요리를 볶아 드릴게요.

蒸
0570 ☐☐☐

zhēng
⟨동⟩ 찌다

包子都蒸好了，出来吃吧。
Bāozi dōu zhēng hǎo le, chūlai chī ba.
만두가 다 쪄졌으니 나와서 먹어요.

煎
0571 ☐☐☐

jiān
⟨동⟩ 부치다

我很喜欢吃煎鸡蛋。
Wǒ hěn xǐhuan chī jiān jīdàn.
나는 달걀 부침(계란 후라이) 먹는 걸 좋아해.

煮
0572 ☐☐☐

zhǔ
⟨동⟩ 삶다, 끓이다

用热水煮三分钟。
Yòng rèshuǐ zhǔ sān fēnzhōng.
뜨거운 물로 3분 삶는다.

酸
0573 ☐☐☐

suān
⟨형⟩ 시다

你做的锅包肉很酸。
Nǐ zuò de guōbāoròu hěn suān.
네가 만든 꿔바로우는 시다.

甜
0574 ☐☐☐

tián
⟨형⟩ 달다

他血糖高，不能吃甜的。
Tā xuètáng gāo, bù néng chī tián de.
그는 혈당이 높아서 단 것을 먹을 수 없다.

0575

苦
kǔ
형 쓰다

这个药太苦了，我吃不下去。
Zhège yào tài kū le, wǒ chī bú xiàqu.
이 약은 너무 써서 나는 더 이상 먹을 수가 없다.

0576

辣
là
형 맵다

四川菜一般都很辣。
Sìchuān cài yìbān dōu hěn là.
쓰촨 요리는 일반적으로 맵다.

0577

咸
xián
형 짜다

医生说不要吃得太咸。
Yīshēng shuō búyào chī de tài xián.
의사가 너무 짜게 먹지 말라고 말했다.

0578

清淡
qīngdàn
형 담백하다

病人的饮食应该清淡一些。
Bìngrén de yǐnshí yīnggāi qīngdàn yìxiē.
환자의 음식은 좀 담백해야 한다.

0579

油腻
yóunì
형 기름지다, 느끼하다

老人家不要吃太多油腻的东西。
Lǎorénjiā búyào chī tài duō yóunì de dōngxi.
어르신들은 기름진 음식을 너무 많이 드시지 마세요.

0580

养生
yǎngshēng
동 보양하다

好吃的东西不一定养生。
Hǎochī de dōngxi bù yídìng yǎngshēng.
맛있는 음식이 꼭 보양이 되는 것은 아니다.

0581

绿色
lǜsè
형 친환경의, 무공해의

多吃绿色食品对健康有好处。
Duō chī lǜsè shípǐn duì jiànkāng yǒu hǎochù.
친환경 식품을 많이 먹으면 건강에 좋다.

문화 플러스

중국의 8대 요리를 소개합니다!

중국은 땅이 넓은 만큼 영토에서 나는 식재료가 무궁무진하고 다양한 요리법이 존재해 미식(美食)의 나라라고 평가받아요. 그 명성에 걸맞게 중국에 요리는 크게 지역과 특성에 따라 8가지로 나뉩니다.

① 쓰촨 요리 (川菜 chuāncài): 매운맛인 마(麻)와 라(辣)의 강한 맛이 특징으로 대표 요리는 마파두부(麻婆豆腐)예요.

② 산둥 요리 (鲁菜 lǔcài): 깊고 깔끔한 맛이 특징으로 대표 요리는 저우주안다창(九转大肠)이에요.

③ 광둥 요리 (粤菜 yuècài): 동서양의 조화가 잘 어우러져 대중적인 맛이 특징으로 대표 요리는 사오루주(烧乳猪)예요.

④ 장쑤 요리 (苏菜 sūcài): 약간 달짝지근하고 짭조름한 맛이 특징이며, 샤오룽빠오(小笼包)가 대표 요리예요.

⑤ 저장 요리 (浙菜 zhècài): 연하고 부드러우며 플레이팅이 예쁜 게 특징으로 동파육(东坡肉)이 대표 요리예요.

⑥ 푸젠 요리 (闽菜 mǐncài): 대체로 달고 짜고 신맛이 특징이며, 고가의 보양식인 불도장(佛跳墙)이 대표 요리예요.

⑦ 후난 요리 (湘菜 xiāngcài): 고추와 마늘을 많이 사용해 깔끔하게 매운맛과 신맛이 특징이에요. 홍샤오쑤안라위(红烧酸辣鱼)가 대표 요리예요.

⑧ 안후이 요리 (徽菜 huīcài): 담백하고 식재료 본연의 맛이 살아있는 게 특징으로 훠투이뚠지아위(火腿炖甲鱼)가 대표 요리예요.

1 다음 중국어와 우리말 뜻을 바르게 연결하세요.

① 美食 ·　　　　· 레시피

② 烤 ·　　　　· 집 밥

③ 炒 ·　　　　· 굽다

④ 菜谱 ·　　　　· 볶다

⑤ 家常菜 ·　　　　· 맛있는 음식

2 알맞은 병음을 적어보세요.

① 炸 _____　　② 煎 _____

③ 下厨 _____　　④ 蒸 _____

3 알맞은 중국어를 적어보세요.

① 시다 _____　　② 잘하다 _____

③ 기름지다 _____　　④ 달다 _____

4 빈칸에 들어갈 알맞은 중국어를 고르세요.

보기　　　　　　　　　辣　　苦

① 四川菜一般都很 _____。
쓰촨 요리는 일반적으로 맵다.

② 这个药太 _____ 了，我吃不下去。
이 약은 너무 써서 나는 더 이상 먹을 수가 없다.

정답

1 ①-맛있는 음식　②-굽다　③-볶다　④-레시피　⑤-집밥
2 ① zhá　② jiān　③ xià chú　④ zhēng
3 ① 酸　② 拿手　③ 油腻　④ 甜
4 ① 辣　② 苦

들어는 봤니 미슐랭?

DAY 29
MP3 바로 듣기

오늘의 재미난 표현!

• 米其林
  Mǐqílín

'미쉐린' 또는 '미슐랭'이라고 말하는 이 단어는 프랑스의 타이어 회사이기도 하면서 식당에 별점을 매겨 정보를 제공해 주는 '미슐랭 식당(가이드)'로도 유명하다. 이 '미슐랭 가이드'에는 식당 뿐만 아니라 숙박시설에 대한 정보도 포함되어 있으며, 별의 개수에 따라 식당의 가치를 매겨 사람들로 하여금 '미슐랭 식당'에 대한 호기심을 갖게 한다.

예 这附近有一家米其林三星店。
  이 근처에 미슐랭 3 스타(three star) 가게가 하나 있다.

0582 ☐☐☐

餐厅 ★
cāntīng
명 식당

附近有很多不错的餐厅。
Fùjìn yǒu hěn duō búcuò de cāntīng.
근처에 괜찮은 식당들이 많아요.

➕ 饭馆 fànguǎn 레스토랑, 식당

중국에서 '식당'은 한국처럼 일반 음식점을 의미하는 게 아니라 기관이나 단체, 직장, 학교에서 내부 직원들이나 학생에게 식사를 제공해주는 '구내식당'의 의미를 가져요. 중국어로 '食堂(shítáng)'이라고 말해요.

0583 ☐☐☐

自助餐
zìzhùcān
명 뷔페

吃自助餐很划算。
Chī zìzhùcān hěn huásuàn.
뷔페를 먹으면 수지타산이 맞는다.

0584 ☐☐☐

位子
wèizi
명 자리, 좌석

楼上还有很多位子。
Lóushàng háiyǒu hěn duō wèizi.
위층에 아직 자리가 많이 있어요.

0585 ☐☐☐

预定
yùdìng
동 예약하다, 예정하다

我先打电话预定一下位子。
Wǒ xiān dǎ diànhuà yùdìng yíxià wèizi.
제가 먼저 전화해서 자리를 예약하겠습니다.

0586 ☐☐☐

点餐
diǎn cān
동 주문하다

你慢慢来，我们先点餐。
Nǐ mànmān lái, wǒmen xiān diǎn cān.
천천히 와, 우리가 먼저 주문할게.

菜单
0587 ☐☐☐
càidān
명 메뉴, 메뉴판

好好看一下菜单。
Hǎohāo kàn yíxià càidān.
메뉴를 잘 보세요.

➕ 招牌菜 zhāopái cài 대표 요리, 주 메뉴

份
0588 ☐☐☐
fèn
양 인분

给我们来一份套餐。
Gěi wǒmen lái yí fèn tàocān.
저희 세트 메뉴 하나 주세요.

上菜
0589 ☐☐☐
shàng cài
동 요리를 내오다, 상을 차리다

现在就可以上菜了。
Xiànzài jiù kěyǐ shàng cài le.
지금 바로 요리를 내올 수 있다.

餐具
0590 ☐☐☐
cānjù
명 식기, 식사 도구

餐具已经消过毒了。
Cānjù yǐjing xiāo guo dú le.
식기는 이미 소독했다.

餐巾纸
0591 ☐☐☐
cānjīnzhǐ
명 냅킨, 종이 냅킨

这里有免费的餐巾纸。
Zhèli yǒu miǎn fèi de cānjīnzhǐ.
여기 무료 냅킨이 있습니다.

米饭
0592 ☐☐☐
mǐfàn
명 밥, 쌀밥

再加上两碗米饭。
Zài jiā shang liǎng wǎn mǐfàn.
밥 두 그릇 더 주세요.

0593 ☐☐☐

饮料
yǐnliào
명 음료

想喝什么饮料，自己点。
Xiǎng hē shénme yǐnliào, zìjǐ diǎn.
마시고 싶은 음료가 있으면 시켜.

0594 ☐☐☐

免费
miǎn fèi
동 무료이다, 무료로 하다

天下没有免费的午餐。
Tiānxià méiyǒu miǎn fèi de wǔcān.
세상에 무료로 주는 점심은 없다.
(= 세상에 거저 되는 일은 없다.)

0595 ☐☐☐

买单 ★
mǎi dān
동 계산하다

今天这顿饭我买单。
Jīntiān zhè dùn fàn wǒ mǎi dān.
오늘 이 식사는 내가 계산할게.

'买单(mǎi dān)'이나 '结账(jié zhàng)' 식당에서 사용할 수 있는 표현인데요. 밥을 다 먹은 후에 '계산 할게요' 또는 '계산이요'라는 의미로 쓰는 표현이에요. '结账(jié zhàng)'이 좀 더 격식 있는 표현입니다.

0596 ☐☐☐

发票
fāpiào
명 영수증

记得要收好发票。
Jìde yào shōu hǎo fāpiào.
영수증을 잘 받아야 한다는 걸 기억하세요.

0597 ☐☐☐

打包
dǎ bāo
동 포장하다

我想打包回家吃。
Wǒ xiǎng dǎ bāo huí jiā chī.
포장해서 집에 가져가 먹고 싶어요.

外卖
0598 ☐☐☐

wài mài

명 배달 음식, 포장 판매 식품

今天我不想做饭，我们叫外卖吧。
Jīntiān wǒ bù xiǎng zuò fàn, wǒmen jiào wài mài ba.
오늘 나 밥 안하고 싶은데, 우리 배달 음식 시키자.

➕ 送餐 sòng cān 음식을 배달하다

老板
0599 ☐☐☐

lǎobǎn

명 사장, 주인

这家店的老板是我的朋友。
Zhè jiā diàn de lǎobǎn shì wǒ de péngyou.
이 가게 사장이 제 친구예요.

服务员
0600 ☐☐☐

fúwùyuán

명 종업원

这家餐厅的服务员都很热情。
Zhè jiā cāntīng de fúwùyuán dōu hěn rèqíng.
이 식당의 종업원들은 모두 친절하다.

态度
0601 ☐☐☐

tàidù

명 태도, 매너

服务的时候，说话应该注意态度。
Fúwù de shíhou, shuō huà yīnggāi zhùyì tàidù.
서비스할 때는 말하는 태도에 주의해야 한다.

味道
0602 ☐☐☐

wèidào

명 맛

味道才是最重要的。
Wèidào cái shì zuì zhòngyào de.
맛이야말로 가장 중요한 것이다.

正宗
0603 ☐☐☐

zhèngzōng

형 정통의, 오리지널의

我想吃正宗的北京烤鸭。
Wǒ xiǎng chī zhèngzōng de Běijīng kǎoyā.
나는 정통 베이징 카오야(북경 오리 구이)를 먹고 싶다.

地道
0604 ☐☐☐

dìdao

형 본토의, 본 고장의

这家餐厅的菜味道非常地道。
Zhè jiā cāntīng de cài wèidào fēicháng dìdao.
이 식당의 요리는 굉장히 본토의 맛이다.

洗手间
0605 ☐☐☐
xǐshǒujiān
명 화장실

我先去洗手间洗洗手。
Wǒ xiān qù xǐshǒujiān xǐxi shǒu.
내가 먼저 화장실에 가서 손 좀 씻고 올게.

 문화 플러스

음식 접시를 깨끗하게?

전 세계적으로 생활 여건이 향상되고 먹는 즐거움을 포기하지 못하는 많은 사람들 때문에 음식물 쓰레기 문제가 환경 및 사회적으로 큰 이슈가 되고 있어요. 물론 국가별로 다르겠지만 음식물 쓰레기를 줄이는 것만으로도 조 단위의 경제적 이익을 가져올 수 있고, 기아 문제 및 식량 위기도 해결할 수 있다고 해요. 중국은 점점 심해지는 식량 낭비와 음식물 처리 문제로 인해 캠페인을 시작하였는데, 그게 바로 '光盘行动(guāngpán xíngdòng)'이에요. '음식 접시를 깨끗이 비우기'란 의미인데 캠페인에 그치지 않고 2020년에 법으로 제정했어요. 체면을 중시하는 중국은 인원수보다 많이 주문하는 걸 미덕으로 여겼으나 요즘은 1인 1메뉴를 권장하거나 손님 수보다 1인분을 적게 시키는 운동을 하거나 미리 보증금을 받고 음식을 많이 남긴 고객에게는 보증금을 돌려주지 않는 정책을 도입하고 있어요.

중국에서는 '먹방(吃播)' 또한 식량 낭비, 음식물 낭비의 일종으로 보고 규제에 들어가기 시작했어요. 국가 차원에서 유명 먹방 계정을 폐쇄하거나 영상을 삭제하고 있고 이를 어기고 방송을 제작하거나 배포하는 사람에게는 최고 10만위안(한화 약 1700만원)의 벌금을 부과한다고 해요. 깨끗하고 건실한 미래를 다음 세대들에게 물려주려면 이 정도는 감안해야 하지 않을까요?

1 다음 중국어와 우리말 뜻을 바르게 연결하세요.

① 餐厅 •　　　　　　• 주문하다

② 自助餐 •　　　　　　• 식당

③ 预定 •　　　　　　• 뷔페

④ 份 •　　　　　　• 예약하다

⑤ 点餐 •　　　　　　• 인분

2 알맞은 병음을 적어보세요.

① 上菜 _____　　② 买单 _____

③ 位子 _____　　④ 免费 _____

3 알맞은 중국어를 적어보세요.

① 영수증 _____　　② 밥 _____

③ 포장하다 _____　　④ 사장 _____

4 빈칸에 들어갈 알맞은 중국어를 고르세요.

> 보기　　　　　　服务员　　洗手间

① 我先去 _____ 洗洗手。

내가 먼저 화장실에 가서 손 좀 씻고 올게.

② 这家餐厅的 _____ 都很热情。

이 식당의 종업원들은 모두 친절하다.

정답

1 ①-식당　　②-뷔페　　③-예약하다　　④-인분　　⑤-주문하다

2 ① shàng cài　② mǎi dān　③ wèizi　④ miǎn fèi

3 ① 发票　　② 米饭　　③ 打包　　④ 老板

4 ① 洗手间　　② 服务员

메모

간식 배는
원래 따로 있어!

DAY 30
MP3 바로 듣기

오늘의 재미난 **표현!**

- 留着肚子
  liú zhe dùzi

직역 그대로 '배를 남겨두다'라는 뜻이다. 뱃속 공간을 남겨 두었다가 더 맛있는
음식을 먹거나 또는 아직 뒤에 나올 음식을 위해서 배를 남겨 둔다는 뜻으로 쓴다.

예 我留着肚子吃甜点。
　　나 디저트 먹을 배는 남겨뒀어.

0606 ☐☐☐

便利店
biànlìdiàn
명 편의점

你去附近的便利店买一瓶水。
Nǐ qù fùjìn de biànlìdiàn mǎi yì píng shuǐ.
네가 가까운 편의점에 가서 물 한 병 사.

0607 ☐☐☐

挑
tiāo
동 고르다, 선택하다

你挑好一点儿的，不要乱买。
Nǐ tiāo hǎo yìdiǎnr de, búyào luàn mǎi.
너는 좀 좋은 걸 골라, 아무거나 사지 말고.

0608 ☐☐☐

零食
língshí
명 간식(거리), 군것질

家里还有很多零食。
Jiā li háiyǒu hěn duō língshí.
집에 간식거리도 많다.

0609 ☐☐☐

糖果
tángguǒ
명 사탕, 캔디

你牙口不太好，少吃点糖果。
Nǐ yákou bú tài hǎo, shǎo chī diǎn tángguǒ.
너는 치아가 별로 좋지 않으니 사탕을 조금만 먹어.

0610 ☐☐☐

口香糖
kǒuxiāngtáng
명 껌(gum)

吃完饭嚼一嚼口香糖。
Chī wán fàn jiáo yi jiáo kǒuxiāngtáng.
밥을 먹고 나서 껌을 좀 씹어보세요.

0611 ☐☐☐

巧克力
qiǎokèlì
명 초콜릿

只要是巧克力，我都喜欢吃。
Zhǐyào shì qiǎokèlì, wǒ dōu xǐhuan chī.
초콜릿이라면 나는 뭐든 다 좋아한다.

薯片
0612 □□□
shǔpiàn
명 감자칩, 포테이토칩

这个薯片不是油炸的。
Zhège shǔpiàn bú shì yóuzhá de.
이 감자칩은 기름에 튀긴 것이 아니다.

瓜子
0613 □□□
guāzǐ
명 꾸와즈(호박씨, 해바라기씨 등을 소금이나 향료에 넣어 볶은 것)

很多中国人都爱嗑瓜子。
Hěn duō zhōngguórén dōu ài kè guāzǐ.
많은 중국인들은 꾸와즈를 까먹는 걸 좋아한다.

香烟
0614 □□□
xiāngyān
명 담배

这个超市不卖香烟。
Zhège chāoshì bú mài xiāngyān.
이 슈퍼마켓에서는 담배를 팔지 않는다.

纸巾
0615 □□□
zhǐjīn
명 휴지, 티슈

家里的纸巾快用完了，买一点儿吧。
Jiā li de zhǐjīn kuài yòng wán le, mǎi yìdiǎnr ba.
집에 휴지 거의 다 썼으니 좀 사자.

➕ 湿巾 shījīn 물티슈

一次性用品
0616 □□□
yícìxìng yòngpǐn
일회용품

为了保护环境，应避免使用一次性用品。
Wèile bǎohù huánjìng, yīng bìmiǎn shǐyòng yícìxìng yòngpǐn.
환경보호를 위해서는 일회용품 사용을 피해야 한다.

方便面
0617 □□□
fāngbiànmiàn
명 라면

家里需要放一些方便面。
Jiā li xūyào fàng yìxiē fāngbiànmiàn.
집에 라면을 좀 두어야 겠어요.

0618

香肠
xiāngcháng
명 소시지

我非常喜欢吃烤香肠。
Wǒ fēicháng xǐhuan chī kǎo xiāngcháng.
저는 구운 소시지 먹는 걸 아주 좋아해요.

0619

矿泉水
kuàngquánshuǐ
명 생수

喝完矿泉水，瓶子应该分类处理。
Hē wán kuàngquánshuǐ, píngzi yīnggāi fēnlèi chǔlǐ.
생수를 다 마신 후에는 병을 분류하여 처리해야 한다.

0620

果汁
guǒzhī
명 과일 주스

这是百分之百的纯果汁。
Zhè shì bǎi fēn zhī bǎi de chún guǒzhī.
이것은 100% 순수 과일 주스이다.

0621

果冻
guǒdòng
명 젤리

其实有很多大人也爱吃果冻。
Qíshí yǒu hěn duō dàrén yě ài chī guǒdòng.
사실 젤리 먹는 걸 좋아하는 어른들도 많다.

0622

酸奶
suānnǎi
명 요구르트, 요거트

喝酸奶有助于肠胃消化。
Hē suānnǎi yǒuzhùyú chángwèi xiāohuà.
요구르트를 마시면 위장 소화에 도움이 된다.

0623

冰淇淋
bīngqílín
명 아이스크림

吃太多冰淇淋会拉肚子。
Chī tài duō bīngqílín huì lā dùzi.
아이스크림을 너무 많이 먹으면 배탈이 날 것이다.

蛋挞 0624 ☐☐☐
dàntà
명 에그타르트

我喜欢吃葡式蛋挞。
Wǒ xǐhuan chī púshì dàntà.
나는 포르투갈식 에그타르트를 즐겨 먹는다.

蛋糕 0625 ☐☐☐
dàngāo
명 케이크, 카스텔라

过生日怎么可以没有蛋糕。
Guò shēngrì zěnme kěyǐ méiyǒu dàngāo.
생일에 케이크가 없으면 안 된다.

문화 플러스

간식의 다양한 표현

중국어로 간식은 '零食(língshí)', '小吃(xiǎochī)', '点心(diǎnxin)'으로 표현할 수 있지만 쓰임은 달라요.

첫 번째로 零食(língshí)는 편의점이나 상점에서 살 수 있는 간식인 '초콜릿 巧克力(qiǎokèlì)', '비스킷 饼干(bǐnggān)', '감자칩 薯片(shǔpiàn)'과 같은 과자류의 간식을 말해요.

두 번째로 小吃(xiǎochī)는 식당이나 거리에서 파는 간식류인 '탕후루 糖葫芦(tánghúlu)', '양꼬치(구이) 羊肉串(yángròuchuàn)', '꽈배기 麻花(máhuā)'와 같은 길거리 간식을 말해요.

마지막으로 点心(diǎnxin)은 요기할 수 있는 먹을거리와 비슷한 간식인 '만터우(소가 없이 밀가루만을 발효시켜 크게 만든 빵) 馒头(mántou)', '빵 面包(miànbāo)', '케이크 蛋糕(dàngāo)'와 같은 간식을 말해요.

똑같이 '간식'이라는 뜻으로 쓰이지만 쓰임이 다른 언어들은 꼭 기억해 두세요!

1 다음 중국어와 우리말 뜻을 바르게 연결하세요.

① 便利店 ·   · 간식(거리)

② 挑 ·   · 고르다

③ 巧克力 ·   · 감자칩

④ 薯片 ·   · 편의점

⑤ 零食 ·   · 초콜릿

2 알맞은 병음을 적어보세요.

① 瓜子 _____   ② 香烟 _____

③ 糖果 _____   ④ 纸巾 _____

3 알맞은 중국어를 적어보세요.

① 생수 _____   ② 젤리 _____

③ 일회용품 _____   ④ 요거트 _____

4 빈칸에 들어갈 알맞은 중국어를 고르세요.

> **보기**
>
> 冰淇淋 　　　 蛋挞

① 我喜欢葡式 _____。

나는 포르투갈식 에그타르트를 좋아한다.

② 吃太多 _____ 会拉肚子。

아이스크림을 너무 많이 먹으면 배탈이 날 것이다.

정답

1 ①-편의점   ②-고르다   ③-초콜릿   ④-감자칩   ⑤-간식(거리)

2 ① guāzǐ   ② xiāngyān   ③ tángguǒ   ④ zhǐjīn

3 ① 矿泉水   ② 果冻   ③ 一次性用品   ④ 酸奶

4 ① 蛋挞   ② 冰淇淋

쇼핑은 즐거워 (1)

오늘의 재미난 표현!

• 实惠
shíhuì

원래는 '실속이 있다'라는 뜻이지만, 요즘은 좋은 물건을 적은 비용으로 구매했을 때 많이 쓰는 말로 '싸게 샀다, 싸다'라는 의미로도 쓰인다.

예 这几天超市打折，很多东西都非常实惠。
요 며칠 마트에서 세일을 해서 많은 물건들을 싸게 샀다.

超市
0626 ☐☐☐

chāoshì

명 슈퍼마켓, 마트

附近超市在打折。
Fùjìn chāoshì zài dǎ zhé.
근처 슈퍼마켓에서 할인하고 있다.

逛
0627 ☐☐☐

guàng

동 쇼핑하다, 구경하다

我打算去超市逛一逛。
Wǒ dǎsuàn qù chāoshì guàng yi guàng.
나는 슈퍼마켓에 가서 구경 좀 하려고 해.

买菜
0628 ☐☐☐

mǎi cài

장을 보다

我下班先去买菜再回家。
Wǒ xià bān xiān qù mǎi cài zài huí jiā.
나는 퇴근할 때 장을 보고 집에 갈 것이다.

蔬菜
0629 ☐☐☐

shūcài

명 채소, 야채

你应该多吃蔬菜少吃肉。
Nǐ yīnggāi duō chī shūcài shǎo chī ròu.
너는 채소를 많이 먹고 고기를 적게 먹어야 한다.

海鲜
0630 ☐☐☐

hǎixiān

명 해산물, 해물

今天的海鲜很新鲜。
Jīntiān de hǎixiān hěn xīnxiān.
오늘의 해산물은 신선하다.

新鲜
0631 ☐☐☐

xīnxiān

형 싱싱하다, 신선하다

越新鲜的海鲜价格越贵。
Yuè xīnxiān de hǎi xiān jiàgé yuè guì.
싱싱한 해산물일수록 가격이 비싸다.

0632 □□□

保质期
bǎozhìqī

명 유통기한, 품질 보증 기간

买东西的时候，应该好好看看保质期。
Mǎi dōngxi de shíhou, yīnggāi hǎohāo kànkan bǎozhìqī.
물건을 살 때, 유통기한을 잘 봐야 한다.

0633 □□□

购物车 ★
gòu wù chē

명 쇼핑 카트

东西太多了，拿一个购物车吧。
Dōngxi tài duō le, ná yí ge gòu wù chē ba.
물건이 너무 많으니까 쇼핑 카트를 하나 가지고 가자.

➕ **手推车** shǒu tuī chē 카트, 쇼핑 카트

> 마트에서 쇼핑 카트는 '超市购物车(chāoshì gòu wù chē)'라 부르고 온라인 쇼핑할 때 온라인 장바구니는 '网上购物车(wǎngshàng gòu wù chē)'라고 해요.

0634 □□□

购物袋
gòu wù dài

명 장바구니, 쇼핑백

我自己带了一个购物袋。
Wǒ zìjǐ dài le yí gè gòu wù dài.
나는 장바구니를 가지고 왔다.

0635 □□□

会员卡
huìyuánkǎ

명 멤버십 카드

有会员卡可以享受优惠。
Yǒu huìyuánkǎ kěyǐ xiǎngshòu yōuhuì.
멤버십 카드가 있으면 혜택을 받을 수 있습니다.

0636 □□□

收银台
shōuyíntái

명 계산대, 카운터

收银台前排了很长的一个队。
Shōuyíntái qián pái le hěn cháng de yí ge duì.
계산대 앞에 길게 늘어선 줄이 하나 있다.

条形码
0637 ☐☐☐
tiáoxíngmǎ
명 바코드

这个东西条形码不清晰。
Zhège dōngxi tiáoxíngmǎ bù qīngxī.
이 물건은 바코드가 선명하지 않다.

购物小票
0638 ☐☐☐
gòuwù xiǎopiào
구매 영수증

应该保管好购物小票。
Yīnggāi bǎoguǎn hǎo gòuwù xiǎopiào.
구매 영수증을 잘 보관해야 한다.

买一送一
0639 ☐☐☐
mǎi yī sòng yī
원 플러스 원,
하나를 사면 하나를 더 준다

这家店有很多东西都是买一送一的。
Zhè jiā diàn yǒu hěn duō dōngxi dōu shì mǎi yī sòng yī de.
이 가게에는 원 플러스 원 물건들이 많다.

打折
0640 ☐☐☐
dǎ zhé
동 할인하다, 세일하다

打折的时候多买一点儿。
Dǎ zhé de shíhou duō mǎi yìdiǎnr.
할인할 때 많이 사세요.

活动
0641 ☐☐☐
huódòng
명 이벤트, 행사

这家超市今天难得搞一次活动。
Zhè jiā chāoshì jīntiān nándé gǎo yí cì huódòng.
이 슈퍼마켓은 오늘 모처럼 이벤트를 한다.

性价比
0642 ☐☐☐
xìngjiàbǐ
명 가성비

我买东西注重的是性价比。
Wǒ mǎi dōngxi zhùzhòng de shì xìngjiàbǐ.
내가 물건을 사는데 중점을 두는 건 가성비이다.

顾客
0643 ☐☐☐

gùkè

명 고객

商家应该多听听顾客的意见。
Shāngjiā yīnggāi duō tīngting gùkè de yìjiàn.
판매자는 반드시 고객의 의견을 많이 들어야 한다.

送货上门
0644 ☐☐☐

sòng huò shàng mén

집까지 상품을 배달해 준다

最近很多超市都会送货上门。
Zuìjìn hěn duō chāoshì dōu huì sòng huò shàng mén.
최근 많은 슈퍼마켓에서 물건을 집까지 배달해 준다.

🚩 단어 플러스 **쇼핑 시 알아두면 유용한 표현들**

- 自助收银机 zìzhù shōuyínjī 셀프 계산대
- 秒杀 miǎoshā 초특가 세일, 타임 세일
- 积分 jīfēn 포인트, 적립금
- 满 A 减 B mǎn A jiǎn B A만큼 채우면 B만큼 할인해 준다
- 临期食品 línqī shípǐn 떨이식품, 유통기한이 임박한 식품
- 会员价 huìyuánjià 회원가

1 다음 중국어와 우리말 뜻을 바르게 연결하세요.

① 逛 ・　　　　　・ 해산물
② 蔬菜 ・　　　　　・ 슈퍼마켓
③ 超市 ・　　　　　・ 쇼핑하다
④ 海鲜 ・　　　　　・ 채소
⑤ 买菜 ・　　　　　・ 장을 보다

2 알맞은 병음을 적어보세요.

① 保质期 _____　　② 购物车 _____

③ 顾客 _____　　④ 条形码 _____

3 알맞은 중국어를 적어보세요.

① 멤버십 카드 _____　　② 할인하다 _____

③ 원 플러스 원 _____　　④ 계산대 _____

4 빈칸에 들어갈 알맞은 중국어를 고르세요.

> 보기　　　　活动　　　性价比

① 我买东西注重的是 _____。

내가 물건을 사는데 중점을 두는 건 가성비야.

② 这家超市今天难得搞一次 _____。

이 슈퍼마켓은 오늘 모처럼 이벤트를 한다.

정답

1 ①-쇼핑하다　　②-채소　　③-슈퍼마켓　　④-해산물　　⑤-장을 보다

2 ① bǎozhìqī　　② gòu wù chē　　③ gùkè　　④ tiáoxíngmǎ

3 ① 会员卡　　② 打折　　③ 买一送一　　④ 收银台

4 ① 性价比　　② 活动

건강이 최고야!

오늘의 **재미난 표현!**

• 健康是本钱
jiànkāng shì běnqián

직역하면 '건강이 밑천이다'라는 뜻으로 '모든 일에 있어서 건강이 가장 중요하다' 는 표현이다. 누군가에게 건강을 챙기라고 조언하거나 건강 관리의 중요성에 대해 이야기할 때, 이 말을 그대로 쓰면 된다.

예 一定要注意健康，健康是本钱。
　　건강 꼭 챙기세요, 건강이 밑천이에요.

0645 □□□

病 ★
bìng
명 병

有病就赶紧吃药。
Yǒu bìng jiù gǎnjǐn chī yào.
병이 났으면 빨리 약을 먹어라.

중국어로 '꾀병부리다'는 '装病(zhuāng bìng)'이라고 말해요. '装'은 '~인 척(체)하다, 가장하다'라는 뜻을 가지고 있어서 함께 쓰면 '꾀병부리다'라는 의미로 쓰여요.

0646 □□□

得
dé
통 (병에) 걸리다

天气太冷，小心得感冒。
Tiānqì tài lěng, xiǎoxīn dé gǎnmào.
날씨가 너무 추워서 감기 걸리니 조심하세요.

0647 □□□

生病
shēng bìng
통 병이 나다, 병에 걸리다

他今天生病了，来不了。
Tā jīntiān shēng bìng le, láibuliǎo.
그는 오늘 병이 나서 올 수 없다.

0648 □□□

不舒服
bù shūfu
형 아프다, 불편하다

我最近身体不舒服。
Wǒ zuìjìn shēntǐ bù shūfu.
나는 요즘 몸이 아프다.

0649 □□□

感冒
gǎnmào
통 감기에 걸리다

丈夫平时很健康，不常感冒。
Zhàngfu píngshí hěn jiànkāng, bù cháng gǎnmào.
남편은 평소에 건강해서 감기에 잘 걸리지 않는다.

➕ 流感 liúgǎn 유행성 독감

0650 □□□

头疼
tóuténg
통 머리가 아프다

我现在头疼，让我躺一下。
Wǒ xiànzài tóuténg, ràng wǒ tǎng yíxià.
제가 지금 머리가 아프니 저 좀 누울게요.

发烧 0651 ☐☐☐
fā shāo
동 열이 나다

发烧的时候，不要吃凉的。
Fā shāo de shíhou, búyào chī liáng de.
열이 날 때는, 찬 걸 먹지 마세요.

发冷 0652 ☐☐☐
fā lěng
동 오한이 나다, 오한이 들다

我好像身体不舒服，一直发冷。
Wǒ hǎoxiàng shēntǐ bù shūfu, yìzhí fā lěng.
내가 몸이 아픈지 계속 오한이 나.

鼻涕 0653 ☐☐☐
bítì
명 콧물

我有鼻炎，一整天都在流鼻涕。
Wǒ yǒu bíyán, yì zhěng tiān dōu zài liú bítì.
나는 비염이 있어서 하루종일 콧물이 난다.

咳嗽 0654 ☐☐☐
késou
동 기침하다

你咳嗽得越来越厉害了。
Nǐ késou de yuèláiyuè lìhai le.
너 기침이 점점 심해지는구나.

有痰 0655 ☐☐☐
yǒu tán
가래가 있다

我嗓子疼，还有痰。
Wǒ sǎngzi téng, hái yǒu tán.
나는 목이 아프고 가래가 있다.

恶心 0656 ☐☐☐
ěxin
형 메스껍다, 구역질이 나다

我好像吃了不干净的东西，很恶心。
Wǒ hǎoxiàng chī le bù gānjìng de dōngxi, hěn ěxin.
내가 깨끗하지 않은 걸 먹은 거 같아, 속이 메스꺼워.

0657

受伤

shòu shāng

동 다치다, 부상을 당하다

运动的时候小心点，不要受伤。

Yùndòng de shíhou xiǎoxīn diǎn, búyào shòu shāng.

운동할 때 다치지 않도록 조심하세요.

0658

晕倒

yūn dǎo

동 기절하여 쓰러지다, 혼절하다

怎么就突然晕倒了?

Zěnme jiù tūrán yūn dǎo le?

왜 갑자기 기절해서 쓰러진 거야?

0659

扭伤

niǔ shāng

동 삐다, 접질리다

跑步的时候扭伤了脚。

Pǎo bù de shíhou niǔ shāng le jiǎo.

달리기 하다가 발을 삐었어요.

0660

骨折

gǔzhé

동 골절되다

吓死我了，幸好没有骨折。

Xià sǐ wǒ le, xìnghǎo méiyǒu gǔzhé.

깜짝이야, 다행히도 골절은 안 됐어요.

0661

发炎

fāyán

동 염증이 생기다

伤口发炎了，擦点药。

Shāngkǒu fāyán le, cā diǎn yào.

상처에 염증이 생겼으니 약을 발라.

➕ **鼻炎** bíyán 비염

➕ **胃炎** wèiyán 위염

➕ **肠炎** chángyán 장염

0662

慢性

mànxìng

형 만성의

慢性疾病应该好好治疗。

Mànxìng jíbìng yīnggāi hǎohāo zhìliáo.

만성 질환은 잘 치료해야 한다.

过敏 0663 □□□
guòmǐn
图 알레르기 반응을 보이다

我吃海鲜会过敏。
Wǒ chī hǎixiān huì guòmǐn.
나는 해산물을 먹으면 알레르기 반응을 보인다.

失眠 0664 □□□
shī mián
图 잠을 이루지 못하다

我最近有心事，总是失眠。
Wǒ zuìjìn yǒu xīnshì, zǒngshì shī mián.
나는 요즘 걱정거리가 있어서 잠을 이루지 못한다.

癌症 0665 □□□
áizhèng
图 암

得了癌症可就麻烦了！
Dé le áizhèng kě jiù máfan le!
암에 걸리니 정말 힘드네!

传染病 0666 □□□
chuánrǎnbìng
图 전염병

这个不是传染病，不用太担心。
Zhège bú shì chuánrǎnbìng, búyòng tài dān xīn.
이게 전염병은 아니니 크게 걱정하지 마세요.

忌口 0667 □□□
jì kǒu
图 (병 따위로) 아무거나
못 먹게 하다

医生说我要忌口。
Yīshēng shuō wǒ yào jì kǒu.
의사 선생님이 아무거나 먹으면 안 된다고 말했다.

养病 0668 □□□
yǎng bìng
图 몸조리하다, 요양하다

你回家好好养病，不用担心我们。
Nǐ huí jiā hǎohāo yǎng bìng, búyòng dān xīn wǒmen.
집에 돌아가서 몸조리 잘 하세요. 저희 걱정은 마시고요.

➕ 养伤 yǎng shāng 상처를 치료하다, 요양하다

문화 플러스

들어는 봤니? '朋克养生(péng kè yǎngshēng)'

요즘 중국은 젊은 세대 역시 본인들의 건강을 위해 다양한 소비와 노력을 하는데요. 조금은 이해하기 힘든(?) 방식의 몸보신 법이 유행을 하고 있어요. '폭식하고 소화제 먹기', '밤새 놀고 비싼 팩이나 화장품 쓰기', '아이스크림 먹고 달리기해서 칼로리 소비하기' 등과 같은 기발한(?) 아이디어의 몸보신 법이에요. 이런 몸보신 법을 바로 '朋克养生 (péng kè yǎngshēng)'이라고 하는데요.

'朋克(péng kè)'는 영어의 '펑크(funk)'로 '관습에 얽매이지 않고 제멋대로 산다'는 뜻으로 쓰이며 '养生(yǎngshēng)'은 '건강을 챙긴다'는 뜻이에요. 위에 설명한 것 말고도 '맥주에 구기자를 넣어 마시기', '콜라에 인삼 넣어 마시기', '생리 때 대추맛 아이스크림만 먹기'와 같은 행위를 통해 자기 몸을 망치는 동시에 몸을 챙기는 걸 말해요.

이런 건강법이 유행을 하자 중국의 다양한 기업들이 앞다퉈 아이디어 상품을 출시하기 시작했고, '샤오훙슈(小红书)'와 같은 SNS 플랫폼을 중심으로 홍보를 진행하며 많은 젊은이들의 관심과 소비를 이끌어내고 있어요. 아이디어 상품으로는 인삼을 통째로 넣은 밤샘용 음료(熬夜水)라든가 다이어트용 디톡스 워터(神仙水), 저칼로리 베이킹 제품 등이 있어요.

이런 제품을 만드는 기업에는 신생 브랜드도 많지만, 중국에 관심이 있는 분들이라면 한 번쯤 이름을 들어봤을 '同仁堂(tóngréntáng)'도 있어요. 한국인에게는 '동인당'이라는 이름이 더 익숙할 텐데요. '同仁堂(tóngréntáng)' 역시 밤샘용 음료나 디톡스 워터를 출시했어요.

'同仁堂(tóngréntáng)' 업체 관계자에 따르면 이런 제품을 구매하는 소비층의 대부분 25~35세의 직장인이라고 해요.

이런 방법보다는 규칙적인 식생활과 꾸준한 운동, 충분한 수면으로 건강을 지키도록 노력하는 게 어떨까요?

1 다음 중국어와 우리말 뜻을 바르게 연결하세요.

① 病　　　•　　　　　　　• 병이 나다

② 感冒　•　　　　　　　　• 열이 나다

③ 得　　　•　　　　　　　• (병에) 걸리다

④ 发烧　•　　　　　　　　• 병

⑤ 生病　•　　　　　　　　• 감기에 걸리다

2 알맞은 병음을 적어보세요.

① 头疼 _____　　② 发冷 _____

③ 不舒服 _____　④ 鼻涕 _____

3 알맞은 중국어를 적어보세요.

① 다치다 _____　　② 기절하여 쓰러지다 _____

③ 기침하다 _____　④ 삐다 _____

4 빈칸에 들어갈 알맞은 중국어를 고르세요.

> **보기**　　　　　骨折　　发炎

① 伤口 _____ 了，擦点药。
상처에 염증이 생겼으니 약을 발라.

② 吓死我了，幸好没有 _____。
깜짝이야, 다행히도 골절은 안 됐어요.

정답

1 ①-병　　②-감기에 걸리다　③-(병에) 걸리다　④-열이 나다　　⑤-병이 나다

2 ① tóuténg　　② fā lěng　　③ bù shūfu　　④ bítì

3 ① 受伤　　② 晕倒　　③ 咳嗽　　④ 扭伤

4 ① 发炎　　② 骨折

슬기로운
병원 생활

오늘의 재미난 표현!

• 良药苦口
liángyàokǔkǒu

'좋은 약이 입에 쓰다'라는 뜻으로 약에만 한정해 사용하는 표현이 아니라 좋은 말
이나 진심으로 하는 충고는 귀에 거슬린다는 표현으로도 쓰인다.

예 良药苦口利于病，忠言逆耳利于行。
좋은 약은 입에 쓰지만 병에 이롭고, 충언은 귀에 거슬리지만 행실에 이롭다.

医院
0669 ☐☐☐

yīyuàn

명 병원

如果生病了，就马上去医院。

Rúguǒ shēng bìng le, jiù mǎshàng qù yīyuàn.

만약에 아프면 바로 병원에 가요.

看病
0670 ☐☐☐

kàn bìng

동 진찰을 받다

医院里有很多人看病。

Yīyuàn li yǒu hěn duō rén kàn bìng.

병원에는 많은 사람들이 진찰을 받고 있다.

病人
0671 ☐☐☐

bìngrén

명 환자

请病人的家属进来。

Qǐng bìngrén de jiāshǔ jìnlai.

환자 가족분들은 들어오세요.

➕ 患者 huànzhě 환자

症状
0672 ☐☐☐

zhèngzhuàng

명 증상

你这个症状好像很严重。

Nǐ zhège zhèngzhuàng hǎoxiàng hěn yánzhòng.

당신의 이 증상은 심각한 것 같다.

挂号
0673 ☐☐☐

guà hào

동 접수하다

我们得先去挂号。

Wǒmen děi xiān qù guà hào.

우리는 먼저 접수하러 가야 한다.

治疗
0674 ☐☐☐

zhìliáo

동 치료하다

这个病应该尽早治疗。

Zhège bìng yīnggāi jǐnzǎo zhìliáo.

이 병은 되도록 빨리 치료해야 한다.

打针
0675 ☐☐☐
dǎ zhēn
[통] 주사를 맞다

不用打针，吃药就可以。
Búyòng dǎ zhēn, chī yào jiù kěyǐ.
주사를 맞을 필요 없이 약을 먹으면 됩니다.

输液
0676 ☐☐☐
shū yè
[통] 링거를 맞다, 수액을 놓다

输液见效速度快。
Shū yè jiàn xiào sùdù kuài.
링거를 맞는 게 효과 보는 속도가 빠르다.

➕ 打点滴 dǎ diǎndī 링거를 맞다, 수액을 맞다

拍X光
0677 ☐☐☐
pāi X guāng
[통] 엑스레이(X-ray)를 찍다

拍X光时不能戴饰品。
Pāi X guāng shí bù néng dài shìpǐn.
엑스레이를 찍을 때 액세서리를 착용하면 안 된다.

验血
0678 ☐☐☐
yàn xiě
[통] 혈액 검사를 하다

我非常害怕验血。
Wǒ fēicháng hài pà yàn xiě.
나는 혈액 검사를 하는 게 너무 무섭다.

结果
0679 ☐☐☐
jiéguǒ
[명] 결과

结果出来了，没有什么大问题。
Jiéguǒ chūlai le, méiyǒu shénme dà wèntí.
결과가 나왔는데, 무슨 큰 문제는 없다.

验尿
0680 ☐☐☐
yàn niào
[통] 소변 검사를 하다

早上验尿的结果最准确。
Zǎoshàng yàn niào de jiéguǒ zuì zhǔnquè.
아침에 소변 검사를 한 결과가 가장 정확하다.

确诊
0681 ☐☐☐
quèzhěn
통 확실하게 진단을 하다, 확진하다

听说你朋友也确诊了。
Tīngshuō nǐ péngyou yě quèzhěn le.
듣자 하니 네 친구도 확실한 진단이 내려졌다고 해.

处方
0682 ☐☐☐
chǔfāng
명 처방전

医生给我开了处方。
Yīshēng gěi wǒ kāi le chǔfāng.
의사가 나에게 처방전을 써주었다.

住院
0683 ☐☐☐
zhù yuàn
통 입원하다

这个病需要住院观察。
Zhège bìng xūyào zhù yuàn guānchá.
이 병은 입원해서 관찰해야 한다.

➕ 出院 chū yuàn 퇴원하다

手术
0684 ☐☐☐
shǒushù
명 수술

不用担心，这次手术很成功。
Búyòng dān xīn, zhè cì shǒushù hěn chénggōng.
걱정하지 마세요, 이번 수술은 성공적이었어요.

➕ 动手术 dòng shǒushù 수술하다

麻醉
0685 ☐☐☐
mázuì
통 마취하다

麻醉药效过了以后，就开始疼了。
Mázuì yàoxiào guo le yǐhòu, jiù kāishǐ téng le.
마취한 효과를 본 이후에 아프기 시작했다.

探病
0686 ☐☐☐
tàn bìng
통 병문안 가다, 병문안 하다

朋友住院了，明天我们去探病。
Péngyou zhù yuàn le, míngtiān wǒmen qù tàn bìng.
친구가 입원해서 우리는 내일 병문안을 간다.

体检

0687 ☐☐☐

tǐjiǎn

[동] 검진을 하나

这个年纪应该定期做体检。
Zhège niánjì yīnggāi dìngqī zuò tǐjiǎn.
이 나이에는 반드시 정기적으로 검진을 받아야 한다.

단어 플러스 **병원갈 때 알아 두면 좋을 단어**

- 医保卡 yībǎokǎ 의료 보험 카드
- 导诊员 dǎozhěnyuán 병원 안내원
- 病房 bìngfáng 병실, 병동
- 急诊室 jízhěnshì 응급실
- 重症监护室(ICU) zhòngzhèng jiānhùshì 중환자실
- 疫苗 yìmiáo 백신
- 接种 jiēzhòng 접종
- 药物过敏 yàowù guòmǐn 약물 알레르기

1 다음 중국어와 우리말 뜻을 바르게 연결하세요.

① 医院 ·   · 증상

② 看病 ·   · 환자

③ 病人 ·   · 병원

④ 症状 ·   · 접수하다

⑤ 挂号 ·   · 진찰을 받다

2 알맞은 병음을 적어보세요.

① 打针 _____   ② 治疗 _____

③ 输液 _____   ④ 拍X光 _____

3 알맞은 중국어를 적어보세요.

① 혈액 검사를 하다 _____   ② 소변 검사를 하다 _____

③ 결과 _____   ④ 확실하게 진단을 하다 _____

4 빈칸에 들어갈 알맞은 중국어를 고르세요.

보기	处方 住院

① 这个病需要 _____ 观察。

이 병은 입원해서 관찰해야 한다.

② 医生给我开了 _____。

의사가 나에게 처방전을 써주었다.

정답

1 ①-병원   ②-진찰을 받다   ③-환자   ④-증상   ⑤-접수하다

2 ① dǎ zhēn   ② zhìliáo   ③ shū yè   ④ pāi X guāng

3 ① 验血   ② 验尿   ③ 结果   ④ 确诊

4 ① 住院   ② 处方

영양제도
적당히!

오늘의 재미난 표현!

• **是药三分毒**
shì yào sānfēn dú

좋은 약이라도 약이라고 하면 어느 정도의 독소가 있기 때문에 좋은 약도 많이 먹으면 몸에 해롭다는 뜻이다. '약 역시 과유불급해서는 안 된다'는 말로 적당량을 복용해야 하며 약을 함부로 먹어서는 안 된다는 말로도 쓰인다.

예 吃药吃多了不好，是药三分毒。
약을 많이 먹으면 좋지 않아, 약은 조금이라도 독해.

药店
0688 ☐☐☐
yàodiàn
명 약국

我家附近没有药店。
Wǒ jiā fùjìn méiyǒu yàodiàn.
우리 집 근처에 약국이 없어요.

➕ 药房 yàofáng 약국

药师
0689 ☐☐☐
yàoshī
명 약사

先问问药师，这药怎么吃。
Xiān wènwen yàoshī, zhè yào zěnme chī.
먼저 약사에게 이 약을 어떻게 먹는지 물어보세요.

➕ 药剂师 yàojìshī 약사, 약제사

开药
0690 ☐☐☐
kāi yào
약을 처방하다

医生没有给我开药。
Yīshēng méiyǒu gěi wǒ kāi yào.
의사가 나에게 약을 처방하지 않았다.

片 ★
0691 ☐☐☐
piàn
양 알, 정[얇고 작은 사물을 세는 단위]

一天吃三次，每次两片。
Yìtiān chī sān cì, měi cì liǎng piàn.
하루에 세 번, 매번 두 알 씩 드세요.

약을 셀 때 쓰는 양사로 일반적으로 '片'을 많이 쓰고, '粒(lì)'는 납작하지 않고 동그란 환 모양의 약을 셀 때 많이 쓰는 양사예요.

止痛药
0692 ☐☐☐
zhǐtòngyào
명 진통제

止痛药吃太多不好。
Zhǐtòngyào chī tài duō bù hǎo.
진통제를 너무 많이 먹으면 좋지 않다.

退烧药
0693 ☐☐☐
tuìshāoyào
명 해열제

这个退烧药药效真快。
Zhège tuìshāoyào yàoxiào zhēn kuài.
이 해열제는 약효가 정말 빠르다.

感冒药 0694 □□□
gǎnmàoyào
몡 감기약

感冒药吃多了会有副作用。
Gǎnmàoyào chī duō le huì yǒu fùzuòyòng.
감기약을 많이 먹으면 부작용이 생길 수 있다.

止咳药 0695 □□□
zhǐkéyào
몡 기침약

这个止咳药吃了犯困。
Zhège zhǐkéyào chī le fàn kùn.
이 기침약을 먹으니 졸리다.

服用 0696 □□□
fúyòng
통 복용하다

应该按照医嘱正确服用。
Yīnggāi ànzhào yīzhǔ zhèngquè fúyòng.
반드시 의사의 지시에 따라 정확히 복용해야 한다.

饭后 0697 □□□
fànhòu
몡 식후

饭后过了三十分钟再吃药。
Fànhòu guò le sānshí fēnzhōng zài chī yào.
식후 30분이 지나고 약을 먹어라.

空腹 0698 □□□
kōngfù
몡 빈 속, 공복

不要空腹吃药。
Búyào kōngfù chī yào.
빈 속에 약을 먹지 마라.

消毒药水 0699 □□□
xiāo dú yàoshuǐ
몡 소독약

这个消毒药水对人体没有伤害。
Zhège xiāo dú yàoshuǐ duì réntǐ méiyǒu shānghài.
이 소독약은 인체에 해롭지 않다.

药膏
yàogāo
명 연고

0700 ☐☐☐

一定要在伤口上擦药膏。
Yídìng yào zài shāngkǒu shang cā yàogāo.
상처에는 반드시 연고를 발라야 한다.

创可贴
chuāngkětiē
명 반창고

0701 ☐☐☐

手破了，就要贴上创可贴。
Shǒu pò le, jiù yào tiē shang chuāngkětiē.
손이 찢어지면, 반창고를 붙여야 한다.

绷带
bēngdài
명 붕대

0702 ☐☐☐

绷带不要捆得太紧。
Bēngdài búyào kǔn de tài jǐn.
붕대를 너무 타이트하게 묶지 마라.

眼药水
yǎnyàoshuǐ
명 안약

0703 ☐☐☐

我不会自己滴眼药水。
Wǒ bú huì zìjǐ dī yǎnyàoshuǐ.
나는 혼자 안약을 넣을 줄 모른다.

中药
zhōngyào
명 중의약

0704 ☐☐☐

中药喝起来太苦了。
Zhōngyào hē qǐlai tài kǔ le.
중의약은 마시기에 너무 쓰다.

口罩
kǒuzhào
명 마스크

0705 ☐☐☐

戴口罩可以预防传染病。
Dài kǒuzhào kěyǐ yùfáng chuánrǎnbìng.
마스크를 쓰면 전염병을 예방할 수 있다.

效果
xiàoguǒ
명 효과

0706 ☐☐☐

打针、吃药也没有什么效果。
Dǎ zhēn, chī yào yě méiyǒu shénme xiàoguǒ.
주사를 맞고 약을 먹어도 별 효과가 없다.

好使
hǎo shǐ
형 (효과가) 좋다, 잘 듣다

0707 ☐☐☐

医生告诉我的治疗方法特别好使。
Yīshēng gàosu wǒ de zhìliáo fāngfǎ tèbié hǎo shǐ.
의사가 나에게 알려준 치료법이 특히 효과가 좋다.

 문화 플러스

한국과 중국의 약국 이렇게 다르다?!

한국과 중국의 약국엔 어떤 차이점이 있을까요? 우선 중국에는 병원 안에 약국이 있는데 그 약국을 '药房(yàofáng)'이라고 해요. 병원에서 처방전을 받고 나면 대부분 병원 안의 '药房(yàofáng)'에 가서 약을 처방받는 게 일반적이에요. 대부분 병원 밖의 약국은 '药店(yàodiàn)'이나 '药房(yàofáng)'이라고 해요. 한국은 약사 개인이 문을 열어 약국을 운영하는데, 중국은 체인점으로 운영하는 약국도 있어요. '药店(yàodiàn)'이나 '药房(yàofáng)'에는 건강 보조 식품이나 영양제를 판매하는 일반 직원들이 상주하고 시즌마다 할인 행사를 하기도 해요. 한국과 또 다른 점은 한국은 식후 1회 먹을 약을 봉투에 나누어 담아주는 반면에 중국은 처방된 약을 상자(Box) 단위로 팔아서 환자가 처방전에 따라 박스에서 약을 꺼내 먹어야 해요.

요즘 중국은 온라인 의료 산업이 폭발적인 성장세를 보이고 있어요. 24시간 비대면 전자동 셀프 약국을 연구하고 개발하여 운영하고 있고, 약 배달 앱 (APP)인 '叮当快药'를 비롯해 온라인 의료 앱(APP)인 '平安好医'를 통해 의료 상담을 받고 처방전을 받을 수도 있답니다.

부록의 421쪽 Final check로 확인 학습까지 꼭!!!

1 다음 중국어와 우리말 뜻을 바르게 연결하세요.

① 药店 •　　　　　• 알
② 药师 •　　　　　• 약을 처방하다
③ 开药 •　　　　　• 진통제
④ 片 •　　　　　• 약사
⑤ 止痛药 •　　　　• 약국

2 알맞은 병음을 적어보세요.
① 退烧药 _____　② 感冒药 _____
③ 服用 _____　　④ 饭后 _____

3 알맞은 중국어를 적어보세요.
① 빈 속 _____　　② 소독약 _____
③ 연고 _____　　④ 반창고 _____

4 빈칸에 들어갈 알맞은 중국어를 고르세요.

보기　　　　　　效果　　好使

① 打针吃药也没有什么 _____。
주사를 맞고 약을 먹어도 별 효과가 없다.

② 医生告诉我的治疗方法特别 _____。
의사가 나에게 알려준 치료법이 특히 효과가 좋다.

정답

1 ①-약국　②-약사　③-약을 처방하다 ④-알　⑤-진통제
2 ① tuìshāoyào　② gǎnmàoyào　③ fúyòng　④ fànhòu
3 ① 空腹　② 消毒药水　③ 药膏　④ 创可贴
4 ① 效果　② 好使

작년도 올해도
어김없이 다이어트

DAY 35
MP3 바로 듣기

오늘의 재미난 표현!

• 力不从心
  lìbùcóngxīn

직역하면 '할 마음을 있는데 몸 혹은 능력이 따라주지 않는다'라는 뜻의 성어이다.
어떤 일을 해결하거나 실행하고 싶은 생각은 굴뚝같은데 몸이나 체력이 따라주지
않거나 능력이 되지 않아 할 수 없을 때 쓰기도 한다. 운동을 할 마음은 있으나 몸
이 따라주지 않을 때 쓰기 딱 좋은 성어가 아닐까?

예 我想运动，但经常感觉力不从心，没什么力气。
   저는 운동을 하고 싶은데 늘 몸이 따라주지 않는 것 같고 기운이 없어요.

健康
0708 ☐☐☐
jiànkāng
명 건강

健康是生活的本钱。
Jiànkāng shì shēnghuó de běnqián.
건강은 생활의 밑천이다.

减肥
0709 ☐☐☐
jiǎn féi
동 다이어트하다

从明天开始，我要减肥。
Cóng míngtiān kāishǐ, wǒ yào jiǎn féi.
내일부터 나는 다이어트를 할 거야.

体重
0710 ☐☐☐
tǐzhòng
명 체중, 몸무게

你的体重刚刚好。
Nǐ de tǐzhòng gānggāng hǎo.
당신의 체중은 딱 좋아요.

锻炼
0711 ☐☐☐
duànliàn
동 운동하다, 단련하다

工作再忙也要适当地锻炼。
Gōngzuò zài máng yě yào shìdàng de duànliàn.
일이 아무리 바빠도 적당히 운동해야 한다.

热身
0712 ☐☐☐
rè shēn
동 워밍업하다

开始之前，一定要做热身运动。
Kāishǐ zhīqián, yídìng yào zuò rè shēn yùndòng.
시작하기 전에 반드시 워밍업하는 운동을 해야 한다.

跑步
0713 ☐☐☐
pǎo bù
동 달리다

我每天早上跑步，坚持了一年。
Wǒ měitiān zǎoshang pǎo bù, jiānchí le yì nián.
나는 매일 아침 달리기를 1년 동안 해왔다.

跳绳 0714 ☐☐☐
tiàoshéng
명 줄넘기

跳绳是一项全身运动。
Tiàoshéng shì yí xiàng quánshēn yùndòng.
줄넘기는 일종의 전신 운동이다.

健身 0715 ☐☐☐
jiànshēn
동 헬스하다

健身已经成为我生活的一部分。
Jiànshēn yǐjing chéngwéi wǒ shēnghuó de yí bùfen.
헬스하는 건 이미 내 생활의 일부가 되었다.

瑜伽 0716 ☐☐☐
yújiā
명 요가

练瑜伽对身心都有好处。
Liàn yújiā duì shēnxīn dōu yǒu hǎochù.
요가를 하면 몸과 마음에 다 좋다.

拉伸 0717 ☐☐☐
lā shēn
동 스트레칭하다

拉伸运动有助于提高身体的柔韧性。
Lā shēn yùndòng yǒuzhùyú tí gāo shēntǐ de róurènxìng.
스트레칭은 몸의 유연성을 높이는 데 도움이 된다.

深蹲 0718 ☐☐☐
shēndūn
명 스쾃(squat)

深蹲可以锻炼大腿和臀部。
Shēndūn kěyǐ duànliàn dàtuǐ hé túnbù.
스쾃은 허벅지와 엉덩이를 단련시킬 수 있다.

普拉提 0719 ☐☐☐
pǔlātí
명 필라테스

最近很多男性朋友也练普拉提。
Zuìjìn hěn duō nánxìng péngyou yě liàn pǔlātí.
요즘은 남자들도 필라테스를 많이 한다.

自行车
0720 ☐☐☐
zìxíngchē
명 자전거

骑自行车是一项很好的有氧运动。
Qí zìxíngchē shì yí xiàng hěn hǎo de yǒuyǎng-yùndòng.
자전거를 타는 건 좋은 유산소 운동이다.

➕ 动感单车 dònggǎn dānchē 스피닝, 실내 사이클링

游泳
0721 ☐☐☐
yóu yǒng
동 수영하다

游泳可以增加肺活量。
Yóu yǒng kěyǐ zēngjiā fèihuóliàng.
수영은 폐활량을 늘릴 수 있다.

高尔夫球
0722 ☐☐☐
gāo'ěrfū qiú
명 골프

打高尔夫球太难了，我总是打不到。
Dǎ gāo'ěrfū qiú tài nán le, wǒ zǒngshì dǎbudào.
골프 치는 게 너무 어렵다, 나는 아무래도 못 치겠다.

坚持
0723 ☐☐☐
jiānchí
동 지속하다

不管做任何运动，坚持下去最重要。
Bùguǎn zuò rènhé yùndòng, jiānchí xiàqu zuì zhòngyào.
어떤 운동을 하든지 꾸준히 하는 게 가장 중요하다.

出汗
0724 ☐☐☐
chū hàn
동 땀이 나다

出汗了不要马上吹空调。
Chū hàn le búyào mǎshàng chuī kòngtiáo.
땀이 났으니 바로 에어컨을 쐬지 마세요.

喘气
0725 ☐☐☐
chuǎn qì
동 호흡하다, 숨을 돌리다

做运动的时候，喘气也需要练习。
Zuò yùndòng de shíhou, chuǎn qì yě xūyào liànxí.
운동을 할 때는 호흡하는 것도 연습이 필요하다.

成功

0726 □□□

chénggōng

동 성공하다

我相信这次减肥一定会成功的。
Wǒ xiāngxìn zhè cì jiǎn féi yídìng huì chénggōng de.
나는 이번 다이어트는 반드시 성공할 것이라고 믿는다.

단어 플러스 ▶ 운동의 종류와 목표

종류

- 居家健身 jūjiā jiànshēn 홈 트레이닝
- 力量训练 lìliàng xùnliàn 웨이트 트레이닝
- 有氧运动 yǒuyǎng yùndòng 유산소 운동

목표

- 减脂 jiǎn zhī 지방을 줄이다
- 增肌 zēng jī 근육량을 늘리다
- 苹果臀 píngguǒ tún 애플 힙

1 다음 중국어와 우리말 뜻을 바르게 연결하세요.

① 健康 ·   · 워밍업하다

② 减肥 ·   · 다이어트하다

③ 体重 ·   · 단련하다

④ 锻炼 ·   · 건강

⑤ 热身 ·   · 체중

2 알맞은 병음을 적어보세요.

① 跑步 _____   ② 健身 _____

③ 跳绳 _____   ④ 瑜伽 _____

3 알맞은 중국어를 적어보세요.

① 스트레칭하다 _____   ② 스쾃(squat) _____

③ 필라테스 _____   ④ 수영하다 _____

4 빈칸에 들어갈 알맞은 중국어를 고르세요.

보기   出汗   成功

① 我相信这次减肥一定会 _____ 的。

나는 이번 다이어트는 반드시 성공할 것이라고 믿는다.

② _____ 了不要马上吹空调。

땀이 났으니 바로 에어컨을 쐬지 마세요.

정답 --

1 ①-건강   ②-다이어트하다 ③-체중   ④-단련하다   ⑤-워밍업하다

2 ① pǎo bù   ② jiànshēn   ③ tiàoshéng   ④ yújiā

3 ① 拉伸   ② 深蹲   ③ 普拉提   ④ 游泳

4 ① 成功   ② 出汗

관객 수보다 중요한 건?

DAY 36
MP3 바로 듣기

오늘의 재미난 표현!

- 票房
  piàofáng

직역하면 '매표소 티켓 판매액'이라는 뜻으로 '흥행 성적', '흥행 수입'을 의미한다.
한국에서 관객 수로 영화의 흥행 정도를 집계하는 것과는 달리 중국에서는 티켓의
판매액, 판매 수익으로 영화의 성공 여부를 판단하고 집계한다.

예 这个导演的电影票房又破纪录了。

이 감독의 영화 흥행 수입은 또 기록을 경신했다.

电影院

0727 ☐☐☐

电影院
diànyǐngyuàn
몡 영화관

周末电影院坐满了人。
Zhōumò diànyǐngyuàn zuò mǎn le rén.
주말에 영화관은 사람들로 꽉 찼다.

0728 ☐☐☐

上映
shàngyìng
됨 (새 영화를) 개봉하다,
상영하다

我想看的电影终于上映了。
Wǒ xiǎng kàn de diànyǐng zhōngyú shàngyìng le.
내가 보고 싶었던 영화가 드디어 개봉했다.

0729 ☐☐☐

电影票
diànyǐngpiào
몡 영화표

最近的电影票价格越来越高。
Zuìjìn de diànyǐngpiào jiàgé yuèláiyuè gāo.
최근 영화표 가격이 갈수록 오르고 있다.

0730 ☐☐☐

售票处
shòupiàochù
몡 매표소

大家都在网上订票，不去售票处。
Dàjiā dōu zài wǎngshang dìng piào, bú qù shòupiào chù.
모두 인터넷에서 표를 예매하고, 매표소에 가지 않는다.

0731 ☐☐☐

早场
zǎochǎng
몡 조조 상영

看早场会有优惠。
Kàn zǎochǎng huì yǒu yōuhuì.
조조 상영 관람 시 혜택이 있다.

➕ 晚场 wǎnchǎng 심야 상영, 야간 상영

0732 ☐☐☐

类型
lèixíng
몡 장르, 유형

我什么类型的电影都喜欢。
Wǒ shénme lèixíng de diànyǐng dōu xǐhuan.
나는 어떤 장르의 영화든지 다 좋아한다.

剩
shèng
동 남다

0733 ☐☐☐

现在就剩下最后一排的位子了。
Xiànzài jiù shèng xià zuìhòu yì pái de wèizi le.
지금은 제일 뒷줄 좌석만 남았다.

座位
zuòwèi
명 자리

0734 ☐☐☐

应该坐在指定的座位上看电影。
Yīnggāi zuò zài zhǐdìng de zuòwèi shang kàn diànyǐng.
반드시 지정된 자리에 앉아서 영화를 봐야 한다.

座号
zuòhào
명 좌석 번호

0735 ☐☐☐

进去以后，一定要看好座号。
Jìnqu yǐhòu, yídìng yào kàn hǎo zuòhào.
들어간 후에는 좌석 번호를 잘 봐야 한다.

爆米花
bàomǐhuā
명 팝콘

0736 ☐☐☐

看电影怎么能少得了爆米花?
Kàn diànyǐng zěnme néng shǎodeliǎo bàomǐhuā?
영화를 볼 때 어떻게 팝콘이 빠질 수 있니?

可乐
kělè
명 콜라

0737 ☐☐☐

我要喝零度可乐。
Wǒ yào hē língdù kělè.
나는 제로 콜라로 마실 것이다.

预告片
yùgàopiàn
명 예고편(트레일러)

0738 ☐☐☐

现在是放预告片的时间。
Xiànzài shì fàng yùgàopiàn de shíjiān.
지금은 예고편을 틀어주는 시간이다.

字幕
0739 ☐☐☐
zìmù
몡 자막

你不用担心，外国电影会有字幕。
Nǐ búyòng dān xīn, wàiguó diànyǐng huì yǒu zìmù.
걱정하지 마, 외국 영화에는 자막이 나와.

翻译
0740 ☐☐☐
fānyì
통 번역하다

这部电影翻译得很到位。
Zhè bù diànyǐng fānyì de hěn dào wèi.
이 영화는 번역이 훌륭하다.

配音
0741 ☐☐☐
pèi yīn
통 더빙하다

我不太喜欢看配音版的电影。
Wǒ bú tài xǐhuan kàn pèi yīn bǎn de diànyǐng.
나는 더빙판 영화를 별로 좋아하지 않는다.

感人
0742 ☐☐☐
gǎnrén
톙 감동적이다

这个场面太感人了！
Zhège chǎngmiàn tài gǎnrén le!
이 장면은 너무 감동적이야!

安全通道
0743 ☐☐☐
ānquán tōngdào
비상 통로

一定要看清楚安全通道在哪里。
Yídìng yào kàn qīngchu ānquán tōngdào zài nǎli.
반드시 비상 통로가 어디 있는지 똑똑히 봐둬야 한다.

试映会
0744 ☐☐☐
shìyìnghuì
몡 시사회

今天的试映会来了很多明星。
Jīntiān de shìyìnghuì lái le hěn duō míngxīng.
오늘 시사회에 많은 스타들이 왔다.

0745 ☐☐☐

开拍
kāi pāi

동 크랭크 인하다,
촬영을 시작하다

这部电影还没开拍就受到了关注。
Zhè bù diànyǐng hái méi kāi pāi jiù shòudào le guānzhù.
이 영화는 촬영을 시작하기도 전에 주목을 받았다.

➕ **封镜** fēngjìng 크랭크 업, (영화) 촬영이 종료되다
➕ **杀青** shāqīng 크랭크 업, (영화) 촬영이 종료되다

▸▸▸ 단어 플러스 ▶ **다양한 영화 장르**

- **大片** dàpiàn 대작
- **国产片** guóchǎn piàn 국내 영화
- **外国片** wàiguó piàn 외국 영화(=海外电影)
- **文艺片** wényì piàn 문예 영화, 예술 영화(상업 영화와 반대되는 영화)
- **商业片** shāngyè piàn 상업 영화
- **动作片** dòngzuò piàn 액션 영화
- **恐怖片** kǒngbù piàn 공포 영화
- **爱情片** àiqíng piàn 로맨스 영화
- **喜剧片** xǐjù piàn 코미디 영화
- **科幻片** kēhuàn piàn SF영화
- **贺岁片** hèsuì piàn 매년 새해를 맞이해 새해 전후로 개봉하는 영화
- **音乐片** yīnyuè piàn 뮤지컬(musical) 영화
- **古装片** gǔzhuāng piàn 사극 영화, 시대극 영화

1 다음 중국어와 우리말 뜻을 바르게 연결하세요.

① 电影院 ·   · 조조상영

② 上映 ·   · 매표소

③ 电影票 ·   · 영화표

④ 售票处 ·   · 영화관

⑤ 早场 ·   · 개봉하다

2 알맞은 병음을 적어보세요.

① 类型 _____ ② 剩 _____

③ 座位 _____ ④ 座号 _____

3 알맞은 중국어를 적어보세요.

① 팝콘 _____ ② 예고편 _____

③ 콜라 _____ ④ 번역하다 _____

4 빈칸에 들어갈 알맞은 중국어를 고르세요.

> 보기   配音 感人

① 这个场面很 _____ !

이 장면은 너무 감동적이야!

② 我不太喜欢看 _____ 版的电影。

나는 더빙판 영화를 별로 좋아하지 않는다.

정답

1 ①-영화관 ②-개봉하다 ③-영화표 ④-매표소 ⑤-조조상영

2 ① lèixíng ② shèng ③ zuòwèi ④ zuòhào

3 ① 爆米花 ② 预告片 ③ 可乐 ④ 翻译

4 ① 感人 ② 配音

노래방에선
나도 1위 가수

DAY 37
MP3 바로 듣기

오늘의 재미난 **표현!**

- 麦霸
  màibà

우리 주변에 한 명은 있을 법한 인물을 묘사하는 단어로 '노래방에 가서 노래하는 것을 좋아하는 사람' 또는 '노래방에 가면 마이크를 잡고 놓지 않는 사람'을 뜻하는 단어이다. '麦'는 '麦克风(마이크)'에서 따오고 '霸'는 '霸王(패왕)'에서 따와 결합한 단어이다.

예 他从头唱到尾，真是个麦霸。
   그는 처음부터 (노래방) 나올 때까지 부르네. 정말 노래하는 걸 좋아하는 사람이야.

0746 ☐☐☐

唱歌 ★
chàng gē
동 노래하다

我喜欢跟朋友们一起去唱歌。
Wǒ xǐhuan gēn péngyoumen yìqǐ qù chàng gē.
나는 친구들과 함께 노래 부르러 가는 걸 좋아한다.

중국에선 노래방을 보통 KTV라고 불러요. 노래방 안에 슈퍼마켓이 있고, 방값은 별도로 내고 음식이나 음료수는 바로 이 슈퍼마켓에서 사먹는데 이를 '量贩KTV(liàngfàn KTV)'라고 해요.

0747 ☐☐☐

麦克
màikè
명 마이크

这家店没有无线麦克。
Zhè jiā diàn méiyǒu wúxiàn màikè.
이 가게에는 무선 마이크가 없다.

0748 ☐☐☐

包间
bāojiān
명 (노래방의) 룸, 방

这个包间太小了，我们坐不下。
Zhège bāojiān tài xiǎo le, wǒmen zuòbuxià.
이 룸은 너무 작아서 우리 모두가 앉을 수가 없어.

0749 ☐☐☐

点歌
diǎn gē
동 선곡하다

你想唱什么？我帮你点歌。
Nǐ xiǎng chàng shénme? Wǒ bāng nǐ diǎn gē.
너는 뭐 부르고 싶어? 내가 선곡하는 거 도와줄게.

0750 ☐☐☐

切歌
qiē gē
노래를 끊다

别人唱歌的时候不要乱切歌。
Biérén chàng gē de shíhou búyào luàn qiē gē.
다른 사람이 노래할 때, 함부로 노래를 끊지 마.

调音 0751 □□□
tiáo yīn
통 음을 맞추다, 튜닝하디

原调太高了，我要调音。
Yuán diào tài gāo le, wǒ yào tiáo yīn.
원 키가 너무 높아서, 음을 맞춰야 겠어.

➕ 升调 shēng diào 음을 올리다
➕ 降调 jiàng diào 음을 내리다

跑调 0752 □□□
pǎo diào
음 이탈 나다

他唱歌总是跑调。
Tā chàng gē zǒngshì pǎo diào.
그는 노래를 부를 때 항상 음 이탈이 난다.

难听 0753 □□□
nántīng
형 듣기 괴롭다, 듣기 싫다

你唱歌唱得太难听了。
Nǐ chàng gē chàng de tài nántīng le.
네가 부르는 노래는 너무 듣기 괴롭다.

歌曲 0754 □□□
gēqǔ
명 노래

这首歌在歌曲排行榜是第一名。
Zhè shǒu gē zài gēqǔ páihángbǎng shì dì-yī míng.
이 노래는 가요 차트에서 1등이다.

流行 0755 □□□
liúxíng
통 유행하다

最近这首歌很流行，到哪儿都能听到。
Zuìjìn zhè shǒu gē hěn liúxíng, dào nǎr dōu néng tīng dào.
요즘 이 노래가 유행이라 가는 곳마다 들을 수 있다.

歌词 0756 □□□
gēcí
명 가사

我听不清楚歌词在说什么。
Wǒ tīng bu qīngchu gēcí zài shuō shénme.
가사가 뭐라고 하는 건지 잘 들리지 않는다.

情歌
0757 □□□

qínggē

명 발라드. 연가

我不太喜欢唱情歌。
Wǒ bú tài xǐhuan chàng qínggē.
나는 발라드 부르는 걸 그다지 좋아하지 않는다.

说唱
0758 □□□

shuōchàng

명 랩

我最近迷上了说唱，听很多嘻哈音乐。
Wǒ zuìjìn mí shàng le shuōchàng, tīng hěn duō xīhā yīnyuè.
나는 요즘 랩에 빠져서, 힙합을 많이 듣는다.

解压
0759 □□□

jiě yā

동 스트레스를 풀다

周末出去见见朋友，能够解压。
Zhōumò chūqu jiànjian péngyou, nénggòu jiě yā.
주말에 친구를 만나러 나가면 스트레스가 풀린다.

通宵
0760 □□□

tōngxiāo

명 밤샘. 철야

明天还要上班呢，不能通宵。
Míngtiān hái yào shàng bān ne, bù néng tōngxiāo.
내일 또 출근해야 하니까 밤샘할 수는 없어요.

哑
0761 □□□

yǎ

형 목이 쉬다

昨天玩得太疯了，嗓子都哑了。
Zuótiān wán de tài fēng le, sǎngzi dōu yǎ le.
어제 너무 미친듯이 놀아서 목이 다 쉬었다.

投币练歌房
0762 □□□

tóubì liàngēfáng

코인 노래방

咱们吃完饭去投币练歌房唱歌吧。
Zánmen chī wán fàn qù tóubì liàngēfáng chàng gē ba.
우리 밥 먹고 코인 노래방에 가서 노래하자.

KTV가 맛집이라고요?

중국에서 노래방을 KTV라고 하는데 한국의 노래방과 다른 점이 몇 가지 있어요.

첫 번째는 바로 한국과 다르게 음식을 주문할 수 있다는 점인데요. 한국 노래방은 간단한 음료, 주류, 안주 정도만 판매하지만 중국에선 다양한 음식을 주문할 수 있어요. 게다가 주문한 음식이 또 그렇게 맛있어서 맛집이 따로 없습니다. 주로 고급스러운 실내 인테리어와 분위기를 자랑하는 곳이 많기 때문에 친구들과 생일파티를 주로 KTV에서 하기도 해요.

두 번째는 노래방 화면인데요. 코로나가 시작되면서 비교적 QR코드를 많이 사용하기 시작한 한국과 달리 중국은 코로나 이전부터 QR코드를 많이 사용했어요. 그중에 하나가 바로 QR코드로 노래를 예약할 수 있다는 거예요. 노래방 화면에 떠있는 QR코드를 위챗(微信)으로 스캔하면 KTV가 친구로 추가되면서 각자의 휴대폰으로 노래를 예약할 수 있어요. 마이크 음량이나 취소와 같은 리모컨의 역할을 다 할 수 있는 거죠. 한국과 다른 아주 아쉬운 기능이 딱 하나 있는데요. 그게 바로 간주 점프 기능입니다. 중국 노래방 기계에는 간주 점프 기능이 없어요.

과거 KTV의 주 고객이었던 2030세대에게 '密室逃脱(방탈출 게임)'이나 '剧本杀(중국판 마피아 게임)'과 같은 다양하고 색다른 취미와 놀거리들이 생겨나면서 KTV 업계의 주 고객이 변경되었어요. 바로 5060세대죠. 한국과 마찬가지로 중국 역시 장년층이 늘어나면서 어르신들의 취미나 여가 생활에도 많은 변화가 생기는 것 같다는 생각이 드네요.

1 다음 중국어와 우리말 뜻을 바르게 연결하세요.

① 唱歌 •   • 마이크

② 麦克 •   • (노래방의) 룸

③ 包间 •   • 선곡하다

④ 点歌 •   • 노래하다

⑤ 切歌 •   • 노래를 끊다

2 알맞은 병음을 적어보세요.

① 调音 _____   ② 跑调 _____

③ 难听 _____   ④ 歌曲 _____

3 알맞은 중국어를 적어보세요.

① 유행하다 _____   ② 발라드 _____

③ 가사 _____   ④ 랩 _____

4 빈칸에 들어갈 알맞은 중국어를 고르세요.

> 보기   解压   通宵

① 明天还要上班呢，不能 _____。
   내일 또 출근해야 하니까 밤샘할 수는 없어요.

② 周末出去见见朋友，能够 _____。
   주말에 친구를 만나러 나가면 스트레스가 풀린다.

정답

1 ①-노래하다   ②-마이크   ③-(노래방의) 룸   ④-선곡하다   ⑤-노래를 끊다
2 ① tiáo yīn   ② pǎo diào   ③ nántīng   ④ gēqǔ
3 ① 流行   ② 情歌   ③ 歌词   ④ 说唱
4 ① 通宵   ② 解压

술이 들어간다
쭉쭉쭉♬

오늘의 재미난 표현!

• 海量
  hǎiliàng

'도량이 넓은 사람'이나 '술을 마셔도 취하지 않는 사람'이라는 뜻으로 쓰인다. 상대방에게 실수에 대한 양해를 바랄 때는 '海量包涵'이라고 쓰며 '넓은 아량으로 양해해 주시길 바랍니다'라는 의미이다.

예 你真是海量，怎么喝都不醉。
   정말 술을 잘 마시네요, 아무리 마셔도 취하지 않네요.

酒吧
jiǔbā
명 술집

0763 ☐☐☐

他最近天天泡在酒吧里。
Tā zuìjìn tiāntiān pào zài jiǔbā li.
그는 요즘 매일 술집에 틀어박혀 있다.

夜店 ★
yèdiàn
명 클럽

0764 ☐☐☐

我还没有去过夜店。
Wǒ hái méiyǒu qù guo yèdiàn.
나는 아직 클럽에 가본 적이 없다.

> 중국에서 '857'은 '클럽 가자'라는 의미로 통용되는데요. 첫 번째 이유는 중국에서 유행하는 클럽 음악 〈bow chi bow〉의 발음과 숫자 '857(bā wǔ qī)'의 발음이 비슷하기 때문이라고 해요. 두 번째 이유로는 '晚上8点去Club, 凌晨5点回来, 一周去7次(저녁 8시에 클럽 가서, 새벽 5시에 돌아오고, 일주일에 7번을 간다)'는 의미에서 '클럽 가자'라는 의미로 쓰인다고 해요.

喝酒
hē jiǔ
동 술을 마시다

0765 ☐☐☐

喝酒喝到七分醉就好。
Hē jiǔ hē dào qī fēn zuì jiù hǎo.
70% 정도 취할 만큼만 술을 마시는 게 제일 좋다.

酒精
jiǔjīng
명 알코올

0766 ☐☐☐

你喝酒喝太多了，小心酒精中毒。
Nǐ hē jiǔ hē tài duō le, xiǎoxīn jiǔjīng zhòng dú.
너는 술을 너무 많이 마셨어, 알코올 중독 조심해.

度数
dùshu
명 도수

0767 ☐☐☐

白酒的度数太高了。
Báijiǔ de dùshu tài gāo le.
바이주의 도수는 너무 높다.

啤酒
0768 ☐☐☐

píjiǔ

명 맥주

我最喜欢喝啤酒。
Wǒ zuì xǐhuan hē píjiǔ.
나는 맥주 마시는 걸 제일 좋아한다.

扎啤
0769 ☐☐☐

zhāpí

명 생맥주

夏天到了，怎么能少得了扎啤。
Xiàtiān dào le, zěnme néng shǎodeliǎo zhāpí.
여름이 왔는데, 어떻게 생맥주가 빠질 수 있겠는가.

白酒
0770 ☐☐☐

báijiǔ

명 바이주

这种白酒喝多了也不上头。
Zhè zhǒng báijiǔ hē duō le yě bú shàng tou.
이 바이주는 많이 마셔도 머리가 아프지 않다.

葡萄酒
0771 ☐☐☐

pútáojiǔ

명 포도주, 와인

吃牛排要配上葡萄酒。
Chī niúpái yào pèi shàng pútáojiǔ.
스테이크를 먹을 때는 포도주를 곁들여야 한다.

鸡尾酒
0772 ☐☐☐

jīwěijiǔ

명 칵테일

尝一尝我调的鸡尾酒。
Cháng yi cháng wǒ tiáo de jīwěijiǔ.
내가 만든 칵테일 좀 마셔봐.

伏特加
0773 ☐☐☐

fútèjiā

명 보드카

这里面伏特加加得太多了。
Zhè lǐmian fútèjiā jiā de tài duō le.
여기 보드카가 너무 많이 들어갔다.

起子
0774 □□□
qǐzi
명 오프너, 병따개

把那个瓶起子递给我。
Bǎ nàge píng qǐzi dì gěi wǒ.
그 오프너 좀 나에게 건네 줘.

倒
0775 □□□
dào
통 따르다

自己倒酒罚三杯。
Zìjǐ dào jiǔ fá sān bēi.
스스로 술을 따르면 벌주 세 잔이다.

敬
0776 □□□
jìng
통 올리다

我先敬您一杯酒。
Wǒ xiān jìng nín yì bēi jiǔ.
제가 먼저 당신에게 술을 한 잔 올리겠습니다.

干杯 ★
0777 □□□
gān bēi
통 원샷 하다, 잔 비우다

我干杯，你随意。
Wǒ gān bēi, nǐ suíyì.
난 원샷 할게, 넌 마실만큼만 마셔(마음대로 해).

중국 드라마에 건배사로 나온 표현이기도 한 '不醉不归(bú zuì bù guī)'는 '취할 때까지 마시자, 안 취하면 집에 못 간다'라는 의미예요

酒量
0778 □□□
jiǔliàng
명 주량

他的酒量很大。
Tā de jiǔliàng hěn dà.
그의 주량은 정말 세다.

➕ 海量 hǎiliàng 대주가, 말술

酒鬼
0779 □□□
jiǔguǐ
명 술고래, 술꾼

你真是一个不折不扣的酒鬼。
Nǐ zhēn shì yí ge bùzhé-búkòu de jiǔguǐ.
너는 정말 영락없는 술고래다.

醉
0780 ☐☐☐

zuì
⑧ 취하다

不要喝得太醉，适量就好。
Búyào hē de tài zuì, shìliàng jiù hǎo.
너무 취할 정도로 마시지 말고, 적당히 마시면 돼.

耍酒疯
0781 ☐☐☐

shuǎ jiǔfēng
술주정 부리다

喝醉了不要紧，但不能耍酒疯。
Hē zuì le búyàojǐn, dàn bùnéng shuǎ jiǔfēng.
취해도 상관없는데 술주정을 부리면 안 된다.

断片儿
0782 ☐☐☐

duàn piānr
필름이 끊기다

昨天晚上我好像又断片儿了。
Zuótiān wǎnshàng wǒ hǎoxiàng yòu duànpiànr le.
어젯밤에 나는 또 필름이 끊긴 것 같다.

上头
0783 ☐☐☐

shàng tóu
⑧ (술을 마신 뒤) 머리가 아프다,
취기가 오르다

我喜欢喝酒，但是就怕第二天上头。
Wǒ xǐhuan hē jiǔ, dànshì jiù pà dì'èrtiān shàng tóu.
나는 술 마시는 걸 좋아하지만 다음날 머리가 아프게 두렵다.

단어 플러스 ▶ 다양한 술의 종류

- 烧酒 shāojiǔ 소주
- 米酒 mǐjiǔ 막걸리
- 气泡酒 qìpàojiǔ 스파클링 와인
- 红酒 hóngjiǔ 와인
- 果酒 guǒjiǔ 과실주
- 黑啤酒 hēi píjiǔ 흑맥주
- 精酿啤酒 jīngniàng píjiǔ 수제 맥주, 크래프트 비어

1 다음 중국어와 우리말 뜻을 바르게 연결하세요.

① 酒吧 ・　　　　　　　・ 도수

② 喝酒 ・　　　　　　　・ 맥주

③ 酒精 ・　　　　　　　・ 술을 마시다

④ 度数 ・　　　　　　　・ 알코올

⑤ 啤酒 ・　　　　　　　・ 술집

2 알맞은 병음을 적어보세요.

① 扎啤 _____　　② 葡萄酒 _____

③ 白酒 _____　　④ 鸡尾酒 _____

3 알맞은 중국어를 적어보세요.

① 보드카 _____　　② 따르다 _____

③ 오프너 _____　　④ 올리다 _____

4 빈칸에 들어갈 알맞은 중국어를 고르세요.

> **보기** 　　　　酒量　　　酒鬼

① 你真是一个不折不扣的 _____。

너는 정말 영락없는 술고래다.

② 他的 _____ 很大。

그의 주량은 정말 세다.

정답

1 ①-술집　　②-술을 마시다　　③-알코올　　④-도수　　⑤-맥주

2 ① zhāpí　　② pútáojiǔ　　③ báijiǔ　　④ jīwěijiǔ

3 ① 伏特加　　② 倒　　③ 起子　　④ 敬

4 ① 酒鬼　　② 酒量

내 마음도
롤러코스터

DAY 39
MP3 바로 듣기

오늘의 재미난 표현!

- 坐过山车
  zuò guòshānchē

  직역하면 '롤러코스터를 타다'라는 뜻이지만 기분이나 심정이 갑자기 오르락 내리락 할 때도 비유적인 표현으로 쓴다.

  예 最近的心情就像是坐过山车一样。
  요즘 기분이 롤러코스터를 타는 것 같아요.

游乐园
0784 ☐☐☐
yóulèyuán
몡 놀이공원

儿童节要带着孩子去游乐园。
Értóng Jié yào dài zhe háizi qù yóulèyuán.
어린이날에는 아이를 데리고 놀이공원에 가야한다.

心动
0785 ☐☐☐
xīndòng
통 가슴이 설레다

好久没有出去玩了，好心动啊。
Hǎojiǔ méiyǒu chūqu wán le, hǎo xīndòng a.
오랫동안 놀러 가지 않았더니 설렌다.

门票
0786 ☐☐☐
ménpiào
몡 입장권

我提前买好了门票。
Wǒ tíqián mǎi hǎo le ménpiào.
나는 입장권을 미리 샀다.

一卡通 ★
0787 ☐☐☐
yìkǎtōng
몡 프리패스 카드,
일일 자유 이용권,
통합 카드

买一卡通会更划算一些。
Mǎi yìkǎtōng huì gèng huásuàn yìxiē.
프리패스 카드를 구매하는 게 훨씬 이익이야.

> 놀이공원에서 '一卡通(yìkǎtōng)' 또는 '一日通(yírìtōng)'이라 불리는 '프리패스 카드'는 지역별로 다르게 불려요. 한국의 '일일 자유 이용권'과 비슷한 의미예요.

地图
0788 ☐☐☐
dìtú
몡 지도

我在手机上下载了地图。
Wǒ zài shǒujī shang xiàzài le dìtú.
나는 휴대폰에 지도를 다운로드했다.

攻略
0789 ☐☐☐
gōnglüè
몡 공략법(가이드)

你先看一下攻略，可以节省时间。
Nǐ xiān kàn yíxià gōnglüè, kěyǐ jiéshěng shíjiān.
네가 먼저 공략법(가이드)를 보면 시간을 절약할 수 있어.

0790 □□□

过山车
guòshānchē
圐 롤러코스터

我胆子小，不敢坐过山车。
Wǒ dǎnzi xiǎo, bùgǎn zuò guòshānchē.
나는 담이 작아서 롤러코스터는 못탄다.

0791 □□□

旋转木马
xuánzhuǎn mùmǎ
회전목마

旋转木马一点儿都不刺激。
Xuánzhuǎn mùmǎ yìdiǎnr dōu bú cìjī.
회전목마는 조금도 자극적이지 않다.

0792 □□□

激流勇进
jīliú yǒng jìn
후룸라이드

玩了激流勇进，衣服都湿透了。
Wán le jīliú yǒng jìn, yīfu dōu shī tòu le.
후룸라이드를 타서 옷이 모두 흠뻑 젖었다.

0793 □□□

海盗船
hǎidàochuán
바이킹

坐完海盗船，我想吐。
Zuò wán hǎidàochuán, wǒ xiǎng tù.
바이킹을 타니까 나 토하고 싶다.

0794 □□□

碰碰车
pèngpengchē
범퍼 카(bumper car)

孩子们非常喜欢开碰碰车。
Háizimen fēicháng xǐhuan kāi pèngpengchē.
아이들은 범퍼카 운전하는 걸 매우 좋아한다.

0795 □□□

跳楼机
tiàolóujī
자이로드롭

跳楼机太恐怖了，我再也不玩儿了。
Tiàolóujī tài kǒngbù le, wǒ zài yě bù wánr le.
자이로드롭은 너무 무서웠어, 나는 다시는 타지 않을 거야.

蹦极
0796 ☐☐☐
bèngjí
몡 번지점프

如果有机会我想尝试蹦极。
Rúguǒ yǒu jīhuì wǒ xiǎng chángshì bèngjí.
만약 기회가 된다면 번지점프를 해보고 싶다.

恐高症
0797 ☐☐☐
kǒnggāozhèng
몡 고소공포증

我有恐高症，所以不能上去。
Wǒ yǒu kǒnggāozhèng, suǒyǐ bùnéng shàngqu.
나는 고소공포증이 있어서 올라갈 수가 없어.

不敢
0798 ☐☐☐
bùgǎn
동 ~할 엄두를 못 내다,
감히 ~하지 못하다

我不敢玩儿危险的游戏。
Wǒ bùgǎn wánr wēixiǎn de yóuxì.
나는 위험한 놀이 기구는(게임은) 엄두도 못 낸다.

烟花
0799 ☐☐☐
yānhuā
몡 불꽃

晚上有烟花秀，我们等等看。
Wǎnshang yǒu yānhuā xiù, wǒmen děngdeng kàn.
저녁에 불꽃 놀이가 있으니 우리 기다렸다가 보자.

好玩
0800 ☐☐☐
hǎowán
혱 재미있다

我觉得安全的游戏最好玩。
Wǒ juéde ānquán de yóuxì zuì hǎowán.
나는 안전한 놀이 기구가(게임이) 가장 재미있다고 생각해.

痛快
0801 ☐☐☐
tòngkuài
혱 실컷 놀다(즐기다),
마음껏 놀다

今天在游乐园玩得很痛快。
Jīntiān zài yóulèyuán wán de hěn tòngkuài.
오늘 놀이공원에서 아주 실컷 놀았다.

水上乐园
0802 ☐☐☐
shuǐshàng lèyuán
워터 파크

夏天怎么可以不去水上乐园。
Xiàtiān zěnme kěyǐ bú qù shuǐshàng lèyuán.
여름에 어떻게 워터 파크에 가지 않을 수 있어.

水滑梯
0803 ☐☐☐
shuǐhuátī
워터 슬라이드

水滑梯排队的人太多了。
Shuǐhuátī pái duì de rén tài duō le.
워터 슬라이드에 줄 서는 사람이 너무 많다.

救生衣
0804 ☐☐☐
jiùshēngyī
명 구명조끼

不会游泳一定要穿好救生衣。
Bú huì yóu yǒng yídìng yào chuān hǎo jiùshēngyī.
수영을 할 줄 모르면 반드시 구명조끼를 입어야 한다.

문화 플러스

중국의 어린이날은 5월 5일?!

중국에도 어린이날이 있어요. '儿童节
(Értóng Jié)'라고 불리는 '아동절'은 6
월 1일이랍니다. 한국과 중국의 어린이
날은 법적 공휴일이 아니에요. 대신 각
학교나 유치원에서 대부분 오전 수업만
진행하며 각종 기념행사를 개최해 즐거
운 어린이날을 보내요.

'한 자녀 갖기' 정책으로 인해 대부분 가정에는 독자로 태어난 외동자녀만 있기 때
문에 어린이 날이 되면 많은 부모들이 아이와 시간을 보내기 위해 외출을 해요. 주
로 아이들이 좋아하는 걸 선물하거나, 함께 백화점이나 식당에 가기도 하고 '游乐
园(놀이공원)' 같은 곳에 가서 시간을 보내요. 덕분에 어린이날에는 백화점이나 식
당, 놀이공원이 인산인해를 이룬답니다.

1 다음 중국어와 우리말 뜻을 바르게 연결하세요.

① 游乐园 ·   · 놀이공원

② 心动 ·   · 입장권

③ 门票 ·   · 프리패스 카드

④ 一卡通 ·   · 가슴이 설레다

⑤ 地图 ·   · 지도

2 알맞은 병음을 적어보세요.

① 攻略 _____   ② 过山车 _____

③ 旋转木马 _____   ④ 激流勇进 _____

3 알맞은 중국어를 적어보세요.

① 바이킹 _____   ② 고소공포증 _____

③ 범퍼카 _____   ④ 번지점프 _____

4 빈칸에 들어갈 알맞은 중국어를 고르세요.

보기   不敢   好玩

① 我 _____ 玩儿危险的游戏。

나는 위험한 놀이 기구는(게임은) 엄두도 못 낸다.

② 我觉得安全的游戏最 _____ 。

나는 안전한 놀이 기구가(게임이) 가장 재미있다고 생각해.

정답

1 ①-놀이공원   ②-가슴이 설레다 ③-입장권   ④-프리패스 카드 ⑤-지도
2 ① gōnglüè   ② guòshānchē   ③ xuánzhuǎn mùmǎ   ④ jīliú yǒng jìn
3 ① 海盗船   ② 恐高症   ③ 碰碰车   ④ 蹦极
4 ① 不敢   ② 好玩

손님 이건
고데기예요

DAY 40
MP3 바로 듣기

오늘의 재미난 **표현!**

• 托尼老师
  Tuōní lǎoshī

'托尼'는 직역하면 영어 이름 '토니'이고, '老师'는 '선생님'이라는 뜻이다. 중국에서 '托尼'라는 영어 이름을 가장 많이 쓴다하여 요즘 이 단어는 인터넷에서 '미용사', 즉 '헤어 디자이너'를 대신하는 표현으로 쓴다.

예 你有专属的托尼老师吗?
　 너는 전속 헤어 디자이너가 있어?

理发店
0805 ☐☐☐

lǐfàdiàn

몡 헤어숍, 미용실

你给我介绍一下理发店。
Nǐ gěi wǒ jièshào yí xià lǐfàdiàn.
나에게 헤어숍 좀 소개해줘.

➕ 美发店 měifàdiàn 미용실

➕ 美容院 měiróngyuàn 미용실

办卡
0806 ☐☐☐

bàn kǎ

됭 카드를 만들다

如果办卡的话，就可以享受更大优惠。
Rúguǒ bàn kǎ de huà, jiù kěyǐ xiǎngshòu gèng dà yōuhuì.
만약에 카드를 만든다면 더 큰 혜택을 받을 수 있다.

发型
0807 ☐☐☐

fàxíng

몡 헤어스타일

这个发型非常适合你的脸型。
Zhège fàxíng fēicháng shìhé nǐ de liǎnxíng.
이 헤어스타일이 당신의 얼굴형에 잘 어울립니다.

发型师
0808 ☐☐☐

fàxíngshī

몡 헤어 디자이너, 미용사

发型师的技术非常重要。
Fàxíngshī de jìshù fēicháng zhòngyào.
헤어 디자이너의 스킬이 아주 중요하다.

头发
0809 ☐☐☐

tóufa

몡 머리카락

你的头发很适合留长发。
Nǐ de tóufa hěn shìhé liú chángfà.
너는 긴 머리가 잘 어울린다.

刘海儿
0810 ☐☐☐

liúhǎir

몡 앞머리

我想留长刘海儿。
Wǒ xiǎng liú cháng liúhǎir.
나는 앞머리를 길게 기르고 싶다.

剪
0811 ☐☐☐
jiǎn
동 자르다

头发太乱了，该剪了。
Tóufa tài luàn le, gāi jiǎn le.
머리가 너무 지저분해서, 잘라야 겠어요.

修
0812 ☐☐☐
xiū
동 다듬다

我只想修一修，不想剪太短。
Wǒ zhǐ xiǎng xiū yi xiū, bù xiǎng jiǎn tài duǎn.
저는 좀 다듬기만 하고, 너무 짧게 자르고 싶지는 않아요.

打薄
0813 ☐☐☐
dǎ báo
숱 치다

你帮我打薄，头发太厚了。
Nǐ bāng wǒ dǎ báo, tóufa tài hòu le.
저 숱 좀 쳐주세요, 머리숱이 너무 많아요.

打层次
0814 ☐☐☐
dǎ céngcì
층을 내다

剪短就好，请不要打层次。
Jiǎn duǎn jiù hǎo, qǐng búyào dǎ céngcì.
짧게 자르기만 하면 되니 층은 내지 마세요.

短发
0815 ☐☐☐
duǎnfà
명 단발머리

短发看起来很精神。
Duǎnfà kàn qǐlai hěn jīngshen.
단발머리가 활기차 보인다.

护理
0816 ☐☐☐
hùlǐ
동 케어하다, 관리하다

头皮也需要日常护理。
Tóupí yě xūyào rìcháng hùlǐ.
두피도 일상적인 케어가 필요하다.

长发
0817 ☐☐☐
chángfà
명 긴 머리

长发护理会很麻烦。
Chángfà hùlǐ huì hěn máfan.
긴 머리는 케어하는 게 번거로울 수 있다.

卷发
0818 ☐☐☐
juǎnfà
명 파마(웨이브)머리, 곱슬머리

卷发看起来很自然。
Juǎnfà kàn qǐlai hěn zìrán.
파마머리가 자연스러워 보인다.

染
0819 ☐☐☐
rǎn
동 염색하다

我想染头发，挑战一种新的颜色。
Wǒ xiǎng rǎn tóufa, tiǎo zhàn yì zhǒng xīn de yánsè.
머리를 염색하려고 하는데 새로운 색에 도전해보고 싶다.

烫
0820 ☐☐☐
tàng
동 파마하다

经常烫头发会损伤发质。
Jīngcháng tàng tóufa huì sǔnshāng fā zhì.
자주 파마하면 머릿결이 상할 수 있어요.

拉直
0821 ☐☐☐
lā zhí
동 (머리를) 펴다, 매직하다

我的头发该做拉直了。
Wǒ de tóufa gāi zuò lā zhí le.
내 머리는 펴줘야 한다.

吹
0822 ☐☐☐
chuī
동 말리다, 드라이하다

头发一定要吹干。
Tóufa yídìng yào chuī gàn.
머리는 반드시 말려야 한다.

洗发水 0823 ☐☐☐
xǐfàshuǐ
몡 샴푸

我非常喜欢这款洗发水的味道。
Wǒ fēicháng xǐhuan zhè kuǎn xǐfàshuǐ de wèidào.
나는 이 샴푸 향을 아주 좋아한다.

护发素 0824 ☐☐☐
hùfàsù
몡 린스

不用每次都用护发素。
Búyòng měi cì dōu yòng hùfàsù.
매번 린스를 사용하지 않아도 된다.

头绳 0825 ☐☐☐
tóushéng
몡 머리끈

运动的时候，用头绳把头发扎起来。
Yùndòng de shíhou, yòng tóushéng bǎ tóufa zhā qǐlai.
운동을 할 때는 머리끈으로 머리를 묶는다.

卷发棒 0826 ☐☐☐
juǎnfàbàng
몡 봉 고데기, 헤어스타일러

新出来的卷发棒很好用。
Xīn chūlai de juǎnfàbàng hěn hǎoyòng.
새로 나온 봉 고데기는 쓰기 편하다

➕ 直板夹 zhíbǎnjiā 판 고데기

🚩 단어 플러스 **다양한 헤어 스타일링**

- 电烫 diàntàng 세팅파마
- 数码烫 shùmǎtàng 디지털 파마
- 补染发根 bǔ rǎn fàgēn 뿌리 염색(= 补根)
- 空气刘海 kōngqì liúhǎi 시스루 뱅
- 齐刘海 qí liúhǎi 일자 뱅
- 八字刘海 bāzì liúhǎi 가르마 앞머리, 오대오 가르마
- 漂头发 piǎo tóufa 탈색

연습 문제

1 다음 중국어와 우리말 뜻을 바르게 연결하세요.

① 理发店 ·   · 헤어 스타일

② 办卡 ·   · 헤어 디자이너

③ 发型师 ·   · 머리

④ 发型 ·   · 헤어숍

⑤ 头发 ·   · 카드를 만들다

2 알맞은 병음을 적어보세요.

① 刘海儿 _____   ② 剪 _____

③ 修 _____   ④ 打薄 _____

3 알맞은 중국어를 적어보세요.

① 층을 내다 _____   ② 단발머리 _____

③ 긴 머리 _____   ④ 파마(웨이브)머리 _____

4 빈칸에 들어갈 알맞은 중국어를 고르세요.

> **보기**   染   烫

① 经常 _____ 头发会损伤发质。

자주 파마하면 머릿결이 상할 수 있어요.

② 我想 _____ 头发，挑战一种新的颜色。

머리를 염색하려고 하는데 새로운 색에 도전해보고 싶다.

정답

1 ①-헤어숍   ②-카드를 만들다 ③-헤어 디자이너 ④-헤어 스타일   ⑤-머리

2 ① liúhǎir   ② jiǎn   ③ xiū   ④ dǎ báo

3 ① 打层次   ② 短发   ③ 长发   ④ 卷发

4 ① 烫   ② 染

나는 ATM이
아니야

DAY 41
MP3 바로 듣기

오늘의 재미난 표현!

• 自动取款机
zìdòng qǔkuǎnjī

단어의 원래 뜻은 '현금 자동 인출기(ATM)'인데 사람이 사람을 상대로 말할 때는 '돈을 뽑는 기계'라는 의미로 쓰일 수도 있다.

예 你是把我当成自动取款机吗?
너는 나를 돈 뽑는 기계로 생각하는 거야?

银行

0827 □□□

yínháng

명 은행

把钱存进银行很安全。

Bǎ qián cún jìn yínháng hěn ānquán.

은행에 돈을 넣어두는 게 안전하다.

窗口

0828 □□□

chuāngkǒu

명 창구

去三号窗口办手续。

Qù sān hào chuāngkǒu bàn shǒuxù.

3번 창구로 가서 수속하세요.

取号机

0829 □□□

qǔhàojī

명 대기 번호표 발행기

在那边的取号机上抽一个号码。

Zài nàbian de qǔhàojī shang chōu yí ge hàomǎ.

저쪽 대기 번호표 발행기에서 번호표를 뽑으세요.

自动取款机

0830 □□□

zìdòng qǔkuǎnjī

명 현금 자동 인출기(ATM)

自动取款机非常方便。

Zìdòng qǔkuǎnjī fēicháng fāngbiàn.

현금 자동 인출기는 아주 편리하다.

存款

0831 □□□

cúnkuǎn

명 **동** 저금(하다)

我是月光族，还没有存款。

Wǒ shì yuèguāngzú, hái méiyǒu cúnkuǎn.

나는 월광족이라 아직 저금을 하지 못했다.

账户

0832 □□□

zhànghù

명 계좌

账户里的钱越来越多，我看着很开心。

Zhànghù li de qián yuèláiyuè duō, wǒ kàn zhe hěn kāi xīn.

계좌 안의 돈이 갈수록 늘어나서 보고 있으면 기분이 좋아.

存折
0833 ☐☐☐
cúnzhé
명 예금 통장

存折一定要好好保管。
Cúnzhé yídìng yào hǎohāo bǎoguǎn.
예금 통장은 꼭 잘 보관해야 한다.

银行卡 ★
0834 ☐☐☐
yínhángkǎ
명 은행 카드

千万不要忘了银行卡密码。
Qiānwàn búyào wàng le yínhángkǎ mìmǎ.
은행 카드 비밀번호를 절대 잊지 마세요.

중국 사람들은 '체크카드'라고 하면 '银行卡(yínhángkǎ)'를 떠올려요. '체크카드'의 정확한 표현은 '借记卡(jièjìkǎ)'라고 해요.

信用卡
0835 ☐☐☐
xìnyòngkǎ
명 신용카드

每个月要定期还信用卡的钱。
Měi ge yuè yào dìngqī huán xìnyòngkǎ de qián.
매달 정기적으로 신용카드 카드값을 갚아야 한다.

转账
0836 ☐☐☐
zhuǎn zhàng
동 계좌 이체하다

一共多少钱？我马上给你转账。
Yígòng duōshao qián? wǒ mǎshàng gěi nǐ zhuǎn zhàng.
전부 얼마야? 내가 바로 너한테 계좌 이체해 줄게.

余额
0837 ☐☐☐
yú'é
명 잔고, 잔액

不好意思，您的余额不够。
Bù hǎoyìsi, nín de yú'é búgòu.
죄송하지만 잔고가 부족합니다.

贷款
0838 ☐☐☐
dài kuǎn
동 대출하다, 대출을 받다

大部分人都是贷款买房子。
Dàbùfen rén dōu shì dài kuǎn mǎi fángzi.
대부분 대출해서 집을 산다.

利息
0839 ☐☐☐

lìxī

명 이자

最近银行的利息很低。
Zuìjìn yínháng de lìxī hěn dī.
요즘은 은행 이자가 정말 낮다.

汇款
0840 ☐☐☐

huì kuǎn

통 송금하다

我还没有给客户汇款。
Wǒ hái méiyǒu gěi kèhù huì kuǎn.
나는 아직 고객에게 송금하지 못했다.

汇率
0841 ☐☐☐

huìlǜ

명 환율

最近美金的汇率上升了。
Zuìjìn Měijīn de huìlǜ shàngshēng le.
최근 달러 환율이 상승했다.

人民币
0842 ☐☐☐

Rénmínbì

고유 인민폐

在中国当然要用人民币。
Zài Zhōngguó dāngrán yào yòng Rénmínbì.
중국에서는 당연히 인민폐를 써야 한다.

韩币
0843 ☐☐☐

Hánbì

고유 한화, 한국 화폐

韩币兑换人民币汇率是多少?
Hánbì duìhuàn Rénmínbì huìlǜ shì duōshao?
한화를 인민폐로 환전하면 환율이 얼마야?

网银
0844 ☐☐☐

wǎngyín

명 인터넷 뱅킹

申请网银会更方便。
Shēnqǐng wǎngyín huì gèng fāngbiàn.
인터넷 뱅킹을 신청하면 더 편할 것이다.

挂失

0845 □□□

guà shī

통 분실 신고를 하다

银行卡丢了，就应该马上挂失。

Yínhángkǎ diū le, jiù yīnggāi mǎshàng guà shī.

은행 카드를 잃어버렸으면 바로 분실 신고를 해야 한다.

到期

0846 □□□

dào qī

통 기한이 되다, 만기가 되다

我的定期存款还没到期。

Wǒ de dìngqī cúnkuǎn hái méi dào qī.

나의 정기 예금은 아직 만기가 되지 않았다.

단어 플러스 **중국인이 많이 찾는 은행**

- 中国银行 Zhōngguó Yínháng 중국 은행
- 中国工商银行 Zhōngguó Gōngshāng Yínháng 중국 공상 은행
- 中国建设银行 Zhōngguó Jiànshè Yínháng 중국 건설 은행
- 中国交通银行 Zhōngguó Jiāotōng Yínháng 중국 교통 은행
- 中国农业银行 Zhōngguó Nóngyè Yínháng 중국 농업 은행
- 中国邮政储蓄银行 Zhōngguó Yóuzhèng Chǔxù Yínháng
  중국 우정 저축 은행

1 다음 중국어와 우리말 뜻을 바르게 연결하세요.

① 银行 •   • 현금 자동 인출기(ATM)

② 窗口 •   • 대기 번호표 발행기

③ 取号机 •   • 저금하다

④ 自动取款机 •   • 창구

⑤ 存款 •   • 은행

2 알맞은 병음을 적어보세요.

① 账户 _____   ② 存折 _____

③ 银行卡 _____   ④ 信用卡 _____

3 알맞은 중국어를 적어보세요.

① 계좌 이체하다 _____ ② 잔고 _____

③ 대출하다 _____   ④ 이자 _____

4 빈칸에 들어갈 알맞은 중국어를 고르세요.

> **보기**   汇款   汇率

① 最近美金的 _____ 上升了。

최근 달러 환율이 상승했다.

② 客户还没有给我 _____。

고객은 아직 나한테 송금하지 않았다.

정답

1 ①-은행   ②-창구   ③-대기 번호표 발행기
  ④-현금 자동 인출기(ATM)   ⑤-저금하다
2 ① zhànghù   ② cúnzhé   ③ yínhángkǎ   ④ xìnyòngkǎ
3 ① 转账   ② 余额   ③ 贷款   ④ 利息
4 ① 汇率   ② 汇款

요즘 대세,
호캉스

DAY 42
MP3 바로 듣기

오늘의 재미난 표현!

• 把家当成酒店
  Bǎ jiā dàngchéng jiǔdiàn

직역을 하면 '집을 호텔로 여기다'라는 뜻으로 정말 집을 호텔처럼 생각해서 잠만
자고 집에서 가족들과 소통하지 않거나 너무 바빠 자주 밖으로 나도는 사람들을
표현할 때 쓴다.

예 回到家里一句话都不说，是不是把家当成酒店啊？

집에 들어와서 말 한마디 안 하고, 여기가 잠만 자는 호텔이니?

0847 ☐☐☐

酒店 ★
jiǔdiàn
명 호텔

这家酒店服务很周到。
Zhè jiā jiǔdiàn fúwù hěn zhōudào.
이 호텔은 서비스가 매우 세심하다.

'酒店'은 주로 3~5성급 호텔을 말해요. '大酒店'이라고 불리는 호텔은 4~5성급 호텔들로 고급 호텔에 속해요. '饭店' 역시 '호텔'을 뜻하며, 최근엔 '酒店'이라고 통일되는 추세예요.

0848 ☐☐☐

宾馆 ★
bīnguǎn
명 모텔

这家宾馆条件还不错。
Zhè jiā bīnguǎn tiáojiàn hái búcuò.
이 모텔은 상태가 그런대로 괜찮다.

'宾馆' 역시 예전엔 호텔로 불렸지만 최근엔 모텔이나 관광 호텔 정도의 등급이라고 생각하면 돼요. '饭店'이나 '酒店'과 비교한다면 레스토랑 유무의 차이이며, 주로 숙박으로서의 기능이 전부예요.

0849 ☐☐☐

民宿
mínsù
명 펜션, 민박

最近民宿很流行。
Zuìjìn mínsù hěn liúxíng.
요즘은 펜션이 유행이다.

0850 ☐☐☐

大厅
dàtīng
명 로비, 홀

你快点儿，我在大厅等着你。
Nǐ kuài diǎnr, wǒ zài dàtīng děng zhe nǐ.
빨리 해, 내가 로비에서 기다리고 있을게.

0851 ☐☐☐

大床房
dà chuáng fáng
명 더블룸(2인실/큰 침대 1개)

我自己住一间大床房。
Wǒ zìjǐ zhù yì jiān dà chuáng fáng.
나는 혼자 더블룸을 쓰고 있다.

0852 ☐☐☐

预订
yùdìng
동 예약하다

我已经预定了一间大床房。
Wǒ yǐjing yùdìng le yì jiān dà chuáng fáng.
내가 이미 더블룸을 예약했어.

0853 ☐☐☐

入住
rùzhù
동 체크인하다, 숙박하다

从十二点开始入住。
Cóng shí'èr diǎn kāishǐ rùzhù.
12시부터 체크인이 됩니다.

0854 ☐☐☐

押金
yājīn
명 보증금

我们需要五百块押金。
Wǒmen xūyào wǔbǎi kuài yājīn.
우리는 보증금 500위안이 필요하다.

0855 ☐☐☐

房型
fángxíng
명 내부 구조 유형, 방 스타일

这家酒店的房型很齐全。
Zhè jiā jiǔdiàn de fángxíng hěn qíquán.
이 호텔 내부 구조는 잘 갖추어져 있다.

0856 ☐☐☐

双床房
shuāng chuáng fáng
명 트윈룸(2인실/침대 2개)

我们两个人需要双床房。
Wǒmen liǎng ge rén xūyào shuāng chuáng fáng.
우리 두 사람은 트윈룸(침대 2개)가 필요하다.

标准间
0857 ☐☐☐

biāozhǔnjiān

명 (호텔 등의) 일반실, 스탠다드룸

我想预订标准间。

Wǒ xiǎng yùdìng biāozhǔnjiān.

저는 일반실을 예약하고 싶습니다.

总统套房
0858 ☐☐☐

zǒngtǒng tàofáng

명 로얄 스위트룸

总统套房太贵了。

Zǒngtǒng tàofáng tài guì le.

로얄 스위트룸은 너무 비싸다.

早餐
0859 ☐☐☐

zǎocān

명 조식

早餐时间是6点到9点。

Zǎocān shíjiān shì liù diǎn dào jiǔ diǎn.

조식 시간은 6시부터 9시까지입니다.

含
0860 ☐☐☐

hán

동 포함하다

您的房间不含早餐。

Nín de fángjiān bù hán zǎocān.

당신의 (예약하신) 방은 조식이 포함되어 있지 않습니다.

房卡
0861 ☐☐☐

fángkǎ

명 카드 키

房卡一共有两张。

Fángkǎ yígòng yǒu liǎng zhāng.

카드 키는 모두 두 장이다.

干净
0862 ☐☐☐

gānjìng

형 깨끗하다

房间很干净，也很安静。

Fángjiān hěn gānjìng, yě hěn ānjìng.

방이 깨끗하고 조용하다.

叫醒

0863 ☐☐☐

jiàoxǐng

동 깨우다

前台提供叫醒服务。

Qiántái tígōng jiàoxǐng fúwù.

프런트 데스크에서 모닝콜 서비스를 제공합니다.

➕ 叫醒服务 jiàoxǐng fúwù
모닝콜 서비스, 웨이크업 콜 서비스

客房服务

0864 ☐☐☐

kèfáng fúwù

룸서비스

需要客房服务请按零。

Xūyào kèfáng fúwù qǐng àn líng.

룸서비스가 필요하시면 0번을 누르세요.

退房

0865 ☐☐☐

tuì fáng

동 체크아웃하다

我想晚一个小时退房。

Wǒ xiǎng wǎn yí ge xiǎoshí tuì fáng.

저는 한 시간 늦게 체크아웃하고 싶어요.

단어 플러스 〉 **다양한 숙소의 종류**

- 露营车 lùyíng chē 캠핑카(Motor Home)
- 公寓酒店 gōngyù jiǔdiàn 레지던스 호텔
- 青年旅舍 qīngnián lǚshè 게스트 하우스, 유스호스텔
- 无边泳池 wúbiān yǒngchí 인피니티 풀
- 度假村 dùjiàcūn 리조트
- 泳池别墅 yǒngchí biéshù 풀빌라

부록의 437쪽 Final check로 확인 학습까지 꼭!!!

1 다음 중국어와 우리말 뜻을 바르게 연결하세요.

① 宾馆 ·　　　　　　　 · 체크인하다

② 民宿 ·　　　　　　　 · 로비

③ 大厅 ·　　　　　　　 · 보증금

④ 入住 ·　　　　　　　 · 모텔

⑤ 押金 ·　　　　　　　 · 펜션

2 알맞은 병음을 적어보세요.

① 房型 _____　　② 大床房 _____

③ 双床房 _____　　④ 标准间 _____

3 알맞은 중국어를 적어보세요.

① 스위트룸 _____　　② 포함하다 _____

③ 조식 _____　　④ 카드 키 _____

4 빈칸에 들어갈 알맞은 중국어를 고르세요.

> 보기　　　　　　干净　　　叫醒

① 房间很 _____，也很安静。

　방이 깨끗하고 조용하다.

② 前台提供 _____ 服务。

　프런트 데스크에서 모닝콜 서비스를 제공합니다.

정답

1 ①-모텔　　②-펜션　　③-로비　　④-체크인하다　　⑤-보증금

2 ① fángxíng　　② dà chuáng fáng　　③ shuāng chuáng fáng

　④ biāozhǔnjiān

3 ① 总统套房　　② 含　　③ 早餐　　④ 房卡

4 ① 干净　　② 叫醒

DAY
43

차의 노예가
되고 싶진 않아

DAY 43
MP3 바로 듣기

오늘의 재미난 표현!

- 车奴
  chē'nú

직역하면 '차의 노예'라는 뜻으로 차를 살 경제적 여유가 없지만 기어코 차를 사려는 사람들을 표현하는 단어이다. 차를 무리하게 사게 되면서 차를 관리하고 유지하기 위해 정작 본인은 잘 먹지도 쓰지도 못하며 고통받는 사람들로 '카푸어'를 의미한다.

예 我现在养不起车，不想当车奴。
   나는 차를 유지할 능력이 없어, 카푸어가 되고 싶지 않아.

汽车
0866 ☐☐☐
qìchē
명 자동차

前面有一家小型汽车专卖店。
Qiánmiàn yǒu yì jiā xiǎoxíng qìchē zhuānmàidiàn.
앞에 소형 자동차 전문 매장이 하나 있다.

开车
0867 ☐☐☐
kāi chē
동 운전하다

下雨了，小心开车。
Xià yǔ le, xiǎoxīn kāi chē.
비가 오니 운전 조심하세요.

驾照
0868 ☐☐☐
jiàzhào
명 운전면허증

我最近刚考驾照。
Wǒ zuìjìn gāng kǎo jiàzhào.
나는 최근에 운전면허증을 땄다.

➕ 驾驶执照 jiàshǐ zhízhào 운전면허증

驾校
0869 ☐☐☐
jiàxiào
명 자동차 운전학원

有很多人来驾校报名。
Yǒu hěn duō rén lái jiàxiào bào míng.
많은 사람들이 자동차 운전학원에 등록하러 온다.

导航
0870 ☐☐☐
dǎoháng
명 내비게이션

车里的导航好像有问题。
Chē li de dǎoháng hǎoxiàng yǒu wèntí.
차 안의 내비게이션에 문제가 있는 것 같다.

方向盘
0871 ☐☐☐
fāngxiàngpán
명 (자동차 등의) 핸들

用双手握好方向盘。
Yòng shuāngshǒu wò hǎo fāngxiàngpán.
두 손으로 핸들을 잘 잡아.

喇叭
lǎba
图 클랙슨(경적)

0872 ☐☐☐

没必要的时候不要按喇叭。
Méi bìyào de shíhou búyào àn lǎba.
필요 없을 때는 클랙슨(경적)을 울리지 마세요.

油门
yóumén
图 액셀, 가속 페달

0873 ☐☐☐

前面没有人，可以踩油门。
Qiánmiàn méiyǒu rén, kěyǐ cǎi yóumén.
앞에 사람이 없으니 액셀을 밟아도 된다.

刹车
shāchē
图 브레이크

0874 ☐☐☐

踩刹车不要踩得太突然。
Cǎi shāchē búyào cǎi de tài tūrán.
브레이크를 너무 갑자기 밟지 마세요.

自动挡
zìdòngdǎng
图 오토매틱, 오토 기어

0875 ☐☐☐

我觉得自动挡开起来更方便。
Wǒ juéde zìdòngdǎng kāi qǐlai gèng fāngbiàn.
나는 오토매틱이 더 편하다고 생각한다.

➕ 手动挡 shǒudòngdǎng 수동 기어

驾驶座
jiàshǐzuò
图 운전석

0876 ☐☐☐

这部车的驾驶座很宽敞。
Zhè bù chē de jiàshǐzuò hěn kuānchang.
이 차의 운전석은 매우 넓다.

➕ 副驾驶座 fù jiàshǐ zuò 조수석

安全带
ānquándài
图 안전벨트

0877 ☐☐☐

上了车就先系好安全带。
Shàng le chē jiù xiān jì hǎo ānquándài.
차에 타면 먼저 안전벨트를 매라.

0878 □□□

四人座
sì rén zuò
4인승, 4인용

我开四人座就够了。
Wǒ kāi sì rén zuò jiù gòu le.
나는 4인승이면 충분하다.

0879 □□□

宽敞
kuānchang
형 넓다

车的内部非常宽敞。
Chē de nèibù fēicháng kuānchang.
차 내부가 매우 넓다.

0880 □□□

儿童安全座椅
értóng ānquán zuòyǐ
유아 카시트

孩子应该坐在儿童安全座椅上。
Háizi yīnggāi zuò zài értóng ānquán zuòyǐ shang.
아이는 반드시 유아 카시트에 앉아야 한다.

0881 □□□

保险杠
bǎoxiǎngàng
명 (자동차의) 범퍼

保险杠都撞坏了。
Bǎoxiǎngàng dōu zhuàng huài le.
(자동차의) 범퍼가 부딪혀 부서졌다.

0882 □□□

发动机盖
fādòngjīgài
명 보닛

打开发动机盖看看怎么了。
Dǎ kāi fādòngjīgài kànkan zěnme le.
보닛을 열고 왜 그러는지 알아봐라.

0883 □□□

后视镜
hòushìjìng
명 (자동차의) 백미러

开车前把后视镜调好。
Kāi chē qián bǎ hòushìjìng tiáo hǎo.
운전하기 전에 백미러를 잘 맞추었다.

0884 ☐☐☐

后备箱
hòubèixiāng

명 트렁크

后备箱里可以装很多东西。
Hòubèixiāng li kěyǐ zhuāng hěn duō dōngxi
트렁크 안에 많은 물건을 넣을 수 있다.

0885 ☐☐☐

轮胎
lúntāi

명 타이어

轮胎需要定期护理。
Lúntāi xūyào dìngqī hùlǐ.
타이어는 정기적인 관리가 필요하다.

➕ 爆胎 bào tāi (타이어가) 펑크나다, 터지다

단어 플러스 ▷ 운전과 관련된 다양한 표현

- 新手上路 xīn shǒu shàng lù 초보 운전
- 安全驾驶 ānquán jiàshǐ 안전 운전
- 疲劳驾驶 píláo jiàshǐ 졸음 운전
- 野蛮驾驶 yěmán jiàshǐ 난폭 운전
- 无证驾驶 wú zhèng jiàshǐ 무면허 운전
- 酒驾 jiǔjià 음주운전
- 代驾 dàijià 대리운전

1 다음 중국어와 우리말 뜻을 바르게 연결하세요.

① 汽车 ·   · 내비게이션

② 开车 ·   · 자동차 운전학원

③ 驾照 ·   · 자동차

④ 驾校 ·   · 운전면허증

⑤ 导航 ·   · 운전하다

2 알맞은 병음을 적어보세요.

① 方向盘 _____   ② 喇叭 _____

③ 油门 _____   ④ 刹车 _____

3 알맞은 중국어를 적어보세요.

① 오토매틱 _____   ② 운전석 _____

③ 안전벨트 _____   ④ 4인승 _____

4 빈칸에 들어갈 알맞은 중국어를 고르세요.

> 보기   宽敞   保险杠

① _____ 都撞坏了。

(자동차의) 범퍼가 부딪혀 부서졌다.

② 车的内部非常 _____。

차 내부가 매우 넓다.

정답

1 ①-자동차   ②-운전하다   ③-운전면허증   ④-자동차 운전학원
   ⑤-내비게이션

2 ① fāngxiàngpán ② lǎba   ③ yóumén   ④ shāchē

3 ① 自动挡   ② 驾驶座   ③ 安全带   ④ 四人座

4 ① 保险杠   ② 宽敞

진짜 총알인줄 알았어요

DAY 44
MP3 바로 듣기

• 赶时间
gǎn shíjiān

단어만 보면 '시간을 쫓는다'는 느낌이 강하지만 '지금 한시가 바쁘다(급하다)'라는 관용어로 많이 쓰인다. 너무 급하고 바빠 택시에 탔을 때 기사님에게 '我没有时间。'이라고 하면 이상한(?) 대화가 되는데, '我没有时间。'은 누군가와 약속을 잡을 때 '내가 시간이 없다'라는 의미로 쓰이기 때문이다. 도착 장소에 서둘러 가달라고 얘기하고 싶을 때는 '赶时间'을 쓰도록 하자!

예 请您开快点儿，我赶时间。

조금만 빨리 가주세요. 저 지금 너무 급해요.

停车场 0886 ☐☐☐
tíngchēchǎng
명 주차장

停车场没有停车位。
Tíngchēchǎng méiyǒu tíngchēwèi.
주차장에 주차 공간이 없다.

加油站 0887 ☐☐☐
jiāyóuzhàn
명 주유소

前面有一个加油站。
Qiánmiàn yǒu yí ge jiāyóuzhàn.
앞에 주유소 하나가 있다.

高速公路 0888 ☐☐☐
gāosù gōnglù
명 고속도로

我们可以走高速公路。
Wǒmen kěyǐ zǒu gāosù gōnglù.
우리는 고속도로로 가도 된다.

服务区 0889 ☐☐☐
fúwùqū
명 휴게소

在下一个服务区吃点东西吧。
Zài xià yí ge fúwùqū chī diǎn dōngxi ba.
다음 휴게소에서 뭐 좀 먹자.

得来速 0890 ☐☐☐
déláisù
명 드라이브스루

得来速服务很方便，不用下车。
Déláisù fúwù hěn fāngbiàn, búyòng xià chē.
드라이브스루는 너무 편리해, 차에서 내릴 필요가 없다.

道路 0891 ☐☐☐
dàolù
명 도로

前面整修道路，我们要绕行。
Qiánmiàn zhěngxiū dàolù, wǒmen yào rào xíng.
앞에 도로를 수리하니 우리는 우회해야 한다.

出租车
chūzūchē
명 택시

0892 ☐☐☐

现在很难打到出租车。
Xiànzài hěn nán dǎ dào chūzūchē.
지금은 택시를 잡기가 어렵다.

师傅
shīfu
명 기사님

0893 ☐☐☐

师傅，请送我去北京饭店。
Shīfu, qǐng sòng wǒ qù Běijīng fàndiàn.
기사님, 베이징 호텔로 가 주세요.

打车 ★
dǎ chē
동 택시를 타다

0894 ☐☐☐

我们今天打车去吧。
Wǒmen jīntiān dǎ chē qù ba.
우리 오늘은 택시 타고 가자.

'打车'는 손님이 택시를 잡아 타는 행위나 행동을 말하고, '拉客(lā kè)'는 택시나 삼륜차의 기사가 손님을 태우는 걸 말해요. 주체가 다르다는 점을 기억해 두세요!

空车
kōngchē
명 빈 차

0895 ☐☐☐

前面来了一辆空车。
Qiánmiàn lái le yí liàng kōngchē.
앞쪽에 빈 차가 한 대 왔다.

起步价
qǐbùjià
명 기본 요금

0896 ☐☐☐

现在的起步价是多少钱？
Xiànzài de qǐbùjià shì duōshao qián?
지금 기본 요금은 얼마예요?

指路
zhǐ lù
길을 알려주다

0897 ☐☐☐

我给你指路，按我说的开。
Wǒ gěi nǐ zhǐ lù, àn wǒ shuō de kāi.
제가 길을 알려드릴 테니 제가 말한 대로 가 주세요.

拐
0898 ☐☐☐
guǎi
图 (모퉁이를) 돌다, 꺾다

你在前面路口往左拐。
Nǐ zài qiánmiàn lùkǒu wǎng zuǒ guǎi.
앞쪽 길목에서 왼쪽으로 돌아요.

➕ 转 zhuǎn (방향, 위치 등을) 바꾸다, 돌다

掉头
0899 ☐☐☐
diào tóu
图 유턴하다

前面路口可以掉头。
Qiánmiàn lùkǒu kěyǐ diào tóu.
앞쪽 길목에서 유턴할 수 있어요.

停
0900 ☐☐☐
tíng
图 주차하다, 세워놓다

这里不让停车。
Zhèli bú ràng tíng chē.
이곳에는 주차하지 못하게 한다.

靠边
0901 ☐☐☐
kào biān
图 (길) 옆으로 붙다, (길)가로 붙다

请您靠边停一下。
Qǐng nín kào biān tíng yíxià.
옆으로 붙여서 세워 주세요.

红绿灯
0902 ☐☐☐
hónglǜdēng
图 신호등

开车的时候好好看红绿灯。
Kāi chē de shíhou hǎohāo kàn hónglǜdēng.
운전할 때는 신호등을 잘 봐야 한다.

十字路口
0903 ☐☐☐
shízì lùkǒu
图 사거리

前面的十字路口很乱。
Qiánmiàn de shízì lùkǒu hěn luàn.
앞의 사거리는 매우 복잡하다.

➕ 丁字路口 dīngzì lùkǒu 삼거리

➕ 岔路 chàlù 갈림길

堵车

0904 ☐☐☐

dǔ chē

동 차가 막히다

现在开车去会堵车。
Xiànzài kāi chē qù huì dǔ chē.
지금 운전해서 가면 차가 막힐 거야.

高峰期

0905 ☐☐☐

gāofēngqī

명 러시아워, 혼잡한 시간

上下班高峰期有很多车。
Shàngxiàbān gāofēngqī yǒu hěn duō chē.
출퇴근 러시아워에는 차가 많다.

 문화 플러스

'차오차오추싱' 달려라 달려! 2위의 역전극은 이제 시작!

휴대폰에 누구나 다 있다는 바로 그 앱(APP)! 메신저 어플만큼이나 사용자가 많다는 차량 공유·택시 호출 앱인데요. 중국에도 업계 1위이자 시장 점유율 80%에 육박하는 차량 공유·택시 호출 앱(APP)이 있었지만 중국 정부의 안보 법규 위반 등의 사유로 최근 기업 운영에 어려움을 겪고 있어요. 중국의 차량 공유·택시 호출 플랫폼 내부에선 지각 변동의 조짐이 보이자 중국의 '지리 자동차(**吉利汽车**)' 계열인 '**曹操出行**(cáocāo chūxíng)'이 공격적인 마케팅을 선보였고, 현재는 시장 점유율 10%를 바라보며 승승장구하고 있다고 해요. 항저우(**杭州**)에서 사업을 시작한 '**曹操出行**(cáocāo chūxíng)'은 주로 남방 지역의 고객들을 유치해왔지만 앞으로는 항저우 일대를 떠나 중국 전역으로 성장할 가능성도 높아지고 있어요.

게다가 '**曹操出行**(cáocāo chūxíng)'은 친환경 신에너지 자동차인 '전기 자동차'를 활용해 환경과 미래를 생각하는 기업의 면모를 보여주고 있어요. 나중에 중국 여행이나 출장을 가게 된다면 '**曹操出行**(cáocāo chūxíng)'을 꼭 한번 인용해 보세요!

부록의 441쪽 Final check로 확인 학습까지 꼭!!!

1 다음 중국어와 우리말 뜻을 바르게 연결하세요.

① 停车场 •   • 드라이브스루

② 加油站 •   • 휴게소

③ 高速公路 •   • 주유소

④ 服务区 •   • 주차장

⑤ 得来速 •   • 고속도로

2 알맞은 병음을 적어보세요.

① 道路 _____   ② 堵车 _____

③ 出租车 _____   ④ 师傅 _____

3 알맞은 중국어를 적어보세요.

① 빈 차 _____   ② 기본요금 _____

③ 길을 알려주다 _____   ④ 유턴하다 _____

4 빈칸에 들어갈 알맞은 중국어를 고르세요.

> 보기   靠边   停

① 请您 _____ 停一下。
  옆으로 붙여서 세워 주세요.

② 这里不让 _____ 车。
  이곳에는 주차하지 못하게 한다.

정답

1 ①-주차장   ②-주유소   ③-고속도로   ④-휴게소   ⑤-드라이브스루
2 ① dàolù   ② dǔ chē   ③ chūzūchē   ④ shīfu
3 ① 空车   ② 起步价   ③ 指路   ④ 掉头
4 ① 靠边   ② 停

양보하고
배려하며 살자

DAY 45
MP3 바로 듣기

오늘의 **재미난 표현!**

- 尊老爱幼
  zūn lǎo'ài yòu

'노인을 존경하고 어린이를 사랑하다'라는 뜻의 성어로 중국 사람들이 중요하게 생각하는 전통 미덕 중 하나이다. 교통 시설이나 공공장소, 관공서, 학교 등에서 많이 볼 수 있는 표어로 중국 지하철 안에서도 볼 수 있다.

예 尊老爱幼从我做起。
노인을 존경하고 어린이를 사랑하는 건 나부터 시작하자.

0906 ☐☐☐

坐 ★
zuò
통 타다

堵车的时候，坐地铁会更快。
Dǔ chē de shíhou, zuò dìtiě huì gèng kuài.
차가 막힐 때는 지하철을 타는 게 더 빠르다.

'坐'의 격식 있는 표현을 바로 '乘坐
(chéngzuò 탑승하다)'라고 해요.

0907 ☐☐☐

公交车
gōngjiāochē
명 버스

公交车里挤满了人。
Gōngjiāochē li jǐ mǎn le rén.
버스 안이 사람들로 가득 찼다.

0908 ☐☐☐

长途汽车
chángtú qìchē
장거리 버스, 시외버스

长途汽车的座位很宽敞。
Chángtú qìchē de zuòwèi hěn kuānchang.
장거리 버스의 좌석은 넓다.

0909 ☐☐☐

下一站
xià yí zhàn
다음 역

我在下一站下车。
Wǒ zài xià yí zhàn xià chē.
나는 다음 역에서 내린다.

➕ 车站 chēzhàn 정거장, 터미널

0910 ☐☐☐

赶上
gǎn shàng
통 따라잡다, 시간에 대다

今天好不容易赶上了最后一趟车。
Jīntiān hǎobù róngyì gǎn shàng le zuìhòu yí tàng chē.
오늘 가까스로 막차를 탔다.

0911 ☐☐☐

来不及
láibují
통 (시간이 부족해)
～할 겨를(시간)이 없다,
～할 여유가 없다

时间到了，来不及买票。
Shíjiān dào le, láibují mǎi piào.
시간이 됐는데 표를 살 겨를이 없다.

把手
0912 □□□
bǎshou
명 손잡이, 고리

把手太高了，够不着。
Bǎshou tài gāo le, gòubuzháo.
손잡이가 너무 높아서 손이 닿지 않는다.

扶
0913 □□□
fú
동 붙들다, 짚다

请站着的乘客扶好把手。
Qǐng zhàn zhe de chéngkè fú hǎo bǎshou.
서 있는 승객께서는 손잡이를 잘 잡으세요.

让座
0914 □□□
ràng zuò
동 자리(좌석)를 양보하다

我经常给老人家让座。
Wǒ jīngcháng gěi lǎorenjia ràng zuò.
나는 늘 어르신에게 자리를 양보한다.

晃
0915 □□□
huàng
동 흔들리다

坐在车尾晃得太厉害了。
Zuò zài chēwěi huàng de tài lìhai le.
차 뒤에 앉아 있으니 너무 흔들린다.

挤
0916 □□□
jǐ
동 비집다, 밀치다, 뚫다

人太多了，没有办法挤上去。
Rén tài duō le, méiyǒu bànfǎ jǐ shàngqu.
사람이 너무 많아서 비집고 올라갈 방법이 없다.

地铁
0917 □□□
dìtiě
명 지하철

坐地铁去哪儿都方便。
Zuò dìtiě qù nǎr dōu fāngbiàn.
지하철을 타면 어디든 편리하게 간다.

安检
0918 □□□
ānjiǎn
명 보안 검사

进站之前需要安检。
Jìn zhàn zhīqián xūyào ānjiǎn.
역에 들어가기 전에 보안 검사를 해야 한다.

电梯 0919 ☐☐☐
diàntī
명 엘리베이터

东西多的时候可以坐电梯。
Dōngxi duō de shíhou kěyǐ zuò diàntī.
물건이 많을 때는 엘리베이터를 타도 된다.

扶梯 0920 ☐☐☐
fútī
명 에스컬레이터

不要在扶梯上乱蹦乱跳。
Búyào zài fútī shang luàn bèng luàn tiào.
에스컬레이터에서 함부로 뛰어다니지 마라.

线路图 0921 ☐☐☐
xiànlùtú
명 노선도

手机里下载了一个线路图。
Shǒujī li xiàzài le yí ge xiànlùtú.
휴대폰에 노선도 하나를 다운로드했다.

换乘 0922 ☐☐☐
huànchéng
통 환승하다, 갈아타다

我们在下一站换乘。
Wǒmen zài xià yí zhàn huànchéng.
우리는 다음 역에서 환승하자.

号线 0923 ☐☐☐
hào xiàn
호선

我们家附近有九号线。
Wǒmen jiā fùjìn yǒu jiǔ hào xiàn.
우리 집 근처에는 9호선이 있다.

路 0924 ☐☐☐
lù
명 (교통 수단의) 노선

我坐101路公交车上班。
Wǒ zuò yāo líng yāo lù gōngjiāochē shàng bān.
나는 101 노선 버스를 타고 출근한다.

坐反 0925 ☐☐☐
zuò fǎn
반대로 타다

我今天坐反了地铁。
Wǒ jīntiān zuò fǎn le dìtiě.
나는 오늘 지하철을 반대로 탔다.

出口
chūkǒu

0926 ☐☐☐

명 출구

我在三号出口等着你。
Wǒ zài sān hào chūkǒu děng zhe nǐ.
내가 3번 출구에서 너를 기다리고 있을게.

문화 플러스

중국의 버스가 한국과 다른 점은?!

전 세계적으로 버스와 지하철은 모두 비슷할 것 같지만 사실 중국과 한국만 하더라도 다른 점들이 있더라고요. 첫 번째로 중국은 버스의 종류가 다양해요. '굴절 버스'라 불리는 '铰接公交车(jiǎojiē gōngjiāochē)'도 있고 '전차' 혹은 '트롤리버스'라 불리우는 '电车(diànchē)' 역시 여전히 볼 수 있어요.

두 번째는 바로 버스 카드인데요. 한국은 승차 시 1번, 하차 시 1번 총 2번을 찍지만 중국은 하차할 때는 찍지 않고 그냥 내려도 돼요. 중국의 버스 카드를 '一卡通(yìkǎtōng)'이라고도 부르는데 한국의 '티머니 교통카드'와 비슷한 의미예요. 또 중국에선 QR코드를 찍고 버스 요금을 낼 수도 있어요.

세 번째로, 중국에서는 버스가 몇몇 노선을 제외하고 거의 모든 정류장에 하차하기 때문에 하차 벨이 없거나 거의 사용하지 않아요.

마지막으로 중국은 한국과 달리 교통 수단 간의 환승 할인이 적용되지 않아요. 버스에서 지하철로 환승 시, 요금이 할인되지 않는 도시가 대부분이지만 일부 도시에서는 이제 환승 할인을 시작하고 있어요.

1 다음 중국어와 우리말 뜻을 바르게 연결하세요.

① 坐 　　　　•　　　　• 따라잡다

② 公交车 　•　　　　• 짚다

③ 长途汽车 •　　　　• 장거리 버스

④ 扶 　　　　•　　　　• 버스

⑤ 赶上 　　•　　　　• 타다

2 알맞은 병음을 적어보세요.

① 让座 _____ 　② 来不及 _____

③ 晃 _____ 　④ 挤 _____

3 알맞은 중국어를 적어보세요.

① 지하철 _____ 　② 보안 검사 _____

③ 엘리베이터 _____ 　④ 에스컬레이터 _____

4 빈칸에 들어갈 알맞은 중국어를 고르세요.

> 보기 　　　　　换乘 　　号线

① 我们家附近有九 _____。
우리 집 근처에는 9호선이 있다.

② 我们在下一站 _____。
우리는 다음 역에서 환승하자.

정답

1 ①-타다 　②-버스 　③-장거리 버스 　④-짚다 　⑤-따라잡다

2 ① ràng zuò 　② láibují 　③ huàng 　④ jǐ

3 ① 地铁 　② 安检 　③ 电梯 　④ 扶梯

4 ① 号线 　② 换乘

마음을 싣고
달리는 기차

DAY 46
MP3 바로 듣기

오늘의 재미난 표현!

• 春运
chūnyùn

설 연휴 전후의 여객의 운송과 화물의 수송을 말한다. 중국에도 설날엔 고향으로 돌아가 가족들과 함께 설을 보내는 문화가 있어 이 시기에 고향으로 가는 사람들의 귀성을 표현하는 단어로 많이 쓴다.

예 春运期间，有很多人返乡。
설 귀성 기간에는 사람들이 고향으로 돌아간다.

火车
0927 ☐☐☐
huǒchē
명 기차

我这次坐火车回老家。
Wǒ zhè cì zuò huǒchē huí lǎojiā.
나는 이번에 기차를 타고 고향으로 돌아간다.

高铁
0928 ☐☐☐
gāotiě
명 고속 철도

高铁比一般的火车快多了。
Gāotiě bǐ yìbān de huǒchē kuài duō le.
고속 철도가 일반 기차보다 훨씬 빠르다.

卧铺
0929 ☐☐☐
wòpù
명 (기차, 장거리 버스의) 침대

卧铺也分很多种。
Wòpù yě fēn hěn duō zhǒng.
침대 또한 다양하게 나뉜다.

硬座
0930 ☐☐☐
yìngzuò
명 일반석, 딱딱한 좌석

我们通常买的是硬座。
Wǒmen tōngcháng mǎi de shì yìngzuò.
우리가 일반적으로 사는 것은 일반석이다.

软卧
0931 ☐☐☐
ruǎnwò
명 일등 침대석, 푹신한 침대석

普通软卧四个人一间。
Pǔtōng ruǎnwò sì gè rén yì jiān.
보통 일등 침대석은 4인 1실이다.

站票
0932 ☐☐☐
zhànpiào
명 입석표

现在连站票都买不到。
Xiànzài lián zhànpiào dōu mǎibudào.
지금은 입석표도 구할 수 없다.

订票
0933 ☐☐☐

dìng piào

동 표를 예약하다

我们可以网上订个票，不用排队。

Wǒmen kěyǐ wǎngshàng dìng ge piào, búyòng pái duì.

우리는 줄을 설 필요 없이 인터넷으로 표를 예약할 수 있다.

改签
0934 ☐☐☐

gǎiqiān

동 (표, 일정 따위를) 변경하다

我想改签日期。

Wǒ xiǎng gǎiqiān rìqī.

저는 날짜를 변경하고 싶어요.

候车厅
0935 ☐☐☐

hòuchētīng

명 대합실

候车厅里已经没有座位了。

Hòuchētīng li yǐjīng méiyǒu zuòwèi le.

대합실에는 이미 자리가 없다.

检票口
0936 ☐☐☐

jiǎnpiàokǒu

명 개찰구

我们去检票口排队吧。

Wǒmen qù jiǎnpiàokǒu pái duì ba.

우리는 개찰구에 가서 줄을 서자.

站台
0937 ☐☐☐

zhàntái

명 플랫폼

我们的火车在4号站台。

Wǒmen de huǒchē zài sì hào zhàntái.

우리 기차는 4번 플랫폼이다.

出发
0938 ☐☐☐

chūfā

동 출발하다

火车出发的时候，你告诉我一声。

Huǒchē chūfā de shíhou, nǐ gàosù wǒ yì shēng.

기차가 출발할 때 나에게 한번 알려줘.

准时
0939 ☐☐☐

zhǔnshí

형 정시에, 제때에

高铁每次都准时出发。
Gāotiě měi cì dōu zhǔnshí chūfā.
고속 철도는 매번 정시에 출발한다.

晚点
0940 ☐☐☐

wǎn diǎn

동 연착하다

火车晚点了，大家都在等着。
Huǒchē wǎn diǎn le, dàjiā dōu zài děng zhe.
기차가 연착되어 모두 기다리고 있다.

行李
0941 ☐☐☐

xíngli

명 짐

你带的行李太多了。
Nǐ dài de xíngli tài duō le.
네가 가지고 온 짐이 너무 많아.

车厢
0942 ☐☐☐

chēxiāng

명 객실, (기차의) 차량

车票上写着车厢和座位号。
Chēpiào shang xiě zhe chēxiāng hé zuòwèi hào.
차표에 객실과 좌석 번호가 적혀 있다.

餐车
0943 ☐☐☐

cānchē

명 (열차의) 식당칸

这趟火车上有餐车。
Zhè tàng huǒchē shang yǒu cānchē.
이 기차에는 식당칸이 있어.

문화 플러스

중국 기차에는 침대가 있다!

영토가 넓은 중국은 기차로 이동하려면 길게는 하루가 꼬박 걸리기도 해요. 기차의 종류도 많은 중국은 기차에 따라 이동 시간도 다르고 비용도 달라요. '春节(Chūn Jié)'와 같은 명절이 되면 고향으로 돌아가려는 귀성객들로 붐비는 '春运(chūnyùn)' 때나 장거리로 이동할 때는 많은 중국인들이 침대가 있는 기차를 이용해요.

기차에 침대가 있다니 한국과 달라 조금 생소하시겠죠? 위에서도 말했지만 기차표의 가격은 천차만별인데요. 그 이유가 바로 의자와 침대 때문이에요. 딱딱한 의자(硬座)는 직각으로 뒤로 젖혀지지 않기 때문에 단거리 이동에 적합해요. 장거리 이동이나 여행 시 가장 인기가 좋은 딱딱한 침대칸(硬卧)은 상중하 3단 침대로 이루어진 6인 1실이에요. 하단의 두 침대 사이에 테이블이 놓여 있고, 요금은 아래로 갈수록 비싸요. 그보다 푹신한 의자(软座)는 주로 도시와 도시를 연결하는 단거리 노선에 운영하며, 푹신한 침대칸(软卧)은 상하 2단 침대가 마주보고 있는 4인 1실로 객차 내부에서 문을 잠글 수 있기 때문에 보안이 확실하고 시설이 쾌적해요. 대신에 요금은 꽤 비싼 편에 속해요.

하지만 대부분의 사람들이 가까운 거리나, 출장 혹은 단거리 여행을 할 때는 고속열차를 이용해요. 중국의 고속 열차는 세 종류로 나뉘는데, 첫번째는 '高铁(gāotiě)'로 평균 시속 350km로 빠르게 달리며 고속 열차 중에서도 가장 빠른 기차예요. 중간에 정차하는 역이 가장 적으며, 기차 번호는 G로 시작해요. 두번째는 '动车(dòngchē)'로 평균 시속 250km로 달리며, 기차 번호는 D로 시작해요. 세번째는 '城际列车(chéngjì lièchē)'라고 불리는 도시 간 열차예요. 인접한 중요 도시나 도시간의 직통열차로 중간에 정차역이 없어요. 도시와 도시를 신속하게 연결하는 기차로 대표적인 노선은 베이징과 톈진을 오가는 열차예요. 120km를 35분만에 주파하며, 기차 번호는 C로 시작해요. 대부분의 사람들은 모바일 기차 예매 앱이나 사이트를 이용해 기차를 예약하기도 하고, 기차역에 직접 가서 미리 예약하기도 해요. 중국에 갈 기회가 생긴다면 꼭 기차를 이용해 보세요.

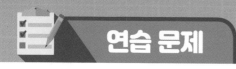 **연습 문제**

부록의 445쪽 Final check로 확인 학습까지 꼭!!!

1 다음 중국어와 우리말 뜻을 바르게 연결하세요.

① 火车 ·   · 일등 침대석

② 高铁 ·   · 일반석

③ 卧铺 ·   · (기차, 장거리 버스의) 침대

④ 硬座 ·   · 기차

⑤ 软卧 ·   · 고속 철도

2 알맞은 병음을 적어보세요.

① 站票 _____   ② 订票 _____

③ 改签 _____   ④ 候车厅 _____

3 알맞은 중국어를 적어보세요.

① 개찰구 _____   ② 플랫폼 _____

③ 정시에 _____   ④ 출발하다 _____

4 빈칸에 들어갈 알맞은 중국어를 고르세요.

> **보기**　　　　　　　行李　　　晚点

① 你带的 _____ 太多了。

네가 가지고 온 짐이 너무 많아.

② 火车 _____ 了, 大家都在等着。

기차가 연착되어 모두 기다리고 있다.

정답

1 ①-기차　　②-고속 철도　　③-(기차, 장거리 버스의) 침대　　④-일반석
　⑤-일등 침대석

2 ① zhànpiào　② dìng piào　③ gǎiqiān　④ hòuchētīng

3 ① 检票口　② 站台　③ 准时　④ 出发

4 ① 行李　② 晚点

여행이 그립다

오늘의 재미난 표현!

- **倒时差**
  dǎo shíchā

한국인들에게 '시차 적응하다'라는 표현을 중국어로 말하라고 하면 '适应时差'라고 말하는데 사실은 매우 어색한 표현이다. 중국어로 '시차 적응하다'라는 표현을 하고 싶다면 한국어로 '시차를 거꾸로 하다'를 먼저 떠올려 보자! '거꾸로 하다, 뒤집다'의 의미를 가지고 있는 동사 '倒'를 '时差' 앞에 붙여 '倒时差'라고 말하면 된다.

예 我昨天刚回国，需要倒时差。
  나는 어제 막 귀국해서 시차 적응해야 한다.

机场
0944 ☐☐☐

jīchǎng

몡 공항

机场离市中心比较远。

Jīchǎng lí shì zhōngxīn bǐjiào yuǎn.

공항은 도심에서 비교적 멀다.

出国
0945 ☐☐☐

chū guó

동 출국하다

我好久没有出国了。

Wǒ hǎojiǔ méiyǒu chū guó le.

나는 오랫동안 출국하지 않았다.

旅游
0946 ☐☐☐

lǚyóu

동 여행하다

黄金周出去旅游的人很多。

Huángjīnzhōu chūqu lǚyóu de rén hěn duō.

황금 연휴에 여행을 떠나는 사람이 많다.

飞机
0947 ☐☐☐

fēijī

몡 비행기

飞机现在无法起飞。

Fēijī xiànzài wúfǎ qǐfēi.

비행기는 지금 이륙할 수 없다.

航班
0948 ☐☐☐

hángbān

몡 항공편

每天有多少航班去韩国?

Měitiān yǒu duōshao hángbān qù Hánguó?

매일 한국으로 가는 항공편이 몇 편 있어?

航空公司
0949 ☐☐☐

hángkōng gōngsī

항공사

我非常信任这家航空公司。

Wǒ fēicháng xìnrèn zhè jiā hángkōng gōngsī.

나는 이 항공사를 매우 신뢰한다.

经济舱 0950 ☐☐☐
jīngjìcāng
명 이코노미석, 일반석

经济舱的机票很便宜。
Jīngjìcāng de jīpiào hěn piányi.
이코노미석 항공권이 싸다.

➕ 头等舱 tóuděngcāng 퍼스트 클래스, 일등석

➕ 商务舱 shāngwùcāng 비즈니스 클래스, 비즈니스석

直飞 0951 ☐☐☐
zhífēi
동 직항하다, 직행하다

现在有直飞航班，不用转机。
Xiànzài yǒu zhífēi hángbān, búyòng zhuǎn jī.
지금 직항하는 항공편이 있으니 갈아탈 필요가 없다.

➕ 直达 zhídá 직항하다, 직행하다

护照 0952 ☐☐☐
hùzhào
명 여권

出国的时候一定要带上护照。
Chū guó de shíhou yídìng yào dài shang hùzhào.
출국할 때는 반드시 여권을 지참해야 한다.

机票 0953 ☐☐☐
jīpiào
명 비행기 표, 항공권

最近是淡季，机票很便宜。
Zuìjìn shì dànjì, jīpiào hěn piányi.
요즘은 비수기라 비행기 표가 싸다.

靠窗 0954 ☐☐☐
kào chuāng
창가쪽

我喜欢靠窗的座位。
Wǒ xǐhuan kào chuāng de zuòwèi.
나는 창가쪽 자리를 좋아한다.

➕ 靠过道 kào guòdào 복도 쪽, 통로 쪽

托运 0955 ☐☐☐
tuōyùn
동 (짐, 화물 등을) 위탁 운송하다

充电宝不可以托运。
Chōngdiànbǎo bù kěyǐ tuōyùn.
보조 배터리는 위탁 운송할 수 없다.

超重 0956 □□□
chāo zhòng
통 (규정된) 중량을 초과하다

您的行李超重了。
Nín de xíngli chāo zhòng le.
당신의 짐이 (규정된) 중량을 초과했습니다.

免税店 0957 □□□
miǎnshuìdiàn
명 면세점

上飞机前去免税店逛一逛。
Shàng fēijī qián qù miǎnshuìdiàn guàng yi guàng.
비행기 타기 전에 면세점을 좀 둘러보자.

航站楼 0958 □□□
hángzhànlóu
명 터미널

我们应该去几号航站楼？
Wǒmen yīnggāi qù jǐ hào hángzhànlóu?
우리는 몇 번 터미널로 가야해?

登机 0959 □□□
dēng jī
통 탑승하다

五分钟后开始登机。
Wǔ fēnzhōng hòu kāishǐ dēng jī.
5분 후에 탑승이 시작됩니다.

登机牌 0960 □□□
dēngjīpái
명 탑승권

请出示一下您的登机牌。
Qǐng chūshì yíxià nín de dēngjīpái.
당신의 탑승권을 보여 주세요.

起飞 0961 □□□
qǐfēi
통 이륙하다

飞机马上就要起飞了。
Fēijī mǎshàng jiù yào qǐfēi le.
비행기가 곧 이륙합니다.

飞机餐 0962 □□□
fēijīcān
명 기내식

我不太喜欢今天的飞机餐。
Wǒ bú tài xǐhuan jīntiān de fēijīcān.
나는 오늘 기내식이 그다지 마음에 들지 않는다.

0963 ☐☐☐

出入境卡
chūrùjìng kǎ
출입국 신고서

请大家提前填好出入境卡。
Qǐng dàjiā tíqián tián hǎo chūrùjìng kǎ.
여러분 출입국 신고서를 미리 작성해 두세요.

0964 ☐☐☐

到达
dàodá
동 도착하다

我们的航班已经到达了目的地。
Wǒmen de hángbān yǐjing dàodá le mùdìdì.
우리 비행기는 이미 목적지에 도착했다.

0965 ☐☐☐

海关
hǎiguān
명 세관

过海关的时候需要核对指纹。
Guò hǎiguān de shíhou xūyào héduì zhǐwén.
세관을 지날 때 반드시 지문을 대조 확인해야 한다.

0966 ☐☐☐

时差
shíchā
명 시차

我倒时差花了好几天。
Wǒ dǎo shíchā huā le hǎo jǐ tiān.
나는 시차 적응하는데 며칠이 걸렸다.

단어 플러스 ▶ **전 세계 여행객들이 선택한 중국의 공항(2020 기준)**

- 上海虹桥国际机场 Shànghǎi Hóngqiáo Guójì Jīchǎng 상하이 홍차오 국제공항
- 广州白云国际机场 Guǎngzhōu Báiyún Guójì Jīchǎng 광저우 바이윈 국제공항
- 海口美兰国际机场 Hǎikǒu Měilán Guójì Jīchǎng 하이커우 메이란 국제공항
- 西安咸阳国际机场 Xī'ān Xiányáng Guójì Jīchǎng 시안 선양 국제공항
- 深圳宝安国际机场 Shēnzhèn Bǎo'ān Guójì Jīchǎng 선전 바오안 국제공항
- 成都双流国际机场 Chéngdū Shuāngliú Guójì Jīchǎng 청두 슈앙리우 국제공항
- 北京首都国际机场 Běijīng Shǒudōu Guójì Jīchǎng 베이징 서우두 국제공항
- 长沙黄花国际机场 Chángshā Huánghuā Guójì Jīchǎng 창사 황화 국제공항

연습 문제

부록의 447쪽 Final check로 확인 학습까지 꼭!!!

1 다음 중국어와 우리말 뜻을 바르게 연결하세요.

① 机场 ·　　　　　　　 · 비행기

② 出国 ·　　　　　　　 · 여행하다

③ 旅游 ·　　　　　　　 · 출국하다

④ 飞机 ·　　　　　　　 · 항공편

⑤ 航班 ·　　　　　　　 · 공항

2 알맞은 병음을 적어보세요.

① 航空公司 _____　② 经济舱 _____

③ 直飞 _____　④ 护照 _____

3 알맞은 중국어를 적어보세요.

① (짐, 화물 등을) 위탁 운송하다 _____　② (규정된) 중량을 초과하다 _____

③ 면세점 _____　④ 터미널 _____

4 빈칸에 들어갈 알맞은 중국어를 고르세요.

보기　　　　　　　　　登机　　　登机牌

① 请出示一下您的 _____。

당신의 탑승권을 보여 주세요.

② 五分钟后开始 _____。

5분 후에 탑승이 시작됩니다.

정답

1 ①-공항　②-출국하다　③-여행하다　④-비행기　⑤-항공편

2 ① hángkōng gōngsī　② jīngjìcāng　③ zhífēi　④ hùzhào

3 ① 托运　② 超重　③ 免税店　④ 航站楼

4 ① 登机牌　② 登机

패션의 완성은
깔맞춤이지

오늘의 재미난 표현!

• 人靠衣装
  rén kào yīzhuāng

직역하면 '사람은 옷차림에 달려 있다'라는 뜻으로 보통은 옷이 그 사람에게 잘 어울리거나 그 옷으로 인해서 사람이 달리 보일 때 '옷이 날개다'라는 의미로 많이 쓴다.

예 果真是人靠衣装。
   확실히 옷이 날개야.

0967 ☐☐☐

穿
chuān
통 입다

穿上这件衣服显瘦。
Chuān shang zhè jiàn yīfu xiǎn shòu.
이 옷을 입으니 날씬해 보인다.

0968 ☐☐☐

脱
tuō
통 벗다

先脱鞋再进去。
Xiān tuō xié zài jìnqu.
먼저 신발부터 벗고 들어가세요.

0969 ☐☐☐

衣服
yīfu
명 옷

衣服穿起来舒服最重要。
Yīfu chuān qǐlai shūfu zuì zhòngyào.
옷은 편하게 입는 게 가장 중요하다.

0970 ☐☐☐

件
jiàn
양 벌[옷을 세는 단위]

秋天需要随身带一件外套。
Qiūtiān xūyào suíshēn dài yí jiàn wàitào.
가을에는 외투를 한 벌 가지고 다녀야 한다.

0971 ☐☐☐

时尚
shíshàng
형 스타일리쉬하다,
유행에 어울리는

这件衣服看起来很时尚。
Zhè jiàn yīfu kàn qǐlai hěn shíshàng.
이 옷은 보기에 매우 스타일리쉬하다.

0972 ☐☐☐

男装
nánzhuāng
명 남성복

这家是男装专卖店。
Zhè jiā shì nánzhuāng zhuānmàidiàn.
이곳은 남성복 전문점입니다.

➕ 女装 nǚzhuāng 여성복

童装
tóngzhuāng
명 아동복

0973 ☐☐☐

最近新出了很多童装品牌。
Zuìjìn xīn chū le hěn duō tóngzhuāng pǐnpái.
최근에 많은 아동복 브랜드가 새로 생겼다.

西装
xīzhuāng
명 양복

0974 ☐☐☐

穿西装感觉很正式。
Chuān xīzhuāng gǎnjué hěn zhèngshì.
양복을 입으면 포멀한 느낌이 든다.

大衣
dàyī
명 외투

0975 ☐☐☐

今天天气热，不需要穿大衣。
Jīntiān tiānqì rè, bù xūyào chuān dàyī.
오늘 날씨가 더우니 외투를 입을 필요가 없다.

口袋
kǒudai
명 주머니

0976 ☐☐☐

口袋里放了太多东西。
Kǒudai li fàng le tài duō dōngxi.
주머니 안에 물건을 너무 많이 넣었다.

羽绒服
yǔróngfú
명 패딩, 다운재킷

0977 ☐☐☐

冬天我必须穿羽绒服。
Dōngtiān wǒ bìxū chuān yǔróngfú.
겨울에 나는 꼭 패딩을 입어야 한다.

毛衣
máoyī
명 스웨터

0978 ☐☐☐

毛衣的领子太高了，不舒服。
Máoyī de lǐngzi tài gāo le, bù shūfu.
스웨터의 (옷)깃이 너무 높아서 불편하다.

背心
0979 ☐☐☐

bèixīn

명 조끼

这件背心是纯棉的。

Zhè jiàn bēixīn shì chúnmián de.

이 조끼는 순면이다.

衬衫
0980 ☐☐☐

chènshān

명 셔츠

白色的衬衫不好打理。

Báisè de chènshān bù hǎo dǎlǐ.

흰색 셔츠는 관리하기가 어렵다.

T恤
0981 ☐☐☐

T xù

명 티셔츠

你出了一身汗，T恤湿了。

Nǐ chū le yì shēn hàn, T xù shī le.

너는 온몸에 땀을 흘려서 티셔츠가 젖었다.

袖子
0982 ☐☐☐

xiùzi

명 소매

这件衣服的袖子太长了。

Zhè jiàn yīfu de xiùzi tài cháng le.

이 옷의 소매는 너무 길다.

裤子
0983 ☐☐☐

kùzi

명 바지

最近胖了些，裤子有点紧。

Zuìjìn pàng le xiē, kùzi yǒudiǎn jǐn.

요즘에 살이 좀 쪄서 바지가 타이트하다.

➕ 牛仔裤 niúzǎikù 청바지

裙子
0984 ☐☐☐

qúnzi

명 치마

做户外运动尽量不要穿裙子。

Zuò hùwài yùndòng jǐnliàng búyào chuān qúnzi.

야외 운동을 할 때는 되도록 치마를 입지 말아야 한다.

连衣裙

0985 ☐☐☐

liányīqún

명 원피스

这条连衣裙太长了。
Zhè tiáo liányīqún tài cháng le.
이 원피스는 너무 길다.

内衣

0986 ☐☐☐

nèiyī

명 속옷

内衣的面料很重要。
Nèiyī de miànliào hěn zhòngyào.
속옷의 원단은 매우 중요하다.

단어 플러스 **중국의 전통 복장**

- 唐装 Tángzhuāng 탕좡
- 长袍 Chángpáo 챵파오(남자가 입는 중국 긴 두루마기)
- 旗袍 Qípáo 치파오
- 中山装 Zhōngshānzhuāng 중산복, 인민복

1 다음 중국어와 우리말 뜻을 바르게 연결하세요.

① 穿 ·   · 벗다

② 脱 ·   · 벌

③ 衣服 ·   · 옷

④ 件 ·   · 입다

⑤ 时尚 ·   · 스타일리쉬하다

2 알맞은 병음을 적어보세요.

① 男装 _____   ② 童装 _____

③ 西装 _____   ④ 大衣 _____

3 알맞은 중국어를 적어보세요.

① 주머니 _____   ② 패딩 _____

③ 스웨터 _____   ④ 조끼 _____

4 빈칸에 들어갈 알맞은 중국어를 고르세요.

> 보기
>
> 衬衫   T恤

① 你出了一身汗, _____ 湿了。

　너는 온몸에 땀을 흘려서 티셔츠가 젖었다.

② 白色的 _____ 不好打理。

　흰색 셔츠는 관리하기가 어렵다.

정답 --

1 ①-입다   ②-벗다   ③-옷   ④-벌   ⑤-스타일리쉬하다

2 ① nánzhuāng   ② tóngzhuāng   ③ xīzhuāng   ④ dàyī

3 ① 口袋   ② 羽绒服   ③ 毛衣   ④ 背心

4 ① T恤   ② 衬衫

머리부터 발끝까지
핫템장착

DAY 49
MP3 바로 듣기

오늘의 재미난 표현!

- 戴有色眼镜
  Dài yǒusè yǎnjìng

직역하면 '색이 있는 안경을 착용했다'라는 표현으로 '색안경을 끼고 보다', '선입견을 가지고 보다'라는 의미를 가지고 있다. 즉, 좋지 않은 감정이나 주관적인 감정을 가지고 누군가를 대하거나 평가한다는 뜻으로 쓰인다.

예 媒体应该说实话，不能戴有色眼镜。
언론은 솔직히 말해야 해, 색안경을 써서는 안 된다.

鞋
0987 ☐☐☐

xié

명 신발

鞋太大了，走路不方便。

Xié tài dà le, zǒu lù bù fāngbiàn.

신발이 너무 커서 걷기가 불편하다.

➕ 皮鞋 píxié 구두

➕ 运动鞋 yùndòngxié 운동화

双
0988 ☐☐☐

shuāng

양 쌍[짝을 이루는 물건을 세는 단위]

今天买了一双新鞋。

Jīntiān mǎi le yì shuāng xīn xié.

오늘 새 신발을 한 켤레 샀다.

高跟鞋
0989 ☐☐☐

gāogēnxié

명 하이힐

高跟鞋穿久了对关节不好。

Gāogēnxié chuān jiǔ le duì guānjié bù hǎo.

하이힐을 오래 신으면 관절에 좋지 않다.

袜子
0990 ☐☐☐

wàzi

명 양말

袜子湿了，我去换一双。

Wàzi shī le, wǒ qù huàn yì shuāng.

양말이 젖어서 바꿔 신으러 간다.

丝袜
0991 ☐☐☐

sīwà

명 스타킹

这款丝袜质量很好。

Zhè kuǎn sīwà zhìliàng hěn hǎo.

이 스타킹은 품질이 아주 좋다.

戴
0992 ☐☐☐

dài

동 차다, 쓰다, 착용하다

今天我没戴表。

Jīntiān wǒ méi dài biǎo.

오늘 나는 시계를 차지 않았다.

围巾
0993 ☐☐☐
wéijīn
명 목도리, 스카프

这条围巾是我妈妈给我织的。
Zhè tiáo wéijīn shì wǒ māma gěi wǒ zhī de.
이 목도리는 어머니께서 나에게 만들어 주신 것이다.

领带
0994 ☐☐☐
lǐngdài
명 넥타이

这个领带的颜色不太好看。
Zhège lǐngdài de yánsè bú tài hǎokàn.
이 넥타이는 색깔이 그다지 예쁘지 않다.

帽子
0995 ☐☐☐
màozi
명 모자

上课的时候不要戴帽子。
Shàng kè de shíhou búyào dài màozi.
수업할 때는 모자를 쓰지 마세요.

手表
0996 ☐☐☐
shǒubiǎo
명 손목시계

我的手表好像有点儿慢。
Wǒ de shǒubiǎo hǎoxiàng yǒudiǎnr màn.
제 손목시계가 좀 느린 것 같아요.

眼镜
0997 ☐☐☐
yǎnjìng
명 안경

我不戴眼镜就看不清楚。
Wǒ bú dài yǎnjìng jiù kànbuqīngchu.
나는 안경을 쓰지 않으면 잘 보이지 않는다.

墨镜
0998 ☐☐☐
mòjìng
명 선글라스

戴墨镜可以保护眼睛。
Dài mòjìng kěyǐ bǎohù yǎnjing.
선글라스를 쓰면 눈을 보호할 수 있다.

耳环
0999 ☐☐☐
ěrhuán
명 귀걸이

我不喜欢戴耳环。
Wǒ bù xǐhuan dài ěrhuán.
나는 귀걸이 하는 걸 좋아하지 않는다.

项链
1000 ☐☐☐
xiàngliàn
명 목걸이

这条项链是纯金的。
Zhè tiáo xiàngliàn shì chúnjīn de.
이 목걸이는 순금이다.

戒指
1001 ☐☐☐
jièzhi
명 반지

这是我的结婚戒指。
Zhè shì wǒ de jié hūn jièzhi.
이것은 나의 결혼 반지이다.

手套
1002 ☐☐☐
shǒutào
명 장갑

外面冷，我觉得你应该戴手套。
Wàimiàn lěng, wǒ juéde nǐ yīnggāi dài shǒutào.
밖이 추워서 장갑을 껴야 할 것 같다.

试
1003 ☐☐☐
shì
동 입다

不买不要紧，先试试看。
Bù mǎi búyàojǐn, xiān shìshi kàn.
사지 않아도 상관없으니 일단 입어 보세요.

适合
1004 ☐☐☐
shìhé
동 어울리다, 적합하다

这个款式非常适合你。
Zhège kuǎnshì fēicháng shìhé nǐ.
이 스타일이 당신에게 잘 어울리네요.

正好
1005 □□□
zhènghǎo
형 딱 좋다, 딱 맞다

不大不小正好！
Bú dà bù xiǎo zhènghǎo!
크지도 작지도 않고 딱 좋네!

紧
1006 □□□
jǐn
형 타이트하다

这条裤子太紧了。
Zhè tiáo kùzi tài jǐn le.
이 바지는 너무 타이트해요.

休闲
1007 □□□
xiūxián
형 캐주얼하다, 한가하다

我喜欢休闲一点的服饰。
Wǒ xǐhuan xiūxián yìdiǎn de fúshì.
나는 좀 캐주얼한 복장을 좋아한다.

正式
1008 □□□
zhèngshì
형 포멀한, 정식의

今天你最好穿得正式一点。
Jīntiān nǐ zuìhǎo chuān de zhèngshì yìdiǎn.
오늘 너는 좀 포멀하게 입는 게 좋겠어.

단어 플러스 ▶ 다양한 패션 아이템

- 帆布包 fānbùbāo 캔버스 백
- 手提包 shǒutíbāo 핸드백
- 棒球帽 bàngqiúmào 야구 모자, 볼캡
- 针织帽 zhēnzhī mào 비니
- 凉鞋 liángxié 샌들
- 拖鞋 tuōxié 슬리퍼

연습 문제

부록의 451쪽 Final check로 확인 학습까지 꼭!!!

1 다음 중국어와 우리말 뜻을 바르게 연결하세요.

① 鞋 •　　　　　• 차다

② 双 •　　　　　• 양말

③ 袜子 •　　　　• 신발

④ 丝袜 •　　　　• 스타킹

⑤ 戴 •　　　　　• 쌍

2 알맞은 병음을 적어보세요.

① 围巾 _____　② 领带 _____

③ 帽子 _____　④ 手表 _____

3 알맞은 중국어를 적어보세요.

① 안경 _____　② 선글라스 _____

③ 귀걸이 _____　④ 목걸이 _____

4 빈칸에 들어갈 알맞은 중국어를 고르세요.

> **보기**　　　　　戒指　　　手套

① 这是我的结婚 _____。
　이것은 나의 결혼 반지이다.

② 外面冷，我觉得你应该戴 _____。
　밖이 추워서 장갑을 껴야 할 것 같다.

정답

1 ①-신발　　②-쌍　　③-양말　　④-스타킹　　⑤-차다

2 ① wéijīn　② lǐngdài　③ màozi　④ shǒubiǎo

3 ① 眼镜　　② 墨镜　　③ 耳环　　④ 项链

4 ① 戒指　　② 手套

뭐니뭐니 해도
K뷰티지!

오늘의 재미난 표현!

• **爱美之心，人皆有之**
  Ài měi zhī xīn, rén jiē yǒu zhī

'예뻐지려는 마음은 누구나 가지고 있다'라는 뜻이다. '세상 사람 모두가 예쁜 사람을 더 좋아하니 예뻐야 한다'는 의미가 아니라 '누구든 예뻐 보이고 싶은 마음이 생기는 게 당연하다'라는 의미로 쓴다.

예 我能理解你的心情，"爱美之心，人皆有之"。
나는 '예뻐 보이고 싶은 마음은 누구에게나 있다'라는 너의 마음을 이해할 수 있어.

化妆
1009 ☐☐☐

huà zhuāng

통 화장하다

我今天没有化妆，是素颜。

Wǒ jīntiān méiyǒu huà zhuāng, shì sùyán.

나 오늘 화장 안 한 맨 얼굴이야.

护肤品
1010 ☐☐☐

hùfūpǐn

명 기초 화장품, 스킨케어

护肤品也有保质期。

Hùfūpǐn yě yǒu bǎozhìqī.

기초 화장품에도 유통기한이 있다.

面膜
1011 ☐☐☐

miànmó

명 마스크 팩

晚上敷面膜，效果会更好。

Wǎnshang fū miànmó, xiàoguǒ huì gèng hǎo.

저녁에 마스크 팩을 하면 더욱 효과적이다.

爽肤水
1012 ☐☐☐

shuǎngfūshuǐ

명 토너

洗完脸，先擦一擦爽肤水。

Xǐ wán liǎn, xiān cā yi cā shuǎngfūshuǐ.

세안 후에 토너로 먼저 닦아 주세요.

乳液
1013 ☐☐☐

rǔyè

명 로션

这种乳液适合干性皮肤。

Zhè zhǒng rǔyè shìhé gānxìng pífū.

이 로션은 건성 피부에 적합하다.

精华液
1014 ☐☐☐

jīnghuáyè

명 에센스

精华液用得太多反而不好。

Jīnghuáyè yòng de tài duō fǎn'ér bù hǎo.

에센스를 너무 많이 쓰면 오히려 좋지 않다.

洗面奶
1015 ☐☐☐

xǐmiànnǎi

명 폼클렌징

洗面奶的成分很重要。
Xǐmiànnǎi de chéngfèn hěn zhòngyào.
폼클렌징의 성분은 매우 중요하다.

化妆棉
1016 ☐☐☐

huàzhuāngmián

명 화장솜

用化妆棉卸妆会更清洁。
Yòng huàzhuāngmián xiè zhuāng huì gèng qīngjié.
화장솜으로 화장을 지우면 더 깨끗하게 지워진다.

粉底液
1017 ☐☐☐

fěndǐyè

명 (액체) 파운데이션

粉底液不要涂得太厚。
Fěndǐyè búyào tú de tài hòu.
파운데이션을 두껍게 바르지 마세요.

➕ BB霜 BB shuāng BB크림

粉饼
1018 ☐☐☐

fěnbǐng

명 파우더 팩트

我的粉饼摔碎了。
Wǒ de fěnbǐng shuāi suì le.
내 파우더 팩트가 떨어져 깨졌다.

防晒霜
1019 ☐☐☐

fángshàishuāng

명 선크림(자외선 차단제)

应该每天都涂防晒霜。
Yīnggāi měitiān dōu tú fángshàishuāng.
매일 선크림을 발라야 한다.

眼影
1020 ☐☐☐

yǎnyǐng

명 아이섀도

这款眼影的颜色非常亮。
Zhè kuǎn yǎnyǐng de yánsè fēicháng liàng.
이 아이섀도의 색상은 매우 밝다.

眼线
1021 ☐☐☐

眼线
yǎnxiàn
몡 아이라인

你的眼线画得太粗了。
Nǐ de yǎnxiàn huà de tài cū le.
아이라인을 너무 굵게 그렸어요.

1022 ☐☐☐

睫毛膏
jiémáogāo
몡 마스카라

刷睫毛膏显得眼睛更精神。
Shuā jiémáogāo xiǎnde yǎnjing gèng jīngshen.
마스카라를 바르면 눈이 더 생기 있어 보인다.

1023 ☐☐☐

腮红
sāihóng
몡 블러셔

我告诉你涂腮红的正确方法。
Wǒ gàosù nǐ tú sāihóng de zhèngquè fāngfǎ.
내가 너에게 블러셔 바르는 정확한 방법을 알려줄게.

1024 ☐☐☐

口红
kǒuhóng
몡 립스틱

我喜欢这个口红色号。
Wǒ xǐhuan zhège kǒuhóng sè hào.
나는 이 립스틱 색상을 좋아한다.

1025 ☐☐☐

润唇膏
rùnchúngāo
몡 립밤

这款润唇膏不含防腐剂。
Zhè kuǎn rùnchúngāo bù hán fángfǔjì.
이 립밤은 방부제가 함유되어 있지 않다.

1026 ☐☐☐

护手霜
hùshǒushuāng
몡 핸드크림

洗完手就马上涂护手霜。
Xǐ wán shǒu jiù mǎshàng tú hùshǒushuāng.
손을 씻고 바로 핸드크림을 바른다.

香水
xiāngshuǐ
몡 향수

1027 ☐☐☐

香水不要喷得太多。
Xiāngshuǐ búyào pēn de tài duō.
향수를 너무 많이 뿌리지 마세요.

牌子
páizi
몡 브랜드

1028 ☐☐☐

这是很著名的牌子。
Zhè shì hěn zhùmíng de páizi.
이것은 유명한 브랜드이다.

단어 플러스 알아두면 쓸모 있는 화장품 명칭

- 喷雾 pēnwù 미스트
- 浓缩精华 nóngsuō jīnghuá 앰플(= 安瓶)
- 素颜霜 sùyánshuāng 톤업 크림
- 眼霜 yǎnchuāng 아이크림
- 芦荟胶 lúhuì jiāo 알로에겔(젤)
- 气垫霜 qìdiànshuāng 쿠션, 쿠션 팩트

1 다음 중국어와 우리말 뜻을 바르게 연결하세요.

① 化妆 ·　　　　　　· 토너

② 护肤品 ·　　　　　· 로션

③ 面膜 ·　　　　　　· 기초 화장품

④ 爽肤水 ·　　　　　· 화장하다

⑤ 乳液 ·　　　　　　· 마스크 팩

2 알맞은 병음을 적어보세요.

① 精华液 _____　　② 洗面奶 _____

③ 化妆棉 _____　　④ 粉底液 _____

3 알맞은 중국어를 적어보세요.

① 파우더 팩트 _____　　② 선크림 _____

③ 아이섀도 _____　　④ 아이라인 _____

4 빈칸에 들어갈 알맞은 중국어를 고르세요.

> 보기　　　　　香水　　　牌子

① 这是很著名的 _____。
　이것은 유명한 브랜드이다.

② _____ 不要喷得太多了。
　향수를 너무 많이 뿌리지 마세요.

정답

1 ①- 화장하다　　②-기초 화장품　　③-마스크 팩　　④-토너　　⑤-로션
2 ① jīnghuáyè　　② xǐmiànnǎi　　③ huàzhuāngmián　　④ fěndǐyè
3 ① 粉饼　　② 防晒霜　　③ 眼影　　④ 眼线
4 ① 牌子　　② 香水

DAY
51

쇼핑은
즐거워(2)

오늘의 재미난 표현!

• 健步如飞
　jiàn bù rú fēi

'걸음이 매우 빨라 마치 나는 것 같이 걷다'라는 뜻으로 보통은 '사람이 매우 건강
하다'라는 의미로 쓰거나 '본인이 좋아하는 일을 할 때 아주 신나고 힘있고 빠르게
걷는 모습'을 뜻하는 말로도 쓴다.

⋯⋯⋯⋯⋯⋯⋯⋯⋯⋯⋯⋯⋯⋯⋯⋯⋯⋯⋯⋯⋯⋯⋯⋯⋯⋯⋯⋯⋯⋯

예 我看你一到商场就健步如飞。
　　내가 보니 너는 쇼핑몰에만 오면 날아다니는 것 같아.

逛街 1029 ☐☐☐
guàng jiē
동 쇼핑하다

周末我们一起去逛街吧。
Zhōumò wǒmen yìqǐ qù guàng jiē ba.
주말에 우리 같이 쇼핑하러 가자.

购物 1030 ☐☐☐
gòu wù
동 쇼핑하다, 구매하다

最近网上购物很方便。
Zuìjìn wǎngshàng gòu wù hěn fāngbiàn.
요즘은 인터넷 쇼핑하는 게 편리하다.

消费 1031 ☐☐☐
xiāofèi
명 동 소비(하다)

我们应该提倡适度消费。
Wǒmen yīnggāi tíchàng shìdù xiāofèi.
우리는 반드시 적당한 소비를 장려해야 한다.

商场 1032 ☐☐☐
shāngchǎng
명 백화점

最近商场搞活动。
Zuìjìn shāngchǎng gǎo huódòng.
최근에 백화점에서 이벤트를 한다.

试衣间 1033 ☐☐☐
shìyījiān
명 탈의실

可以去试衣间试试。
Kěyǐ qù shìyījiān shìshi.
탈의실에 가서 입어 보셔도 돼요.

欢迎 1034 ☐☐☐
huānyíng
동 환영하다

欢迎您来到我们的商场。
Huānyíng nín lái dào wǒmen de shāngchǎng.
저희 백화점에 오신 걸 환영합니다.

光临
1035 ☐☐☐
guānglín
동 방문하다, 왕림하나

欢迎再次光临我们店。
Huānyíng zàicì guānglín wǒmen diàn.
다시 한번 저희 가게에 오신 것을 환영합니다.

价格
1036 ☐☐☐
jiàgé
명 가격

我觉得这个价格很合理。
Wǒ juéde zhège jiàgé hěn hélǐ.
나는 이 가격이 매우 합리적이라고 생각한다.

讲价 ★
1037 ☐☐☐
jiǎng jià
동 가격을 흥정하다

不好意思，我们店不讲价。
Bù hǎoyìsi, wǒmen diàn bù jiǎng jià.
죄송하지만 저희 가게는 가격 흥정을 하지 않습니다.

지역마다 '가격을 흥정하다, 에누리하다'라는 표현을 다르게 해요. '砍价(kǎn jià)'라고 하기도 하고 '杀价(shā jià)'라고 하기도 해요.

挨宰
1038 ☐☐☐
ái zǎi
동 바가지 쓰다

今天买东西，一不小心又挨宰了。
Jīntiān mǎi dōngxi, yí bù xiǎoxīn yòu ái zǎi le.
오늘 물건을 샀는데 조심하지 않아서 또 바가지를 썼다.

付款
1039 ☐☐☐
fù kuǎn
동 돈을 지불하다, 결제하다

付款以后，应该收好发票。
Fù kuǎn yǐhòu, yīnggāi shōu hǎo fāpiào.
돈을 지불한 후에 영수증을 잘 받아야 한다.

刷卡
1040 ☐☐☐
shuā kǎ
동 카드로 결제하다

大型超市里可以刷卡购物。
Dàxíng chāoshì li kěyǐ shuā kǎ gòu wù.
대형 마트에서는 카드로 (결제해) 물건을 살 수 있다.

现金
xiànjīn
명 현금

1041 ☐☐☐

我现在钱包里的现金不够。
Wǒ xiànzài qiánbāo li de xiànjīn búgòu.
나는 지금 지갑에 현금이 부족하다.

包装
bāozhuāng
명 포장

1042 ☐☐☐

这个东西包装很精致。
Zhège dōngxi bāozhuāng hěn jīngzhì.
이 물건은 포장이 정교하다.

袋子
dàizi
명 봉지, 주머니

1043 ☐☐☐

麻烦你拿一个袋子帮我装一下。
Máfan nǐ ná yíge dàizi bāng wǒ zhuāng yíxià.
번거롭겠지만 봉지 하나 가져다가 좀 담아 주세요.

退货
tuì huò
통 반품하다

1044 ☐☐☐

这个东西质量有问题，我要退货。
Zhège dōngxi zhìliàng yǒu wèntí, wǒ yào tuì huò.
이 물건은 품질에 문제가 있으니 반품할게요.

假货
jiǎhuò
명 모조품

1045 ☐☐☐

我们这里不可能有假货。
Wǒmen zhèli bù kěnéng yǒu jiǎhuò.
저희는 모조품이 있을 수 없어요.

网购
wǎnggòu
통 인터넷 쇼핑을 하다

1046 ☐☐☐

网购时一定要看评价。
Wǎnggòu shí yídìng yào kàn píngjià.
인터넷 쇼핑을 할 때는 반드시 리뷰를 봐야 한다.

网店 1047 ☐☐☐
wǎngdiàn
몡 온라인 쇼핑몰

网店应该比实体店更便宜。
Wǎngdiàn yīnggāi bǐ shítǐdiàn gèng piányi.
온라인 쇼핑몰은 오프라인 매장보다 더 저렴해야 한다.

➕ 实体店 shítǐdiàn 오프라인 매장

客服 1048 ☐☐☐
kèfú
몡 고객 서비스

这个客服人员很有耐心。
Zhège kèfú rényuán hěn yǒu nàixīn.
이 고객 서비스 직원은 인내심이 매우 강하다.

快递 1049 ☐☐☐
kuàidì
몡 택배

我今天收到了很多快递。
Wǒ jīntiān shōu dào le hěn duō kuàidì.
나는 오늘 택배를 많이 받았다.

단어 플러스 **쇼핑 관련 다양한 표현들**

- 双十一 shuāngshíyī 11월 11일 광군절(중국의 블랙프라이데이)
- 双十二 shuāngshí'èr 12월 12일 친친절
  (타오바오에서 진행하는 연말 빅세일 쇼핑 데이)
- 一次性付款 yícìxìng fùkuǎn 일시불
- 分期付款 fēnqī fùkuǎn 할부 결제
- 卡刷爆了 kǎ shuā bào le 카드 한도를 초과하다
- 优惠券 yōuhuìquàn 할인권, 쿠폰
- 新宠 xīnchǒng 새롭게 떠오르는 핫한 아이템
- 限量版 xiànliàngbǎn 한정판, 리미티드 에디션

1 다음 중국어와 우리말 뜻을 바르게 연결하세요.

① 逛街 •   • 탈의실

② 退货 •   • 백화점

③ 消费 •   • 소비하다

④ 商场 •   • 쇼핑하다

⑤ 试衣间 •   • 반품하다

2 알맞은 병음을 적어보세요.

① 欢迎 _____   ② 讲价 _____

③ 光临 _____   ④ 价格 _____

3 알맞은 중국어를 적어보세요.

① 바가지 쓰다 _____   ② 돈을 지불하다 _____

③ 카드로 결제하다 _____   ④ 현금 _____

4 빈칸에 들어갈 알맞은 중국어를 고르세요.

> **보기**   包装   袋子

① 这个东西 _____ 很精致。

이 물건은 포장이 정교하다.

② 麻烦你拿一个 _____ 帮我装一下。

번거롭겠지만 봉지 하나 가져다가 좀 담아 주세요.

정답

1 ①-쇼핑하다   ②-반품하다   ③-소비하다   ④-백화점   ⑤-탈의실

2 ① huānyíng   ② jiǎng jià   ③ guānglín   ④ jiàgé

3 ① 挨宰   ② 付款   ③ 刷卡   ④ 现金

4 ① 包装   ② 袋子

집사님들
어서오세요

오늘의 재미난 표현!

• 撒狗粮
  sǎ gǒu liáng

직역하면 '개 사료를 뿌린다'라는 표현이다. '撒狗粮'은 신조어로 '커플들이 공개적으로 애정행각을 하거나 낯 간지러운 행동을 한다'라는 의미로 쓰이거나 '염장질을 한다'의 의미로 쓰이며 '秀恩爱(xiù ēn'ài)'라고도 표현할 수 있다.

'撒狗粮'은 '솔로'를 중국어로 '单身狗(dānshēn gǒu)'라 하고 '개 사료'를 '狗粮'이라 하는데, 커플들이 솔로 앞에서 염장을 지르며 애정행각을 해서 '솔로에게 개 사료(떡밥)을 뿌린다'는 데서 나온 말이다.

예 他今天又在网上撒狗粮。
   그는 오늘 또 인터넷에서 염장질을 한다.

动物
dòngwù
명 동물

1050 ☐☐☐

我非常喜欢养动物。
Wǒ fēicháng xǐhuan yǎng dòngwù.
나는 동물 기르는 걸 매우 좋아한다.

只
zhī
양 마리[동물을 세는 단위]

1051 ☐☐☐

我想养一只猫。
Wǒ xiǎng yǎng yì zhī māo.
나는 고양이 한 마리를 키우고 싶다.

公
gōng
명 수컷

1052 ☐☐☐

这两只都是公的。
Zhè liǎng zhī dōu shì gōng de.
이 두 마리는 모두 수컷이다.

母
mǔ
명 암컷

1053 ☐☐☐

母牛生了一头小牛。
Mǔ niú shēng le yì tóu xiǎo niú.
암소가 송아지 한 마리를 낳았다.

狗
gǒu
명 개

1054 ☐☐☐

狗是人类的好朋友。
Gǒu shì rénlèi de hǎo péngyou.
개는 인류의 좋은 친구이다.

条
tiáo
양 마리[가늘고 긴 동식물을
세는 단위]

1055 ☐☐☐

我家有一条小狗。
Wǒ jiā yǒu yì tiáo xiǎo gǒu.
우리 집에는 강아지 한 마리가 있다.

猫
mão
몡 고양이

1056 ☐☐☐

他们家的猫非常可爱。
Tāmen jiā de māo fēicháng kě'ài.
그 사람 집 고양이는 매우 귀엽다.

老鼠
lǎoshǔ
몡 쥐

1057 ☐☐☐

我最怕老鼠。
Wǒ zuì pà lǎoshǔ.
나는 쥐가 제일 무섭다.

鸡
jī
몡 닭

1058 ☐☐☐

公鸡的尾巴非常漂亮。
Gōngjī de wěiba fēicháng piàoliang.
수탉의 꼬리는 매우 아름답다.

猪
zhū
몡 돼지

1059 ☐☐☐

我属猪，是1995年出生的。
Wǒ shǔ zhū, shì yī jiǔ jiǔ wǔ nián chūshēng de.
나는 돼지띠이고 1995년에 태어났습니다.

鱼
yú
몡 생선, 물고기

1060 ☐☐☐

妈妈做的鱼最好吃。
Māma zuò de yú zuì hǎochī.
엄마가 요리한 생선이 제일 맛있다.

鸟
niǎo
몡 새

1061 ☐☐☐

喜鹊是一种吉祥的鸟。
Xǐquè shì yì zhǒng jíxiáng de niǎo.
까치는 길조를 나타내는 새이다.

养
yǎng
통 기르다

1062 ☐ ☐ ☐

很多人都养小动物。
Hěn duō rén dōu yǎng xiǎo dòngwù.
많은 사람들이 작은 동물을 키웁니다.

宠物
chǒngwù
명 애완동물

1063 ☐ ☐ ☐

他是一位宠物医生。
Tā shì yí wèi chǒngwù yīshēng.
그는 애완동물 의사(수의사)이다.

领养
lǐngyǎng
통 입양하다

1064 ☐ ☐ ☐

我想领养一条小狗。
Wǒ xiǎng lǐngyǎng yì tiáo xiǎo gǒu.
나는 강아지 한 마리를 입양하고 싶다.

狗粮
gǒuliáng
명 개 사료

1065 ☐ ☐ ☐

家里的狗粮快吃完了。
Jiā li de gǒuliáng kuài chī wán le.
집에 있는 개 사료 다 먹어 가.

➕ 猫粮 māoliáng 고양이 사료

植物
zhíwù
명 식물

1066 ☐ ☐ ☐

我喜欢绿色的植物。
Wǒ xǐhuan lǜsè de zhíwù.
나는 녹색 식물을 좋아한다.

树
shù
명 나무

1067 ☐ ☐ ☐

多种树对环境好。
Duō zhòng shù duì huánjìng hǎo.
나무를 많이 심으면 환경에 좋다.

1068 □□□

花盆
huāpén
명 화분

我想给这个花换个花盆。
Wǒ xiǎng gěi zhège huā huàn ge huāpén.
나는 이 꽃의 화분을 바꾸고 싶다.

1069 □□□

浇水
jiāo shuǐ
동 물을 주다

明天不要忘了给花浇水。
Míngtiān búyào wàng le gěi huā jiāo shuǐ.
내일 꽃에 물주는 걸 잊지 마.

1070 □□□

虫子
chóngzi
명 벌레

夏天到了，有很多小虫子。
Xiàtiān dào le, yǒu hěn duō xiǎo chóngzi.
여름이 되니 작은 벌레들이 너무 많다.

단어 플러스 > **랜선 집사와 애완 동식물**

- **云养** yúnyǎng 랜선으로 반려동물을 키우다
  (다른 사람이 애완동물 기르는 걸 사진이나 영상으로 감상하는 사람들)
- **蜥蜴** xīyì 도마뱀
- **乌龟** wūguī 거북이
- **鹦鹉** yīngwǔ 앵무새
- **仓鼠** cāngshǔ 햄스터
- **石笔虎尾兰** shíbǐ hǔwěilán 스투키
- **多肉** duōròu 다육이(다육 식물)
- **仙人掌** xiānrénzhǎng 선인장

1 다음 중국어와 우리말 뜻을 바르게 연결하세요.

① 动物 ·　　　　　　　· 암컷

② 公 ·　　　　　　　· 동물

③ 母 ·　　　　　　　· 마리

④ 只 ·　　　　　　　· 개 사료

⑤ 狗粮 ·　　　　　　　· 수컷

2 알맞은 병음을 적어보세요.

① 狗 _____　　　② 猫 _____

③ 植物 _____　　　④ 鸡 _____

3 알맞은 중국어를 적어보세요.

① 돼지 _____　　　② 새 _____

③ 물고기(생선) _____　　　④ 기르다 _____

4 빈칸에 들어갈 알맞은 중국어를 고르세요.

> 보기　　　　　　领养　　　宠物

① 他是一位 _____ 医生。
　그는 애완동물 의사(수의사)이다.

② 我想 _____ 一只小狗。
　나는 강아지 한 마리를 입양하고 싶다.

정답

1 ①-동물　　　②-수컷　　　③-암컷　　　④-마리　　　⑤-개 사료

2 ① gǒu　　　② māo　　　③ zhíwù　　　④ jī

3 ① 猪　　　② 鸟　　　③ 鱼　　　④ 养

4 ① 宠物　　　② 领养

집순이 집돌이
모여라

DAY 53
MP3 바로 듣기

오늘의 재미난 표현!

• 宅家
  zhái jiā

'宅'는 원래 명사로 '주택'이나 '거처' 등의 뜻으로 쓰였으나 '집에 틀어박혀 있다' 혹은 '외부인과 접촉하지 않고 집안 활동만 한다'라는 동사로도 쓸 수 있다. 따라서 '宅家'는 요즘 많이 쓰는 말로 '집안에 틀어박혀 있다'라는 의미를 가진 '집콕'이나 '방콕'의 의미로도 쓸 수 있다.

예 这段时间，我哪儿都没去，一直宅家刷剧。
   요즘 나는 아무데도 가지 않고, 계속 집콕하면서 드라마 정주행 했어.

媒体
méitǐ
명 미디어, 매체

1071 ☐☐☐

网络上出现了很多新媒体。
Wǎngluò shang chūxiàn le hěn duō xīn méitǐ.
인터넷에 많은 뉴 미디어가 출현하였다.

新闻
xīnwén
명 뉴스

1072 ☐☐☐

我每天晚上都看新闻。
Wǒ měitiān wǎnshang dōu kàn xīnwén.
나는 매일 저녁에 뉴스를 본다.

杂志
zázhì
명 잡지

1073 ☐☐☐

最近纸面杂志少了很多。
Zuìjìn zhǐmiàn zázhì shǎo le hěn duō.
요즘 종이 잡지가 많이 없어졌다.

群众
qúnzhòng
명 대중

1074 ☐☐☐

群众喜欢凑热闹。
Qúnzhòng xǐhuan còu rènao.
대중들은 한데 모여 즐겁게 노는 걸 좋아한다.

电视台
diànshìtái
명 방송국

1075 ☐☐☐

我非常喜欢这个电视台的节目。
Wǒ fēicháng xǐhuan zhège diànshìtái de jiémù.
나는 이 방송국의 프로그램을 매우 좋아한다.

卫视
wèishì
명 위성 TV

1076 ☐☐☐

我家能收看到几十个卫视。
Wǒ jiā néng shōu kàn dào jǐ shí ge wèishì.
우리 집은 몇 십 개의 위성 TV를 볼 수 있다.

1077

频道
píndào
명 채널

我最喜欢的是电影频道。
Wǒ zuì xǐhuan de shì diànyǐng píndào.
내가 제일 좋아하는 건 영화 채널이다.

1078

播放
bōfàng
통 방영하다, 방송하다

这个视频已经播放了1万次。
Zhège shìpín yǐjing bōfàng le yí wàn cì.
이 동영상은 1만 회 재생됐다.

1079

节目
jiémù
명 프로그램

最近没有什么有意思的节目。
Zuìjìn méiyǒu shénme yǒu yìsi de jiémù.
요즘 재미있는 프로그램이 별로 없어요.

1080

火
huǒ
형 인기 있다, 왕성하다

网络平台最近越来越火。
Wǎngluò píngtái zuìjìn yuèláiyuè huǒ.
인터넷 플랫폼은 요즘 갈수록 더 인기 있다.

1081

电视剧
diànshìjù
명 드라마

我又刷了一遍这部电视剧。
Wǒ yòu shuā le yí biàn zhè bù diànshìjù.
나는 다시 한 번 이 드라마를 정주행했다.

➕ **韩剧** Hánjù 한국 드라마

1082

综艺
zōngyì
명 예능

观众比较喜欢看综艺节目。
Guānzhòng bǐjiào xǐhuan kàn zōngyì jiémù.
시청자들은 예능 프로그램 보는 것을 좋아한다.

真人秀
1083 ☐☐☐
zhēnrén xiù
명 리얼리티 쇼

电视上出现了很多真人秀。
Diànshì shang chūxiàn le hěn duō zhēnrén xiù.
텔레비전에 많은 리얼리티 쇼가 나왔다.

纪录片
1084 ☐☐☐
jìlùpiàn
명 다큐멘터리

纪录片也有它的魅力。
Jìlùpiàn yě yǒu tā de mèilì.
다큐멘터리도 그것만의 매력이 있다.

广告
1085 ☐☐☐
guǎnggào
명 광고

最近短信广告太多了。
Zuìjìn duǎnxìn guǎnggào tài duō le.
요즘 문자 메시지 광고가 너무 많아요.

收视率
1086 ☐☐☐
shōushìlǜ
명 시청률

这部电视剧的收视率很高。
Zhè bù diànshìjù de shōushìlǜ hěn gāo.
이 드라마는 시청률이 매우 높다.

主持人
1087 ☐☐☐
zhǔchírén
명 사회자, MC

我非常喜欢这个节目的主持人。
Wǒ fēicháng xǐhuan zhège jiémù de zhǔchírén.
나는 이 프로그램의 사회자를 매우 좋아한다.

播音员
1088 ☐☐☐
bòyīnyuán
명 아나운서

小时候我的梦想是当一名播音员。
Xiǎoshíhou wǒ de mèngxiǎng shì dāng yì míng bòyīnyuán.
어렸을 때 나의 꿈은 아나운서가 되는 것이었다.

1089 □□□

制作人

zhìzuòrén

명 PD(프로듀서)

这部电视剧的制作人出名了。

Zhè bù diànshìjù de zhìzuòrén chūmíng le.

이 드라마의 PD는 유명해졌다.

1090 □□□

主角

zhǔjué

명 주연

那位演技派演员担任主角。

Nà wèi yǎnjìpài yǎnyuán dānrèn zhǔjué.

그 연기파 배우가 주연을 맡았다.

➕ 配角 pèijué 조연

단어 플러스 **드라마의 종류**

- 狗血剧 gǒuxiějù 막장 드라마
- 家庭伦理剧 jiātíng lúnlǐ jù 가족 드라마
- 武侠电视剧 wǔxiá diànshìjù 무협 드라마
- 古装剧 gǔzhuāngjù 사극
- 推理悬疑剧 tuīlǐ xuányíjù 추리 미스터리 드라마
- 情景喜剧 qíngjǐng xǐjù 시트콤
- 网剧 wǎngjù 웹 드라마

1 다음 중국어와 우리말 뜻을 바르게 연결하세요.

① 媒体 •　　　　　　• 잡지

② 新闻 •　　　　　　• 방송국

③ 杂志 •　　　　　　• 뉴스

④ 群众 •　　　　　　• 매체(미디어)

⑤ 电视台 •　　　　　• 대중

2 알맞은 병음을 적어보세요.

① 卫视 _____ 　　② 播放 _____

③ 频道 _____ 　　④ 节目 _____

3 알맞은 중국어를 적어보세요.

① 인기있다 _____ 　　② 리얼리티 쇼 _____

③ 예능 프로그램 _____ 　　④ 다큐멘터리 _____

4 빈칸에 들어갈 알맞은 중국어를 고르세요.

> 보기　　　　　广告　　　　收视率

① 这部电视剧的 _____ 很高。

　이 드라마는 시청률이 매우 높다.

② 最近短信 _____ 太多了。

　요즘 문자 메시지 광고가 너무 많아요.

정답

1 ①-매체(미디어)　②-뉴스　　③-잡지　　④-대중　　⑤-방송국

2 ① wèishì　　② bōfàng　　③ píndào　　④ jiémù

3 ① 火　　　② 真人秀　　③ 综艺　　④ 纪录片

4 ① 收视率　② 广告

인싸라면
이정도 쯤이야

오늘의 재미난 표현!

• 铺天盖地
  pū tiān gài dì

'하늘과 땅을 뒤덮는다'라는 뜻이다. 어떤 물건이나 현상의 기세가 대단하여 어디를 가든 볼 수 있으며, 너무나도 많아 우리 삶에 영향을 미치기도 한다는 의미도 내포하고 있다. 한국어로 예를 들자면 '기승부리다'와 비슷하다.

예 最近到哪里都是铺天盖地的广告。

요즘은 어디를 가나 광고 천지다.

1091 □□□

自媒体
zìméitǐ

명 1인 미디어

最近有很多人辞职做自媒体。
Zuìjìn yǒu hěn duō rén cízhí zuò zìméitǐ.
최근에 많은 사람들이 퇴사하고 1인 미디어를 한다.

1092 □□□

社交网络
shèjiāo wǎngluò

명 SNS(소셜 네트워크 서비스)

社交网络的范围越来越广。
Shèjiāo wǎngluò de fànwéi yuèláiyuè guǎng.
SNS의 범위가 점점 넓어지고 있다.

1093 □□□

网红
wǎnghóng

명 왕훙, 인터넷 스타,
온라인 셀럽

网红是一个新兴的职业。
Wǎnghóng shì yí ge xīnxīng de zhíyè.
왕훙은 새로 각광받는 직업이다.

1094 □□□

视频
shìpín

명 동영상

我喜欢看这个网红的视频。
Wǒ xǐhuan kàn zhège wǎnghóng de shìpín.
나는 이 왕훙의 동영상 보는 걸 좋아한다.

1095 □□□

主播
zhǔbō

명 크리에이터, 유튜버,
방송 진행자

主播的口才是非常重要的。
Zhǔbō de kǒucái shì fēicháng zhòngyào de.
크리에이터의 입담은 매우 중요하다.

1096 □□□

直播
zhíbō

명 라이브 방송

这个主播每天都做直播。
Zhège zhǔbō měitiān dōu zuò zhíbō.
이 크리에이터는 매일 라이브 방송을 한다.

评论
1097 ☐☐☐
pínglùn
명 댓글, 리뷰

希望大家多多留下自己的评论。
Xīwàng dàjiā duōduō liúxià zìjǐ de pínglùn.
여러분 댓글 많이 남겨주세요.

回复
1098 ☐☐☐
huífù
통 명 답글, 피드백, 답장(하다)

我喜欢的主播回复了我的评论。
Wǒ xǐhuan de zhǔbō huífù le wǒ de pínglùn.
내가 좋아하는 크리에이터가 나의 댓글에 답글을 남겼다.

分享
1099 ☐☐☐
fēnxiǎng
통 공유하다

我想跟大家分享一些经验。
Wǒ xiǎng gēn dàjiā fēnxiǎng yìxiē jīngyàn.
저는 여러분과 경험들을 공유하고 싶어요.

点击率
1100 ☐☐☐
diǎnjīlǜ
명 조회수

这种视频的点击率很高。
Zhè zhǒng shìpín de diǎnjīlǜ hěn gāo.
이 동영상의 조회수는 매우 높다.

订阅
1101 ☐☐☐
dìngyuè
통 구독하다

我早就订阅了他的频道。
Wǒ zǎo jiù dìngyuè le tā de píndào.
나는 일찍이 그의 채널을 구독했다.

点赞
1102 ☐☐☐
diǎn zàn
통 '좋아요'를 누르다

今天也有很多人给我点赞。
Jīntiān yě yǒu hěn duō rén gěi wǒ diǎn zàn.
오늘도 많은 분들이 '좋아요'를 눌러 주셨어요.

粉丝
1103 ☐☐☐

fěnsī

명 구독자, 팔로워

粉丝数已经达到了一定的程度。
Fěnsī shù yǐjing dá dào le yídìng de chéngdù.
구독자 수는 이미 어느 정도 달성했다.

关注
1104 ☐☐☐

guānzhù

통 팔로우하다

有很多人关注这个频道。
Yǒu hěn duō rén guānzhù zhège píndào.
많은 사람들이 이 채널을 팔로우한다.

私信
1105 ☐☐☐

sīxìn

명 다이렉트 메시지(DM)

有事可以私信告诉我。
Yǒu shì kěyǐ sīxìn gàosù wǒ.
일이 있으면 다이렉트 메시지(DM)으로 나한테 알려줘.

话题标签
1106 ☐☐☐

huàtí biāoqiān

명 해시태그(hashtag)

我在新发的帖子里加了很多话题标签。
Wǒ zài xīn fā de tiězi li jiā le hěn duō huàtí biāoqiān.
나는 새로 게시한 글에 많은 해시태그를 달았다.

打卡
1107 ☐☐☐

dǎ kǎ

통 (핫플레이스에 갔다 온것을) 인증하다

我也想去那家店打卡。
Wǒ yě xiǎng qù nà jiā diàn dǎ kǎ.
나도 그 가게에 인증하러 가고 싶다.

互粉
1108 ☐☐☐

hù fěn

맞팔(서로 팔로우하다)

我们俩的微博互粉了。
Wǒmen liǎ de wēibó hù fěn le.
우리 두 사람의 웨이보는 맞팔 되어 있다.

➕ 取关 qǔ guān 언팔로우(팔로우를 취소하다)

屏蔽
píngbì

동 차단하다, 가리다

1109 ☐☐☐

微信有屏蔽功能吗?
Wēixìn yǒu píngbì gōngnéng ma?
위챗에 차단 기능이 있나요?

➕ 拉黑 lā hēi 차단하다

表情包
biǎoqíng bāo

이모티콘

1110 ☐☐☐

刚发的表情包太可爱了, 你花钱买的吗?
Gāng fā de biǎoqíng bāo tà kě'ài le, nǐ huā qián mǎi de ma?
방금 보낸 이모티콘 너무 귀엽다, 돈 주고 산 거야?

단어 플러스 **소셜 미디어 관련 표현**

- 流量 liúliàng 데이터
- 水军 shuǐjūn 댓글 알바
- 喷子 pēnzi 악플러, 키보드 워리어
- 封面图 fēngmiàntú 썸네일
- 添加好友 tiānjiā hǎoyǒu 친구 추가(하다)
- 晒娃 shài wá 자녀 사진을 SNS에 올리는 것

1 다음 중국어와 우리말 뜻을 바르게 연결하세요.

① 自媒体   •   • 동영상

② 社交网络 •   • 크리에이터

③ 网红   •   • SNS

④ 视频   •   • 1인 미디어

⑤ 主播   •   • 왕홍

2 알맞은 병음을 적어보세요.

① 直播 _____   ② 评论 _____

③ 回复 _____   ④ 分享 _____

3 알맞은 중국어를 적어보세요.

① 조회수 _____   ② 구독하다 _____

③ '좋아요'를 누르다 _____   ④ 구독자 _____

4 빈칸에 들어갈 알맞은 중국어를 고르세요.

> 보기   关注   私信

① 有很多人 _____ 这个频道。

많은 사람들이 이 채널을 팔로우한다.

② 有事可以 _____ 告诉我。

일이 있으면 다이렉트 메시지(DM)으로 나한테 알려줘.

정답

1 ①-1인 미디어   ②-SNS   ③-왕홍   ④-동영상   ⑤-크리에이터

2 ① zhíbō   ② pínglùn   ③ huífù   ④ fēnxiǎng

3 ① 点击率   ② 订阅   ③ 点赞   ④ 粉丝

4 ① 关注   ② 私信

재테크도
능력이지

오늘의 재미난 표현!

• 财源滚滚
cáiyuán gǔngǔn

'재물이 사방에서 끊임없이 굴러 들어오다'라는 표현으로 설날 덕담으로 말하거나 개업식에 참석해 사업을 막 시작하는 사람에게 덕담으로 자주 쓰는 표현이다. 한국어의 '부자 되세요'와 비슷한 의미이다.

예 希望你生意兴隆，财源滚滚。
당신의 사업이 번창하고, 부자되시길 기원합니다.

1111

金融
jīnróng
몡 금융

我没有金融方面的常识。
Wǒ méiyǒu jīnróng fāngmiàn de chángshi.
나는 금융 쪽에 대한 상식이 없다.

1112

理财
lǐ cái
통 재테크하다, 금전을 관리하다

你也应该学会理财。
Nǐ yě yīnggāi xué huì lǐ cái.
너도 재테크하는 걸 배워야 한다.

1113

股票
gǔpiào
몡 주식

我也开始炒股票了。
Wǒ yě kāishǐ chǎo gǔpiào le.
나도 주식 매매를 시작했다.

1114

虚拟货币
xūnǐ huòbì
몡 가상 화폐

最近很多人都投资虚拟货币。
Zuìjìn hěn duō rén dōu tóuzī xūnǐ huòbì.
요즘 많은 사람들이 가상화폐에 투자한다.

1115

基金
jījīn
몡 펀드

基金相对比较安全。
Jījīn xiāngduì bǐjiào ānquán.
펀드가 상대적으로 안전한 편이다.

1116

彩票
cǎipiào
몡 복권

我从来没有中过彩票。
Wǒ cónglái méiyǒu zhòng guo cǎipiào.
나는 지금까지 복권에 당첨된 적이 없다.

投资
tóuzī
명 투자

投资失败了，损失很惨重。
Tóuzī shībài le, sǔnshī hěn cǎnzhòng.
투자에 실패해 손실이 막대하다.

1117 ☐☐☐

资金
zījīn
명 자금

他们公司的资金很充足。
Tāmen gōngsī de zījīn hěn chōngzú.
그들 회사의 자금은 충분하다.

1118 ☐☐☐

保险
bǎoxiǎn
명 보험

我们一定要买保险。
Wǒmen yídìng yāo mǎi bǎoxiǎn.
우리는 반드시 보험을 들어야 한다.

1119 ☐☐☐

信用
xìnyòng
명 신용

个人信用记录很重要。
Gèrén xìnyòng jìlù hěn zhòngyào.
개인 신용 기록은 매우 중요하다.

1120 ☐☐☐

发财
fā cái
동 돈을 벌다, 큰 재산을 모으다

不可能一夜之间发财致富。
Bù kěnéng yíyè zhījiān fā cái zhìfù.
하루 아침에 돈을 벌어 부자가 될 수는 없다.

1121 ☐☐☐

不景气
bù jǐngqì
형 경기가 나쁘다, 부진하다

今年公司不景气。
Jīnnián gōngsī bù jǐngqì.
올해 회사 경기가 나쁘다.

1122 ☐☐☐

损失
sǔnshī
몡 손실

1123 ☐☐☐

灾害给我们带来了巨大的损失。
Zāihài gěi wǒmen dài lái le jùdà de sǔnshī.
재해는 우리에게 굉장한 손실을 가져왔다.

买房
mǎi fáng
집을 사다

1124 ☐☐☐

我终于可以买房了。
Wǒ zhōngyú kěyǐ mǎi fáng le.
나는 드디어 집을 살 수 있게 되었다.

租房
zū fáng
몡 전세집

1125 ☐☐☐

我现在还在租房。
Wǒ xiànzài hái zài zū fáng.
나는 지금 아직도 전세집을 구하고 있다.

房租
fángzū
몡 집세

1126 ☐☐☐

我们家的房租不太贵。
Wǒmen jiā de fángzū bú tài guì.
우리 집의 집세는 그다지 비싸지 않다.

房东
fángdōng
몡 집 주인

1127 ☐☐☐

我们的房东很好说话。
Wǒmen de fángdōng hěn hǎo shuō huà.
우리 집 주인은 말이 잘 통한다.

中介
zhōngjiè
몡 중개인, 중개

1128 ☐☐☐

在韩国最好通过中介找房子。
Zài Hánguó zuì hǎo tōngguò zhōngjiè zhǎo fángzi.
한국에서는 중개인을 통해 집을 구하는 게 가장 좋다.

合租
1129 ☐☐☐
hézū

图 홈 셰어링하다,
공동으로 세를 얻다

我现在跟几个同学合租一套房。
Wǒ xiànzài gēn jǐ ge tóngxué hézū yí tào fáng.
나는 지금 몇 명의 동창들과 함께 홈 셰어링을 한다.

搬家
1130 ☐☐☐
bān jiā

图 이사하다

我最讨厌搬家，很累。
Wǒ zuì tǎo yàn bān jiā, hěn lèi.
나는 이사하는 게 제일 싫어, 너무 힘들어.

抵押
1131 ☐☐☐
dǐyā

图 저당잡히다

我家的房产证可以抵押给你。
Wǒ jiā de fángchǎnzhèng kěyǐ dǐyā gěi nǐ.
우리 집 집문서를 너에게 저당잡혀도 된다.

단어 플러스 · 금융 및 재테크 관련 표현

- 炒鞋 chǎoxié 스니커 테크
- 种子资本 zhǒngzi zīběn 시드머니
- 开盘 kāi pán 개장하다
- 股民 gǔmín 개인투자자
- 股息 gǔxī 배당금
- 摘牌 zhāipái 상장 폐지가 되다
- 暴跌 bàodiē 폭락하다
- 涨停 zhǎngtíng 상한가를 치다, 상한가

1 다음 중국어와 우리말 뜻을 바르게 연결하세요.

① 金融 •　　　　• 금융

② 理财 •　　　　• 펀드

③ 股票 •　　　　• 주식

④ 基金 •　　　　• 가상 화폐

⑤ 虚拟货币 •　　　• 재테크하다

2 알맞은 병음을 적어보세요.

① 投资 _____　　② 资金 _____

③ 保险 _____　　④ 信用 _____

3 알맞은 중국어를 적어보세요.

① 돈을 벌다 _____　　② 손실 _____

③ 경기가 나쁘다 _____　　④ 집을 사다 _____

4 빈칸에 들어갈 알맞은 중국어를 고르세요.

보기	房东　　　中介

① 在韩国最好通过 _____ 找房子。

　　한국에서는 중개인을 통해 집을 구하는 게 가장 좋다.

② 我们的 _____ 很好说话。

　　우리 집 주인은 말이 잘 통한다.

정답 --

1 ①-금융　　②-재테크하다　　③-주식　　④-펀드　　⑤-가상 화폐

2 ① tóuzī　　② zījīn　　③ bǎoxiǎn　　④ xìnyòng

3 ① 发财　　② 损失　　③ 不景气　　④ 买房

4 ① 中介　　② 房东

진짜 중국어
단어장 부록

✎ Final check!

◉ **DAY 01**에서 배운 단어를 확인해 보세요.

빈칸에 단어 뜻과 병음을 적어보고 접는 선을 따라 종이를 접어 답을 확인하세요.

중국어	뜻	병음	
妈妈			◉ 접는 선을 따라 접어 정답을 확인하세요.
团聚			
爸爸			
一家人			
儿子			
女婿			
兄弟			
姐妹			
独生子女			
爱人			
女儿			
媳妇			
朋友			
邻居			
亲戚			
男朋友			
同学			
交往			
红颜知己			
同事			

● 틀린 단어는 체크 박스에 체크하고 MP3를 다시 들으며 꼭 복습해 보세요.

자유롭게 메모하며 복습해 보세요.

뜻	병음
☐ 엄마	māma
☐ 한자리에 모이다	tuánjù
☐ 아빠	bàba
☐ 식구	yì jiā rén
☐ 아들	érzi
☐ 사위	nǚxu
☐ 형제	xiōngdì
☐ 자매	jiěmèi
☐ 외동 자녀	dúshēng zǐnǚ
☐ 배우자(남편 혹은 아내)	àiren
☐ 딸	nǚ'ér
☐ 며느리	xífù
☐ 친구	péngyou
☐ 이웃	línjū
☐ 친척	qīnqi
☐ 남자친구	nán péngyou
☐ 동창	tóngxué
☐ 사귀다	jiāowǎng
☐ 여사친(여자 사람 친구, 홍안지기)	hóngyán zhījǐ
☐ 직장 동료	tóngshì

DAY 01.

MP3 다시 듣기

MEMO

> **DAY 02**에서 배운 단어를 확인해 보세요.

빈칸에 단어 뜻과 병음을 적어보고 접는 선을 따라 종이를 접어 답을 확인하세요.

중국어	뜻	병음
嘴唇		
眉毛		
腰		
鼻子		
膝盖		
下巴		
肚子		
眼睛		
脸		
脖子		
指甲		
耳朵		
胸		
肩膀		
身体		
胳膊		
后背		
屁股		
脚		
大腿		

> 접는 선을 따라 접어 정답을 확인하세요.

접는선

❷ 틀린 단어는 체크 박스에 체크하고 MP3를 다시 들으며 꼭 복습해 보세요.
자유롭게 메모하며 복습해 보세요.

뜻	병음
☐ 입술	zuǐchún
☐ 눈썹	méimáo
☐ 허리	yāo
☐ 코	bízi
☐ 무릎	xīgài
☐ 턱	xiàba
☐ 배	dùzi
☐ 눈	yǎnjing
☐ 얼굴	liǎn
☐ 목	bózi
☐ 손톱	zhǐjia
☐ 귀	ěrduo
☐ 가슴	xiōng
☐ 어깨	jiānbǎng
☐ 신체	shēntǐ
☐ 팔	gēbo
☐ 등	hòubèi
☐ 엉덩이	pìgu
☐ 발	jiǎo
☐ 허벅지	dàtuǐ

DAY 02.
MP3 다시 듣기

MEMO

진짜표현

Final check!

● **DAY 03**에서 배운 단어를 확인해 보세요.

빈칸에 단어 뜻과 병음을 적어보고 접는 선을 따라 종이를 접어 답을 확인하세요.

중국어	뜻	병음
魅力		
脸型		
胖		
漂亮		
帅		
长		
苗条		
可爱		
个子		
高		
矮		
丑		
气质		
英俊		
身材		
短		
好看		
皮肤		
长相		
瘦		

● 접는 선을 따라 접어 정답을 확인하세요.

접는선

❷ 틀린 단어는 체크 박스에 체크하고 MP3를 다시 들으며 꼭 복습해 보세요.
자유롭게 메모하며 복습해 보세요.

뜻	병음
☐ 매력	mèilì
☐ 얼굴형	liǎnxíng
☐ 뚱뚱하다	pàng
☐ 예쁘다	piàoliang
☐ 잘생기다	shuài
☐ 길다	cháng
☐ 날씬하다	miáotiao
☐ 귀엽다	kě'ài
☐ 키	gèzi
☐ (키가) 크다	gāo
☐ (키가) 작다	ǎi
☐ 밉다	chǒu
☐ 기질	qìzhì
☐ 준수하다	yīngjùn
☐ 몸매	shēncái
☐ 짧다	duǎn
☐ 아름답다	hǎokàn
☐ 피부	pífū
☐ 생김새	zhǎngxiàng
☐ 마르다	shòu

DAY 03.
MP3 다시 듣기

MEMO

진짜중국어

✎ Final check!

▶ **DAY 04**에서 배운 단어를 확인해 보세요.

빈칸에 단어 뜻과 병음을 적어보고 접는 선을 따라 종이를 접어 답을 확인하세요.

중국어	뜻	병음
热情		
内向		
慢悠悠		
体贴		
胆小		
幽默		
骄傲		
积极		
性格		
活泼		
自私		
懒		
耐心		
诚实		
固执		
乐观		
单纯		
细心		
狡猾		
小气		

▶ 접는 선을 따라 접어 정답을 확인하세요.

접는 선

❷ 틀린 단어는 체크 박스에 체크하고 MP3를 다시 들으며 꼭 복습해 보세요.
자유롭게 메모하며 복습해 보세요.

DAY 04.
MP3 다시 듣기

뜻	병음
☐ 친절하다	rèqíng
☐ 내향적이다	nèixiàng
☐ 느긋하다	mànyōuyōu
☐ 자상하다	tǐtiē
☐ 겁이 많다	dǎnxiǎo
☐ 유머러스하다	yōumò
☐ 거만하다	jiāo'ào
☐ 적극적이다	jījí
☐ 성격	xìnggé
☐ 활발하다	huópō
☐ 이기적이다	zìsī
☐ 게으르다	lǎn
☐ 참을성이 있다	nàixīn
☐ 솔직하다	chéngshí
☐ 고집스럽다	gùzhí
☐ 낙관적이다	lèguān
☐ 단순하다	dānchún
☐ 꼼꼼하다	xìxīn
☐ 교활하다	jiǎohuá
☐ 인색하다	xiǎoqi

MEMO

Final check!

● **DAY 05**에서 배운 단어를 확인해 보세요.

빈칸에 단어 뜻과 병음을 적어보고 접는 선을 따라 종이를 접어 답을 확인하세요.

중국어	뜻	병음
跳舞		
散步		
玩游戏		
弹吉他		
登山		
烘焙		
收藏		
拍照片		
钓鱼		
兜风		
旅行		
养植物		
刷剧		
观看比赛		
看电影		
聊天		
运动		
画画儿		
做菜		

● 접는 선을 따라 접어 정답을 확인하세요.

접는선

⊙ 틀린 단어는 체크 박스에 체크하고 MP3를 다시 들으며 꼭 복습해 보세요.
자유롭게 메모하며 복습해 보세요.

뜻	병음
☐ 춤을 추다	tiào wǔ
☐ 산책하다	sàn bù
☐ 게임을 하다	wán yóuxì
☐ 기타를 치다	tán jítā
☐ 등산하다	dēng shān
☐ (불로) 굽다	hōngbèi
☐ 수집하다	shōucáng
☐ 사진을 찍다	pāi zhàopiàn
☐ 낚시하다	diào yú
☐ 바람을 쐬다	dōu fēng
☐ 여행하다	lǚxíng
☐ 식물을 기르다	yǎng zhíwù
☐ (TV 프로그램 등을) 정주행하다	shuā jù
☐ 경기를 관람하다	guānkàn bǐsài
☐ 영화를 보다	kàn diànyǐng
☐ 이야기하다	liáo tiān
☐ 운동(하다)	yùndòng
☐ 그림을 그리다	huà huàr
☐ 요리를 하다	zuò cài

DAY 05.
MP3 다시 듣기

MEMO

◐ **DAY 06**에서 배운 단어를 확인해 보세요.

빈칸에 단어 뜻과 병음을 적어보고 접는 선을 따라 종이를 접어 답을 확인하세요.

중국어	뜻	병음
校门		
同桌		
课本		
暑假		
教室		
毕业		
入学		
书包		
黑板		
班长		
医务室		
体罚		
休息时间		
年级		
激动		
教务处		
家长		
校服		
班主任		
小卖部		

◐ 접는 선을 따라 접어 정답을 확인하세요.

접는 선

🔴 틀린 단어는 체크 박스에 체크하고 MP3를 다시 들으며 꼭 복습해 보세요.
자유롭게 메모하며 복습해 보세요.

뜻	병음
☐ 교문	xiàomén
☐ 짝꿍	tóngzhuō
☐ 교과서	kèběn
☐ 여름 방학	shǔjià
☐ 교실	jiàoshì
☐ 졸업하다	bì yè
☐ 입학하다	rù xué
☐ 책가방	shūbāo
☐ 칠판	hēibǎn
☐ 반장	bānzhǎng
☐ 양호실	yīwùshì
☐ 체벌하다	tǐfá
☐ 쉬는 시간	xiūxi shíjiān
☐ 학년	niánjí
☐ 설레다	jīdòng
☐ 교무실	jiàowùchù
☐ 학부모	jiāzhǎng
☐ 교복	xiàofú
☐ 학급 담임	bānzhǔrèn
☐ 매점	xiǎomàibù

DAY 06.
MP3 다시 듣기

MEMO

Final check!

▶ **DAY 07**에서 배운 단어를 확인해 보세요.

빈칸에 단어 뜻과 병음을 적어보고 접는 선을 따라 종이를 접어 답을 확인하세요.

중국어	뜻	병음
社团		
系		
宿舍		
硕士		
迎新晚会		
校园		
饭卡		
熄灯		
选修课		
奖学金		
学分		
本科生		
主楼		
浪漫		
重修		
旷课		
专业		
必修课		
论文		
室友		

▶ 접는 선을 따라 접어 정답을 확인하세요.

정답

❶ 틀린 단어는 체크 박스에 체크하고 MP3를 다시 들으며 꼭 복습해 보세요.

자유롭게 메모하며 복습해 부세요.

뜻	병음
☐ 동아리	shètuán
☐ 과(학과)	xì
☐ 기숙사	sùshè
☐ 석사	shuòshì
☐ 신입생 환영회	yíngxīn wǎnhuì
☐ 캠퍼스	xiàoyuán
☐ 식당 카드	fàn kǎ
☐ 소등하다	xī dēng
☐ 선택 과목	xuǎnxiūkè
☐ 장학금	jiǎngxuéjīn
☐ 학점	xuéfēn
☐ 학부생	běnkēshēng
☐ 본관	zhǔlóu
☐ 낭만적이다	làngmàn
☐ 재수강하다	chóngxiū
☐ 수업을 빼먹다	kuàng kè
☐ 전공	zhuānyè
☐ 필수 과목	bìxiūkè
☐ 논문	lùnwén
☐ 룸메이트	shìyǒu

DAY 07.

MP3 다시 듣기

MEMO

진짜배기

Final check!

● **DAY 08**에서 배운 단어를 확인해 보세요.

빈칸에 단어 뜻과 병음을 적어보고 접는 선을 따라 종이를 접어 답을 확인하세요.

중국어	뜻	병음
地理		
等级		
数学		
经济		
科目		
历史		
测试		
文科		
理科		
辅导		
开课		
补习班		
报名		
美术		
语言		

● 접는 선을 따라 접어 정답을 확인하세요.

접는선

❷ 틀린 단어는 체크 박스에 체크하고 MP3를 다시 들으며 꼭 복습해 보세요.
자유롭게 메모하며 복습해 보세요.

뜻	병음
☐ 지리	dìlǐ
☐ 레벨	děngjí
☐ 수학	shùxué
☐ 경제	jīngjì
☐ 과목	kēmù
☐ 역사	lìshǐ
☐ 테스트하다	cèshì
☐ 문과	wénkē
☐ 이과	lǐkē
☐ 지도하다	fǔdǎo
☐ 개강하다	kāi kè
☐ 학원	bǔxíbān
☐ 등록하다	bào míng
☐ 미술	měishù
☐ 언어	yǔyán

DAY 08.
MP3 다시 듣기

MEMO

✏ Final check!

● **DAY 09**에서 배운 단어를 확인해 보세요.

빈칸에 단어 뜻과 병음을 적어보고 접는 선을 따라 종이를 접어 답을 확인하세요.

중국어	뜻	병음	
作弊			● 접는 선을 따라 접어 정답을 확인하세요.
满分			
监考			
遵守			
期中考试			
答题卡			
成绩单			
阅读			
听力			
写作			
鼻血			
熬夜			
及格			
瞎蒙			
分数线			
口语			
考官			
高考			
试卷			

접는선

❷ 틀린 단어는 체크 박스에 체크하고 MP3를 다시 들으며 꼭 복습해 보세요.
자유롭게 메모하며 복습해 보세요.

뜻	병음
☐ 부정행위를 하다	zuò bì
☐ 만점	mǎnfēn
☐ 시험 감독(관)	jiānkǎo
☐ 준수하다	zūnshǒu
☐ 중간고사	qīzhōng kǎoshì
☐ 답안 작성 카드	dá tí kǎ
☐ 성적표	chéngjìdān
☐ 읽다	yuèdú
☐ 듣기	tīnglì
☐ 글을 쓰다	xiězuò
☐ 코피	bíxiě
☐ 밤새우다	áo yè
☐ 합격하다	jí gé
☐ (시험을) 찍다	xiā mēng
☐ 커트라인	fēnshùxiàn
☐ 말하기	kǒuyǔ
☐ 면접관	kǎoguān
☐ 대학 입학 시험	gāokǎo
☐ 시험지	shìjuàn

DAY 09.
MP3 다시 듣기

MEMO

Final check!

◉ **DAY 10**에서 배운 단어를 확인해 보세요.

빈칸에 단어 뜻과 병음을 적어보고 접는 선을 따라 종이를 접어 답을 확인하세요.

중국어	뜻	병음	
生活费			◉ 접는 선을 따라 접어 정답을 확인하세요.
插班			
申请			
学费			
留学			
前途			
证明			
收发室			
推荐			
咨询			
交流			
换钱			
包裹			
签证			
国家			

● 틀린 단어는 체크 박스에 체크하고 MP3를 다시 들으며 꼭 복습해 보세요.
자유롭게 메모하며 복습해 보세요.

뜻	병음
☐ 생활비	shēnghuófèi
☐ 편입하다	chābān
☐ 신청하다	shēnqǐng
☐ 학비	xuéfèi
☐ 유학하다	liú xué
☐ 장래	qiántú
☐ 증명서	zhèngmíng
☐ (우편물) 수발실	shōufāshì
☐ 추천하다	tuījiàn
☐ 문의하다	zīxún
☐ 소통하다	jiāoliú
☐ 환전하다	huàn qián
☐ 소포	bāoguǒ
☐ 비자	qiānzhèng
☐ 국가	guójiā

DAY 10.
MP3 다시 듣기

MEMO

✎ Final check!

▶ **DAY 11**에서 배운 단어를 확인해 보세요.

빈칸에 단어 뜻과 병음을 적어보고 접는 선을 따라 종이를 접어 답을 확인하세요.

중국어	뜻	병음
害羞		
舒服		
愤怒		
吃惊		
心情		
有意思		
慌张		
感动		
难过		
伤心		
害怕		
幸福		
情绪		
后悔		
受刺激		
满意		
内疚		
担心		
抑郁		
高兴		

▶ 접는 선을 따라 접어 정답을 확인하세요.

● 틀린 단어는 체크 박스에 체크하고 MP3를 다시 들으며 꼭 복습해 보세요.

자유롭게 메모하며 복습해 보세요.

뜻	병음
☐ 부끄러워하다	hài xiū
☐ 편안하다	shūfu
☐ 분노하다	fènnù
☐ 놀라다	chī jīng
☐ 기분	xīnqíng
☐ 재미있다	yǒu yìsi
☐ 당황하다	huāngzhāng
☐ 감동하다	gǎndòng
☐ 괴롭다	nánguò
☐ 슬퍼하다	shāng xīn
☐ 두렵다	hài pà
☐ 행복	xìngfú
☐ 정서	qíngxù
☐ 후회하다	hòuhuǐ
☐ 자극을 받다	shòu cìjī
☐ 만족하다	mǎnyì
☐ 양심의 가책을 느끼다	nèijiù
☐ 걱정하다	dān xīn
☐ 우울하다	yìyù
☐ 기쁘다	gāoxìng

DAY 11.
MP3 다시 듣기

MEMO

Final check!

◉ **DAY 12**에서 배운 단어를 확인해 보세요.

빈칸에 단어 뜻과 병음을 적어보고 접는 선을 따라 종이를 접어 답을 확인하세요.

중국어	뜻	병음	
星座			◉ 접는 선을 따라 접어 정답을 확인하세요.
靠谱			
着装			
缘分			
相亲			
尴尬			
好感			
一见钟情			
不婚主义			
剩女			
期待			
单身			
适婚			
条件			
日久生情			
理想型			
沉默			

● 틀린 단어는 체크 박스에 체크하고 MP3를 다시 들으며 꼭 복습해 보세요.
자유롭게 메모하며 복습해 보세요.

뜻	병음
☐ 별자리	xīngzuò
☐ 이치에 맞다	kào pǔ
☐ 옷차림	zhuózhuāng
☐ 인연	yuánfèn
☐ 선을 보다	xiāng qīn
☐ 부자연스럽다	gāngà
☐ 호감	hǎogǎn
☐ 첫눈에 반하다	yíjiàn-zhōngqíng
☐ 비혼주의	bù hūn zhǔyì
☐ 노처녀	shèngnǚ
☐ 기대하다	qīdài
☐ 솔로	dānshēn
☐ 결혼 적령기이다	shìhūn
☐ 조건	tiáojiàn
☐ 시간이 지나 정이 생기다	rì jiǔ shēng qíng
☐ 이상형	lǐxiǎngxíng
☐ 침묵하다	chénmò

DAY 12.
MP3 다시 듣기

MEMO

진짜중국어

◉ **DAY 13**에서 배운 단어를 확인해 보세요.

빈칸에 단어 뜻과 병음을 적어보고 접는 선을 따라 종이를 접어 답을 확인하세요.

중국어	뜻	병음	
花心			◉ 접는 선을 따라 접어 정답을 확인하세요.
劈腿			
约会			
前男友			
暧昧			
恋爱			
纪念日			
搭讪			
暗恋			
撒娇			
和好			
感情			
情侣			
吵架			
吃醋			
备胎			
生气			
放鸽子			
牵手			
分手			

➡️ 틀린 단어는 체크 박스에 체크하고 MP3를 다시 들으며 꼭 복습해 보세요.
자유롭게 메모하며 복습해 보세요.

뜻	병음
☐ 바람기 있다	huāxīn
☐ 양다리 걸치다	pī tuǐ
☐ 데이트하다	yuēhuì
☐ 전 남자친구	qián nányou
☐ 애매하다	àimèi
☐ 연애	liàn'ài
☐ 기념일	jìniànrì
☐ 작업 걸다	dāshàn
☐ 짝사랑하다	ànliàn
☐ 애교를 부리다	sā jiāo
☐ 화해하다	héhǎo
☐ 감정	gǎnqíng
☐ 커플	qínglǚ
☐ 말다툼하다	chǎo jià
☐ 질투하다	chī cù
☐ (남녀관계에서) 세컨드	bèitāi
☐ 화내다	shēng qì
☐ 바람을 맞히다	fàng gēzi
☐ 손을 잡다	qiān shǒu
☐ 헤어지다	fēn shǒu

DAY 13.
MP3 다시 듣기

MEMO

진도 체크

✎ Final check!

▶ DAY 14에서 배운 단어를 확인해 보세요.

빈칸에 단어 뜻과 병음을 적어보고 접는 선을 따라 종이를 접어 답을 확인하세요.

중국어	뜻	병음	▶ 접는 선을 따라 접어 정답을 확인하세요.
婚房			
过日子			
红包			
伴娘			
求婚			
来宾			
新郎			
怀孕			
白头偕老			
分居			
领证			
婚戒			
离婚			
合适			
两口子			
出轨			
喜糖			
婚礼			

틀린 단어는 체크 박스에 체크하고 MP3를 다시 들으며 꼭 복습해 보세요.
자유롭게 메모하며 복습해 보세요.

뜻	병음
☐ 신혼집	hūnfáng
☐ 살아가다	guò rìzi
☐ (축의금, 세뱃돈 등을 넣은) 붉은 종이 봉투	hóngbāo
☐ 신부 들러리	bànniáng
☐ 청혼하다	qiú hūn
☐ 내빈	láibīn
☐ 신랑	xīnláng
☐ 임신하다	huái yùn
☐ 백년해로하다	báitóu-xiélǎo
☐ 별거하다	fēn jū
☐ 결혼 증명서를 받다	lǐng zhèng
☐ 결혼 반지	hūnjiè
☐ 이혼하다	lí hūn
☐ 알맞다	héshì
☐ 부부 두 사람	liǎng kǒuzi
☐ 바람을 피우다	chū guǐ
☐ 결혼(약혼) 축하 사탕	xǐtáng
☐ 결혼식	hūnlǐ

DAY 14.
MP3 다시 듣기

MEMO

✎ Final check!

◉ **DAY 15**에서 배운 단어를 확인해 보세요.

빈칸에 단어 뜻과 병음을 적어보고 접는 선을 따라 종이를 접어 답을 확인하세요.

중국어	뜻	병음
尿布		
责任感		
喂		
周岁宴		
奶粉		
托儿所		
幼儿		
乖		
奶瓶		
辛苦		
摇篮		
保姆		
玩具		
哭闹		
宝宝		
爬		
翻身		
照顾		
婴儿背带		
辅食		

◉ 접는 선을 따라 접어 정답을 확인하세요.

● 틀린 단어는 체크 박스에 체크하고 MP3를 다시 들으며 꼭 복습해 보세요.

자유롭게 메모하며 복습해 보세요.

뜻	병음
☐ 기저귀	niàobù
☐ 책임감	zérèngǎn
☐ 먹이다(먹여 주다)	wèi
☐ 돌잔치	zhōusuìyàn
☐ 분유	nǎifěn
☐ 어린이집	tuō'érsuǒ
☐ 유아	yòu'ér
☐ 얌전하다	guāi
☐ 젖병	nǎipíng
☐ 고생스럽다	xīnkǔ
☐ 요람	yáolán
☐ 보모	bǎomǔ
☐ 장난감	wánjù
☐ 울며 보채다	kū nào
☐ 귀염둥이	bǎobao
☐ 기어가다	pá
☐ 몸을 뒤집다	fān shēn
☐ 돌보다	zhàogù
☐ 아기 띠(아기를 안을 때 쓰는 띠)	yīng'ér bēidài
☐ 이유식	fǔshí

DAY 15.
MP3 다시 듣기

MEMO

Final check!

DAY 16에서 배운 단어를 확인해 보세요.

빈칸에 단어 뜻과 병음을 적어보고 접는 선을 따라 종이를 접어 답을 확인하세요.

중국어	뜻	병음
歌手		
警察		
工程师		
教练		
记者		
导游		
老师		
律师		
面包师		
法官		
保洁员		
飞行员		
司机		
设计师		
乘务员		
研究员		
演员		
外交官		
医生		
自由职业者		

> 접는 선을 따라 접어 정답을 확인하세요.

정답 접기

Final check! **385**

● 틀린 단어는 체크 박스에 체크하고 MP3를 다시 들으며 꼭 복습해 보세요.
자유롭게 메모하며 복습해 보세요.

뜻	병음
☐ 가수	gēshǒu
☐ 경찰	jǐngchá
☐ 엔지니어	gōngchéngshī
☐ 코치	jiàoliàn
☐ 기자	jìzhě
☐ 가이드	dǎoyóu
☐ 선생님	lǎoshī
☐ 변호사	lǜshī
☐ 제빵사	miànbāoshī
☐ 판사	fǎguān
☐ 환경미화원	bǎojiéyuán
☐ 파일럿	fēixíngyuán
☐ (차량의) 기사	sījī
☐ 디자이너	shèjìshī
☐ 승무원	chéngwùyuán
☐ 연구원	yánjiūyuán
☐ 배우	yǎnyuán
☐ 외교관	wàijiāoguān
☐ 의사	yīshēng
☐ 프리랜서	zìyóu zhíyèzhě

DAY 16.
MP3 다시 듣기

MEMO

Final check!

◉ **DAY 17**에서 배운 단어를 확인해 보세요.

빈칸에 단어 뜻과 병음을 적어보고 접는 선을 따라 종이를 접어 답을 확인하세요.

중국어	뜻	병음	
自我介绍			◉ 접는 선을 따라 접어 정답을 확인하세요.
荣幸			
面试			
薪酬			
信心			
福利			
应届生			
优点			
紧张			
通知			
创业			
就业			
新人			
求职			
海归			
信息			
招聘			
印象			
消息			
实习生			

● 틀린 단어는 체크 박스에 체크하고 MP3를 다시 들으며 꼭 복습해 보세요.
자유롭게 메모하며 복습해 보세요.

뜻	병음
☐ 자기소개	zìwǒ jièshào
☐ 영광스럽다	róngxìng
☐ 면접보다	miànshì
☐ 임금	xīnchóu
☐ 자신감	xìnxīn
☐ 복지	fúlì
☐ 당해 연도의 졸업생	yīngjièshēng
☐ 장점	yōudiǎn
☐ 긴장하다	jǐnzhāng
☐ 알리다	tōngzhī
☐ 창업하다	chuàngyè
☐ 취업하다	jiù yè
☐ 신입 사원	xīnrén
☐ 구직하다	qiúzhí
☐ 해외 유학생	hǎiguī
☐ 정보	xìnxī
☐ 채용하다	zhāopìn
☐ 인상	yìnxiàng
☐ 소식	xiāoxi
☐ 인턴	shíxíshēng

DAY 17.
MP3 다시 듣기

MEMO

Final check!

◉ **DAY 18**에서 배운 단어를 확인해 보세요.

빈칸에 단어 뜻과 병음을 적어보고 접는 선을 따라 종이를 접어 답을 확인하세요.

중국어	뜻	병음	
上司			◉ 접는 선을 따라 접어 정답을 확인하세요.
报销			
忍			
跳槽			
员工			
复职			
职场			
打拼			
领导			
马屁			
聚餐			
加班			
看脸色			
办公楼			
单位			
午休时间			
发邮件			
汇报			
打印			
请假			

❷ 틀린 단어는 체크 박스에 체크하고 MP3를 다시 들으며 꼭 복습해 보세요.

자유롭게 메모하며 복습해 보세요.

뜻	병음
☐ 상사	shàngsi
☐ 정산하다	bàoxiāo
☐ 참다	rěn
☐ 이직하다	tiào cáo
☐ 직원	yuángōng
☐ 복직하다	fù zhí
☐ 직장	zhíchǎng
☐ 열심히 일하다	dǎpīn
☐ 리더	lǐngdǎo
☐ 아부	mǎpì
☐ 회식하다	jù cān
☐ 초과 근무하다	jiā bān
☐ 눈치를 보다	kàn liǎnsè
☐ 사옥	bàngōnglóu
☐ 회사	dānwèi
☐ 점심시간	wǔxiū shíjiān
☐ 메일을 보내다	fā yóujiàn
☐ 보고하다	huìbào
☐ 인쇄하다	dǎyìn
☐ 휴가를 내다	qǐng jià

DAY 18.
MP3 다시 듣기

MEMO

◉ **DAY 19**에서 배운 단어를 확인해 보세요.

빈칸에 단어 뜻과 병음을 적어보고 접는 선을 따라 종이를 접어 답을 확인하세요.

중국어	뜻	병음
达成共识		
合同		
客户		
配合		
做生意		
负责人		
合作		
应酬		
久仰		
幸会		
称呼		
策划		
项目		
拜访		
安排		
签		
出差		
名片		
报价		
联系方式		

◉ 접는 선을 따라 접어 정답을 확인하세요.

▶ 틀린 단어는 체크 박스에 체크하고 MP3를 다시 들으며 꼭 복습해 보세요.
　자유롭게 메모하며 복습히 보세요.

뜻	병음
☐ 합의에 이르다	dáchéng gòngshí
☐ 계약서	hétóng
☐ 거래처	kèhù
☐ 협조하다	pèihé
☐ 사업하다	zuò shēngyi
☐ 책임자	fùzérén
☐ 합작하다	hézuò
☐ 회식	yìngchou
☐ 말씀 많이 들었습니다	jiǔyǎng
☐ 만나 뵙게 되어 영광입니다	xìnghuì
☐ ~라고 부르다	chēnghu
☐ 기획하다	cèhuà
☐ 프로젝트	xiàngmù
☐ 찾아뵙다	bàifǎng
☐ 스케줄	ānpái
☐ 서명하다	qiān
☐ 출장 가다	chū chāi
☐ 명함	míngpiàn
☐ 제시 가격	bàojià
☐ 연락처	iánxì fāngshì

DAY 19.
MP3 다시 듣기

MEMO

✎ Final check!

▶ **DAY 20**에서 배운 단어를 확인해 보세요.

빈칸에 단어 뜻과 병음을 적어보고 접는 선을 따라 종이를 접어 답을 확인하세요.

중국어	뜻	병음
办事		
复杂		
消防队		
身份证		
机构		
派出所		
政务大厅		
盖章		
登记		
缴纳		
市政府		
公务员		
排队		
等待		
手续		
领事馆		
罚款		
邮局		
法院		

▶ 접는 선을 따라 접어 정답을 확인하세요.

접는 선

○ 틀린 단어는 체크 박스에 체크하고 MP3를 다시 들으며 꼭 복습해 보세요.

자유롭게 메모하며 복습해 보세요.

뜻	병음
☐ 일을 처리하다	bàn shì
☐ 복잡하다	fùzá
☐ 소방서	xiāofángduì
☐ 신분증	shēnfènzhèng
☐ 기구	jīgòu
☐ 파출소	pàichūsuǒ
☐ 정부 지원 센터	zhèngwù dàtīng
☐ 도장을 찍다	gài zhāng
☐ 등록하다	dēng jì
☐ 납부하다	jiǎonà
☐ 시청	shì zhèngfǔ
☐ 공무원	gōngwùyuán
☐ 줄을 서다	pái duì
☐ 기다리다	děngdài
☐ 수속	shǒuxù
☐ 영사관	lǐngshìguǎn
☐ 벌금을 내다	fá kuǎn
☐ 우체국	yóujú
☐ 법원	fǎyuàn

DAY 20.

MP3 다시 듣기

MEMO

● **DAY 21**에서 배운 단어를 확인해 보세요.

빈칸에 단어 뜻과 병음을 적어보고 접는 선을 따라 종이를 접어 답을 확인하세요.

중국어	뜻	병음
外企		
500强		
总部		
总经理		
华为		
上市		
百度		
内行		
腾讯		
倒闭		
阿里巴巴		
经营		
小米		
家		
万达		
人才		
国企		
集团		
三星电子		
海尔		

● 접는 선을 따라 접어 정답을 확인하세요.

접는선

❥ 틀린 단어는 체크 박스에 체크하고 MP3를 다시 들으며 꼭 복습해 보세요.
자유롭게 메모하며 복습해 보세요.

뜻	병음
☐ 외국계 기업	wàiqǐ
☐ 500대	wǔbǎi qiáng
☐ 본사	zǒngbù
☐ 사장	zǒngjīnglǐ
☐ 화웨이	Huáwèi
☐ 상장되다	shàng shì
☐ 바이두	Bǎidù
☐ 전문가	nèiháng
☐ 텐센트	Téngxùn
☐ (기업·공장 등이) 도산하다	dǎobì
☐ 알리바바	Ālǐbābā
☐ 경영하다	jīngyíng
☐ 샤오미	Xiǎomǐ
☐ 가게, 기업 따위를 세는 단위	jiā
☐ 완다	Wàndá
☐ 인재	réncái
☐ 국영 기업	guóqǐ
☐ 그룹	jítuán
☐ 삼성전자	Sānxīng diànzǐ
☐ 하이얼	Hǎi'ěr

DAY 21.
MP3 다시 듣기

MEMO

진짜중국어

✎ Final check!

▶ **DAY 22**에서 배운 단어를 확인해 보세요.

빈칸에 단어 뜻과 병음을 적어보고 접는 선을 따라 종이를 접어 답을 확인하세요.

중국어	뜻	병음
尺寸		
装修		
枕头		
茶几		
地毯		
床		
衣柜		
舒适		
书架		
椅子		
沙发		
抽屉		
家具		
灯		
被子		
原木		
材质		
镜子		
相框		
餐桌		

▶ 접는 선을 따라 접어 정답을 확인하세요.

접는선

● 틀린 단어는 체크 박스에 체크하고 MP3를 다시 들으며 꼭 복습해 보세요.
자유롭게 메모하며 복습해 보세요.

뜻	병음
☐ 치수	chǐcùn
☐ 인테리어를 하다	zhuāngxiū
☐ 베개	zhěntou
☐ 티 테이블	chájī
☐ 러그	dìtǎn
☐ 침대	chuáng
☐ 옷장	yīguì
☐ 쾌적하다	shūshì
☐ 책꽂이	shūjià
☐ 의자	yǐzi
☐ 소파	shāfā
☐ 서랍	chōuti
☐ 가구	jiājù
☐ 등	dēng
☐ 이불	bèizi
☐ 원목	yuánmù
☐ 재질	cáizhì
☐ 거울	jìngzi
☐ 액자	xiàngkuàng
☐ 식탁	cānzhuō

DAY 22.
MP3 다시 듣기

MEMO

✎ Final check!

◐ **DAY 23**에서 배운 단어를 확인해 보세요.

빈칸에 단어 뜻과 병음을 적어보고 접는 선을 따라 종이를 접어 답을 확인하세요.

중국어	뜻	병음
电饭锅		
台		
插座		
微波炉		
熨斗		
咖啡机		
空调		
洗碗机		
空气净化器		
加湿器		
饮水机		
吸尘器		
家电		
洗衣机		
电视		
冰箱		
功能		
干衣机		
吹风机		
售后服务		

◐ 접는 선을 따라 접어 정답을 확인하세요.

● 틀린 단어는 체크 박스에 체크하고 MP3를 다시 들으며 꼭 복습해 보세요.
자유롭게 메모하며 복습해 보세요.

뜻	병음
☐ 전기밥솥	diànfànguō
☐ 대[기계를 세는 단위]	tái
☐ 콘센트	chāzuò
☐ 전자레인지	wéibōlú
☐ 다리미	yùndǒu
☐ 커피 머신	kāfēijī
☐ 에어컨	kōngtiáo
☐ 식기세척기	xǐwǎnjī
☐ 공기 청정기	kōngqì jìnghuàqì
☐ 가습기	jiāshīqì
☐ 정수기	yǐnshuǐjī
☐ 청소기	xīchénqì
☐ 가전제품	jiādiàn
☐ 세탁기	xǐyījī
☐ 텔레비전	diànshì
☐ 냉장고	bīngxiāng
☐ 기능	gōngnéng
☐ 의류 건조기	gānyījī
☐ 드라이기	chuīfēngjī
☐ 애프터서비스	shòuhòu fúwù

DAY 23.
MP3 다시 듣기

MEMO

진짜 챕터

✎ Final check!

● **DAY 24**에서 배운 단어를 확인해 보세요.

빈칸에 단어 뜻과 병음을 적어보고 접는 선을 따라 종이를 접어 답을 확인하세요.

중국어	뜻	병음
打字		
截图		
显示器		
音箱		
密码		
死机		
点击		
平板电脑		
耳麦		
路由器		
删除		
移动硬盘		
鼠标		
系统		
启动		
打开		
U盘		
键盘		
桌面		
文件		

● 접는 선을 따라 접어 정답을 확인하세요.

● 틀린 단어는 체크 박스에 체크하고 MP3를 다시 들으며 꼭 복습해 보세요.
자유롭게 메모하며 복습해 보세요.

뜻	병음
☐ 타자를 치다	dǎ zì
☐ 화면을 캡쳐하다	jié tú
☐ 모니터	xiǎnshìqì
☐ 스피커	yīnxiāng
☐ 비밀번호	mìmǎ
☐ 컴퓨터가 다운(down)되다	sǐ jī
☐ 클릭하다	diǎnjī
☐ 태블릿PC	píngbǎn diànnǎo
☐ 헤드셋	ěrmài
☐ 공유기	lùyóuqì
☐ 삭제하다	shānchú
☐ 외장하드	yídòng yìngpán
☐ 마우스	shǔbiāo
☐ 시스템	xìtǒng
☐ 부팅하다	qǐdòng
☐ 열다	dǎ kāi
☐ USB	U pán
☐ 키보드	jiànpán
☐ 바탕화면	zhuōmiàn
☐ 파일	wénjiàn

DAY 24.
MP3 다시 듣기

MEMO

진도체크

✎ Final check!

◆ **DAY 25**에서 배운 단어를 확인해 보세요.

빈칸에 단어 뜻과 병음을 적어보고 접는 선을 따라 종이를 접어 답을 확인하세요.

중국어	뜻	병음
搜索		
用户		
网站		
注册		
链接		
登录		
上传		
退出		
刷新		
首页		
账号		
下载		
互联网		
平台		
网址		
网速		
上网		
黑客		
安装		
热搜		

◆ 접는 선을 따라 접어 정답을 확인하세요.

❷ 틀린 단어는 체크 박스에 체크하고 MP3를 다시 들으며 꼭 복습해 보세요.
자유롭게 메모하며 복습해 보세요.

뜻	병음
☐ 검색하다	sōusuǒ
☐ 사용자	yònghù
☐ 사이트	wǎngzhàn
☐ 가입하다	zhù cè
☐ 링크하다	liànjiē
☐ 로그인하다	dēnglù
☐ 업로드하다	shàngchuán
☐ 로그아웃하다	tuìchū
☐ 새로 고침하다	shuāxīn
☐ 메인 페이지	shǒuyè
☐ 아이디(ID)	zhànghào
☐ 다운로드하다	xiàzài
☐ 인터넷	hùliánwǎng
☐ 플랫폼	píngtái
☐ 인터넷 주소	wǎngzhǐ
☐ 인터넷 속도	wǎngsù
☐ 인터넷에 접속하다	shàng wǎng
☐ 해커	hēikè
☐ 설치하다	ānzhuāng
☐ 인기 검색어	rèsōu

DAY 25.
MP3 다시 듣기

MEMO

✎ Final check!

◐ **DAY 26**에서 배운 단어를 확인해 보세요.

빈칸에 단어 뜻과 병음을 적어보고 접는 선을 따라 종이를 접어 답을 확인하세요.

중국어	뜻	병음
电池		
低头族		
屏幕		
无线网络		
关机		
二维码		
振动		
信号		
静音		
指纹识别		
手机壳		
蓝牙		
设置		
手机支付		
智能手机		
绑定		
飞行模式		
短信		
应用软件		
便捷		

◐ 접는 선을 따라 접어 정답을 확인하세요.

● 틀린 단어는 체크 박스에 체크하고 MP3를 다시 들으며 꼭 복습해 보세요.
자유롭게 메모하며 복습해 보세요.

뜻	병음
☐ 배터리	diànchí
☐ 수그리족	dītóuzú
☐ 화면	píngmù
☐ 무선 인터넷	wúxiàn wǎngluò
☐ 휴대폰을 끄다	guān jī
☐ QR코드	èrwéimǎ
☐ 진동하다	zhèndòng
☐ 신호	xìnhào
☐ 무음	jìngyīn
☐ 지문 인식	zhǐwén shíbié
☐ 휴대폰 케이스	shǒujī ké
☐ 블루투스	lányá
☐ 설정하다	shèzhì
☐ 모바일 결제	shǒujī zhīfù
☐ 스마트폰	zhìnéng shǒujī
☐ 연동하다	bǎng dìng
☐ 비행기 모드	fēixíng móshì
☐ 문자 메시지	duǎnxìn
☐ 애플리케이션	yìngyòng ruǎnjiàn
☐ 편리하다	biànjié

DAY 26.
MP3 다시 듣기

MEMO

Final check!

◉ **DAY 27**에서 배운 단어를 확인해 보세요.

빈칸에 단어 뜻과 병음을 적어보고 접는 선을 따라 종이를 접어 답을 확인하세요.

중국어	뜻	병음	
剥			◉ 접는 선을 따라 접어 정답을 확인하세요.
皮			
切			
橘子			
削			
柠檬			
榴莲			
荔枝			
西瓜			
哈密瓜			
柚子			
菠萝			
水果			
苹果			
芒果			
葡萄			
草莓			
梨			
火龙果			
桃子			

● 틀린 단어는 체크 박스에 체크하고 MP3를 다시 들으며 꼭 복습해 보세요.
자유롭게 메모하며 복습해 보세요.

뜻	병음
☐ 벗기다	bāo
☐ 껍질	pí
☐ 썰다	qiē
☐ 귤	júzi
☐ 깎다	xiāo
☐ 레몬	níngméng
☐ 두리안	liúlián
☐ 리치	lìzhī
☐ 수박	xīguā
☐ 하미과	hāmìguā
☐ 유자	yòuzi
☐ 파인애플	bōluó
☐ 과일	shuǐguǒ
☐ 사과	píngguǒ
☐ 망고	mángguǒ
☐ 포도	pútáo
☐ 딸기	cǎoméi
☐ 배	lí
☐ 용과	huǒlóngguǒ
☐ 복숭아	táozi

DAY 27.
MP3 다시 듣기

MEMO

진짜

✎ Final check!

❯ **DAY 28**에서 배운 단어를 확인해 보세요.

빈칸에 단어 뜻과 병음을 적어보고 접는 선을 따라 종이를 접어 답을 확인하세요.

중국어	뜻	병음
拿手		
家常菜		
煮		
炸		
油腻		
蒸		
辣		
煎		
苦		
甜		
炒		
咸		
美食		
养生		
酸		
下厨		
菜谱		
绿色		
清淡		
烤		

❯ 접는 선을 따라 접어 정답을 확인하세요.

접는 선

▶ 틀린 단어는 체크 박스에 체크하고 MP3를 다시 들으며 꼭 복습해 보세요.
자유롭게 메모하며 복습해 보세요.

뜻	병음
☐ 잘하다	náshǒu
☐ 집밥	jiācháng cài
☐ 삶다	zhǔ
☐ 튀기다	zhá
☐ 기름지다	yóunì
☐ 찌다	zhēng
☐ 맵다	là
☐ 부치다	jiān
☐ 쓰다	kǔ
☐ 달다	tián
☐ 볶다	chǎo
☐ 짜다	xián
☐ 맛있는 음식	měishí
☐ 보양하다	yǎngshēng
☐ 시다	suān
☐ 요리하다	xià chú
☐ 레시피	càipǔ
☐ 친환경의	lǜsè
☐ 담백하다	qīngdàn
☐ 굽다	kǎo

DAY 28.
MP3 다시 듣기

MEMO

✎ Final check!

⊙ **DAY 29**에서 배운 단어를 확인해 보세요.

빈칸에 단어 뜻과 병음을 적어보고 접는 선을 따라 종이를 접어 답을 확인하세요.

중국어	뜻	병음
点餐		
地道		
自助餐		
米饭		
份		
老板		
餐具		
发票		
餐巾纸		
买单		
洗手间		
正宗		
免费		
上菜		
打包		
餐厅		
服务员		
饮料		
位子		
预定		

⊙ 접는 선을 따라 접어 정답을 확인하세요.

접는선

● 틀린 단어는 체크 박스에 체크하고 MP3를 다시 들으며 꼭 복습해 보세요.
　자유롭게 메모하며 복습해 보세요.

뜻	병음
☐ 주문하다	diǎn cān
☐ 본토의	dìdao
☐ 뷔페	zìzhùcān
☐ 밥	mǐfàn
☐ 인분	fèn
☐ 사장	lǎobǎn
☐ 식기	cānjù
☐ 영수증	fāpiào
☐ 냅킨	cānjīnzhǐ
☐ 계산하다	mǎi dān
☐ 화장실	xǐshǒujiān
☐ 정통의	zhèngzōng
☐ 무료이다	miǎn fèi
☐ 요리를 내오다	shàng cài
☐ 포장하다	dǎ bāo
☐ 식당	cāntīng
☐ 종업원	fúwùyuán
☐ 음료	yǐnliào
☐ 자리	wèizi
☐ 예약하다	yùdìng

DAY 29.
MP3 다시 듣기

MEMO

✎ Final check!

● **DAY 30**에서 배운 단어를 확인해 보세요.

빈칸에 단어 뜻과 병음을 적어보고 접는 선을 따라 종이를 접어 답을 확인하세요.

중국어	뜻	병음
口香糖		
挑		
一次性用品		
薯片		
冰淇淋		
香烟		
果汁		
纸巾		
矿泉水		
香肠		
瓜子		
果冻		
便利店		
蛋挞		
方便面		
糖果		
零食		
蛋糕		
酸奶		
巧克力		

● 접는 선을 따라 접어 정답을 확인하세요.

● 틀린 단어는 체크 박스에 체크하고 MP3를 다시 들으며 꼭 복습해 보세요.
자유롭게 메모하며 복습해 보세요.

뜻	병음
☐ 껌(gum)	kǒuxiāngtáng
☐ 고르다	tiāo
☐ 일회용품	yícìxìng yòngpǐn
☐ 감자칩	shǔpiàn
☐ 아이스크림	bīngqílín
☐ 담배	xiāngyān
☐ 과일 주스	guǒzhī
☐ 휴지	zhǐjīn
☐ 생수	kuàngquánshuǐ
☐ 소시지	xiāngcháng
☐ 꾸와즈	guāzǐ
☐ 젤리	guǒdòng
☐ 편의점	biànlìdiàn
☐ 에그타르트	dàntà
☐ 라면	fāngbiànmiàn
☐ 사탕	tángguǒ
☐ 간식(거리)	língshí
☐ 케이크	dàngāo
☐ 요구르트	suānnǎi
☐ 초콜릿	qiǎokèlì

DAY 30.
MP3 다시 듣기

MEMO

Final check!

● **DAY 31**에서 배운 단어를 확인해 보세요.

빈칸에 단어 뜻과 병음을 적어보고 접는 선을 따라 종이를 접어 답을 확인하세요.

중국어	뜻	병음
蔬菜		
超市		
会员卡		
新鲜		
性价比		
购物车		
买一送一		
购物袋		
购物小票		
条形码		
保质期		
打折		
逛		
顾客		
收银台		
买菜		
送货上门		
活动		
海鲜		

● 접는 선을 따라 접어 정답을 확인하세요.

● 틀린 단어는 체크 박스에 체크하고 MP3를 다시 들으며 꼭 복습해 보세요.
자유롭게 메모하며 복습해 보세요.

뜻	병음
☐ 채소	shūcài
☐ 슈퍼마켓	chāoshì
☐ 멤버십 카드	huìyuánkǎ
☐ 싱싱하다	xīnxiān
☐ 가성비	xìngjiàbǐ
☐ 쇼핑 카트	gòu wù chē
☐ 원 플러스 원	mǎi yī sòng yī
☐ 장바구니	gòu wù dài
☐ 구매 영수증	gòuwù xiǎopiào
☐ 바코드	tiáoxíngmǎ
☐ 유통기한	bǎozhìqī
☐ 할인하다	dǎ zhé
☐ 쇼핑하다	guàng
☐ 고객	gùkè
☐ 계산대	shōuyíntái
☐ 장을 보다	mǎi cài
☐ 집까지 상품을 배달해 준다	sòng huò shàng mén
☐ 이벤트	huódòng
☐ 해산물	hǎixiān

DAY 31.
MP3 다시 듣기

MEMO

✎ Final check!

> **DAY 32**에서 배운 단어를 확인해 보세요.

빈칸에 단어 뜻과 병음을 적어보고 접는 선을 따라 종이를 접어 답을 확인하세요.

중국어	뜻	병음
感冒		
忌口		
得		
有痰		
发烧		
慢性		
鼻涕		
扭伤		
咳嗽		
晕倒		
养病		
传染病		
受伤		
发冷		
骨折		
病		
过敏		
恶心		
不舒服		
生病		

> 접는 선을 따라 접어 정답을 확인하세요.

접는선

➲ 틀린 단어는 체크 박스에 체크하고 MP3를 다시 들으며 꼭 복습해 보세요.
자유롭게 메모하며 복습해 보세요.

뜻	병음
☐ 감기에 걸리다	gǎnmào
☐ 아무거나 못 먹게 하다	jì kǒu
☐ (병에) 걸리다	dé
☐ 가래가 있다	yǒu tán
☐ 열이 나다	fā shāo
☐ 만성의	mànxìng
☐ 콧물	bítì
☐ 삐다	niǔ shāng
☐ 기침하다	késou
☐ 기절하여 쓰러지다	yūn dǎo
☐ 몸조리하다	yǎng bìng
☐ 전염병	chuánrǎnbìng
☐ 다치다	shòu shāng
☐ 오한이 나다	fā lěng
☐ 골절되다	gǔzhé
☐ 병	bìng
☐ 알레르기 반응을 보이다	guòmǐn
☐ 메스껍다	ěxin
☐ 아프다	bù shūfu
☐ 병이 나다	shēng bìng

DAY 32.
MP3 다시 듣기

MEMO

● **DAY 33**에서 배운 단어를 확인해 보세요.

빈칸에 단어 뜻과 병음을 적어보고 접는 선을 따라 종이를 접어 답을 확인하세요.

중국어	뜻	병음
挂号		
看病		
验尿		
打针		
探病		
住院		
验血		
处方		
确诊		
输液		
手术		
医院		
体检		
结果		
症状		
病人		
麻醉		
治疗		

● 접는 선을 따라 접어 정답을 확인하세요

● 틀린 단어는 체크 박스에 체크하고 MP3를 다시 들으며 꼭 복습해 보세요.
자유롭게 메모하며 복습해 보세요.

뜻	병음
☐ 접수하다	guà hào
☐ 진찰을 받다	kàn bìng
☐ 소변 검사를 하다	yàn niào
☐ 주사를 맞다	dǎ zhēn
☐ 병문안 가다	tàn bìng
☐ 입원하다	zhù yuàn
☐ 혈액 검사를 하다	yàn xiě
☐ 처방전	chǔfāng
☐ 확실하게 진단을 하다	quèzhěn
☐ 링거를 맞다	shū yè
☐ 수술	shǒushù
☐ 병원	yīyuàn
☐ 검진을 하다	tǐjiǎn
☐ 결과	jiéguǒ
☐ 증상	zhèngzhuàng
☐ 환자	bìngrén
☐ 마취하다	mázuì
☐ 치료하다	zhìliáo

DAY 33.
MP3 다시 듣기

MEMO

진료과

 Final check!

● **DAY 34**에서 배운 단어를 확인해 보세요.

빈칸에 단어 뜻과 병음을 적어보고 접는 선을 따라 종이를 접어 답을 확인하세요.

중국어	뜻	병음
止痛药		
药师		
空腹		
感冒药		
口罩		
服用		
绷带		
饭后		
创可贴		
药膏		
止咳药		
眼药水		
药店		
效果		
消毒药水		
片		
开药		
好使		
中药		
退烧药		

● 접는 선을 따라 접어 정답을 확인하세요.

● 틀린 단어는 체크 박스에 체크하고 MP3를 다시 들으며 꼭 복습해 보세요.
자유롭게 메모하며 복습해 보세요.

뜻	병음
☐ 진통제	zhǐtòngyào
☐ 약사	yàoshī
☐ 빈 속	kōngfù
☐ 감기약	gǎnmàoyào
☐ 마스크	kǒuzhào
☐ 복용하다	fúyòng
☐ 붕대	bēngdài
☐ 식후	fànhòu
☐ 반창고	chuāngkětiē
☐ 연고	yàogāo
☐ 기침약	zhǐkéyào
☐ 안약	yǎnyàoshuǐ
☐ 약국	yàodiàn
☐ 효과	xiàoguǒ
☐ 소독약	xiāo dú yàoshuǐ
☐ 알	piàn
☐ 약을 처방하다	kāi yào
☐ (효과가) 좋다	hǎo shǐ
☐ 중의약	zhōngyào
☐ 해열제	tuìshāoyào

DAY 34.
MP3 다시 듣기

MEMO

Final check!

> **DAY 35**에서 배운 단어를 확인해 보세요.

빈칸에 단어 뜻과 병음을 적어보고 접는 선을 따라 종이를 접어 답을 확인하세요.

중국어	뜻	병음
热身		
减肥		
深蹲		
跳绳		
喘气		
瑜伽		
高尔夫球		
拉伸		
游泳		
自行车		
健身		
坚持		
健康		
成功		
普拉提		
锻炼		
体重		
出汗		
跑步		

> 접는 선을 따라 접어 정답을 확인하세요.

접는 선

❱ 틀린 단어는 체크 박스에 체크하고 MP3를 다시 들으며 꼭 복습해 보세요.

자유롭게 메모하며 복습해 보세요.

뜻	병음
☐ 워밍업하다	rè shēn
☐ 다이어트하다	jiǎn féi
☐ 스쾃(squat)	shēndūn
☐ 줄넘기	tiàoshéng
☐ 호흡하다	chuǎn qì
☐ 요가	yújiā
☐ 골프	gāo'ěrfū qiú
☐ 스트레칭하다	lā shēn
☐ 수영하다	yóu yǒng
☐ 자전거	zìxíngchē
☐ 헬스하다	jiànshēn
☐ 지속하다	jiānchí
☐ 건강	jiànkāng
☐ 성공하다	chénggōng
☐ 필라테스	pǔlātí
☐ 운동하다	duànliàn
☐ 체중	tǐzhòng
☐ 땀이 나다	chū hàn
☐ 달리다	pǎo bù

DAY 35.
MP3 다시 듣기

MEMO

✐ Final check!

▶ **DAY 36**에서 배운 단어를 확인해 보세요.

빈칸에 단어 뜻과 병음을 적어보고 접는 선을 따라 종이를 접어 답을 확인하세요.

중국어	뜻	병음
早场		
上映		
可乐		
剩		
座号		
配音		
爆米花		
翻译		
字幕		
座位		
感人		
电影院		
预告片		
电影票		
安全通道		
类型		

▶ 접는 선을 따라 접어 정답을 확인하세요.

접는선

❷ 틀린 단어는 체크 박스에 체크하고 MP3를 다시 들으며 꼭 복습해 보세요.
자유롭게 메모하며 복습해 보세요.

뜻	병음
☐ 조조 상영	zǎochǎng
☐ (새 영화를) 개봉하다	shàngyìng
☐ 콜라	kělè
☐ 남다	shèng
☐ 좌석 번호	zuòhào
☐ 더빙하다	pèi yīn
☐ 팝콘	bàomǐhuā
☐ 번역하다	fānyì
☐ 자막	zìmù
☐ 자리	zuòwèi
☐ 감동적이다	gǎnrén
☐ 영화관	diànyǐngyuàn
☐ 예고편(트레일러)	yùgàopiàn
☐ 영화표	diànyǐngpiào
☐ 비상 통로	ānquán tōngdào
☐ 장르	lèixíng

DAY 36.
MP3 다시 듣기

MEMO

✎ Final **check!**

◈ **DAY 37**에서 배운 단어를 확인해 보세요.

빈칸에 단어 뜻과 병음을 적어보고 접는 선을 따라 종이를 접어 답을 확인하세요.

중국어	뜻	병음
点歌		
麦克		
流行		
调音		
哑		
难听		
说唱		
歌曲		
情歌		
跑调		
解压		
唱歌		
歌词		
包间		
通宵		
切歌		

◈ 접는 선을 따라 접어 정답을 확인하세요.

● 틀린 단어는 체크 박스에 체크하고 MP3를 다시 들으며 꼭 복습해 보세요.
자유롭게 메모하며 복습해 보세요.

뜻	병음
☐ 선곡하다	diǎn gē
☐ 마이크	màikè
☐ 유행하다	liúxíng
☐ 음을 맞추다	tiáo yīn
☐ 목이 쉬다	yǎ
☐ 듣기 괴롭다	nántīng
☐ 랩	shuōchàng
☐ 노래	gēqǔ
☐ 발라드	qínggē
☐ 음 이탈 나다	pǎo diào
☐ 스트레스를 풀다	jiě yā
☐ 노래하다	chàng gē
☐ 가사	gēcí
☐ (노래방의) 룸	bāojiān
☐ 밤샘	tōngxiāo
☐ 노래를 끊다	qiē gē

DAY 37.
MP3 다시 듣기

MEMO

Final check!

● **DAY 38**에서 배운 단어를 확인해 보세요.

빈칸에 단어 뜻과 병음을 적어보고 접는 선을 따라 종이를 접어 답을 확인하세요.

중국어	뜻	병음
度数		
夜店		
伏特加		
扎啤		
醉		
葡萄酒		
干杯		
鸡尾酒		
敬		
倒		
白酒		
酒量		
酒吧		
耍酒疯		
起子		
酒精		
喝酒		
断片儿		
酒鬼		
上头		

● 접는 선을 따라 접어 정답을 확인하세요.

접는선

● 틀린 단어는 체크 박스에 체크하고 MP3를 다시 들으며 꼭 복습해 보세요.

자유롭게 메모하며 복습해 보세요.

뜻	병음
☐ 도수	dùshu
☐ 클럽	yèdiàn
☐ 보드카	fútèjiā
☐ 생맥주	zhāpí
☐ 취하다	zuì
☐ 포도주	pútáojiǔ
☐ 원샷 하다	gān bēi
☐ 칵테일	jīwěijiǔ
☐ 올리다	jìng
☐ 따르다	dào
☐ 바이주	báijiǔ
☐ 주량	jiǔliàng
☐ 술집	jiǔbā
☐ 술주정 부리다	shuǎ jiǔfēng
☐ 오프너	qǐzi
☐ 알코올	jiǔjīng
☐ 술을 마시다	hē jiǔ
☐ 필름이 끊기다	duàn piānr
☐ 술고래	jiǔguǐ
☐ (술을 마신 뒤) 머리가 아프다	shàng tóu

DAY 38.
MP3 다시 듣기

MEMO

Final check!

◎ **DAY 39**에서 배운 단어를 확인해 보세요.

빈칸에 단어 뜻과 병음을 적어보고 접는 선을 따라 종이를 접어 답을 확인하세요.

중국어	뜻	병음
地图		
心动		
碰碰车		
过山车		
痛快		
激流勇进		
不敢		
海盗船		
恐高症		
蹦极		
旋转木马		
烟花		
游乐园		
水上乐园		
跳楼机		
一卡通		
门票		
水滑梯		
好玩		
救生衣		

◎ 접는 선을 따라 접어 정답을 확인하세요.

접는선

▶ 틀린 단어는 체크 박스에 체크하고 MP3를 다시 들으며 꼭 복습해 보세요.
   자유롭게 메모하며 복습해 보세요.

뜻	병음
☐ 지도	dìtú
☐ 가슴이 설레다	xīndòng
☐ 범퍼 카	pèngpengchē
☐ 롤러코스터	guòshānchē
☐ 실컷 놀다 (즐기다)	tòngkuài
☐ 후룸라이드	jīliú yǒng jìn
☐ ~할 엄두를 못 내다	bùgǎn
☐ 바이킹	hǎidàochuán
☐ 고소공포증	kǒnggāozhèng
☐ 번지점프	bèngjí
☐ 회전목마	xuánzhuǎn mùmǎ
☐ 불꽃	yānhuā
☐ 놀이공원	yóulèyuán
☐ 워터 파크	shuǐshàng lèyuán
☐ 자이로드롭	tiàolóujī
☐ 프리패스 카드	yìkǎtōng
☐ 입장권	ménpiào
☐ 워터 슬라이드	shuǐhuátī
☐ 재미있다	hǎowán
☐ 구명조끼	jiùshēngyī

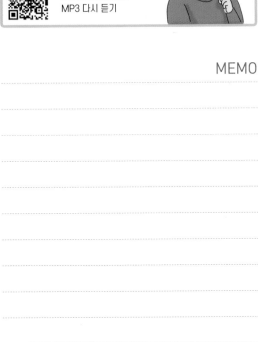

DAY 39.
MP3 다시 듣기

MEMO

Final check!

> **DAY 40**에서 배운 단어를 확인해 보세요.

빈칸에 단어 뜻과 병음을 적어보고 접는 선을 따라 종이를 접어 답을 확인하세요.

중국어	뜻	병음
头发		
办卡		
短发		
剪		
护理		
打薄		
烫		
打层次		
染		
卷发棒		
卷发		
修		
拉直		
理发店		
洗发水		
长发		
发型		
护发素		
吹		
头绳		

> 접는 선을 따라 접어 정답을 확인하세요.

● 틀린 단어는 체크 박스에 체크하고 MP3를 다시 들으며 꼭 복습해 보세요.
자유롭게 메모하며 복습해 보세요.

뜻	병음
☐ 머리카락	tóufa
☐ 카드를 만들다	bàn kǎ
☐ 단발머리	duǎnfà
☐ 자르다	jiǎn
☐ 케어하다	hùlǐ
☐ 숱 치다	dǎ báo
☐ 파마하다	tàng
☐ 층을 내다	dǎ céngcì
☐ 염색하다	rǎn
☐ 봉 고데기	juǎnfàbàng
☐ 파마(웨이브)머리	juǎnfà
☐ 다듬다	xiū
☐ (머리를) 펴다	lā zhí
☐ 헤어숍	lǐfàdiàn
☐ 샴푸	xǐfàshuǐ
☐ 긴 머리	chángfà
☐ 헤어스타일	fàxíng
☐ 린스	hùfàsù
☐ 말리다	chuī
☐ 머리끈	tóushéng

DAY 40.
MP3 다시 듣기

MEMO

진짜진

Final check!

> **DAY 41**에서 배운 단어를 확인해 보세요.

빈칸에 단어 뜻과 병음을 적어보고 접는 선을 따라 종이를 접어 답을 확인하세요.

중국어	뜻	병음	
人民币			▶ 접는 선을 따라 접어 정답을 확인하세요.
存折			
汇率			
转账			
账户			
信用卡			
韩币			
挂失			
贷款			
存款			
汇款			
取号机			
自动取款机			
银行			
利息			
银行卡			
窗口			
网银			
余额			

❷ 틀린 단어는 체크 박스에 체크하고 MP3를 다시 들으며 꼭 복습해 보세요.
자유롭게 메모하며 복습해 보세요.

뜻	병음
☐ 인민폐	Rénmínbì
☐ 예금 통장	cúnzhé
☐ 환율	huìlǜ
☐ 계좌 이체하다	zhuǎn zhàng
☐ 계좌	zhànghù
☐ 신용카드	xìnyòngkǎ
☐ 한화	Hánbì
☐ 분실 신고를 하다	guà shī
☐ 대출하다	dài kuǎn
☐ 저금(하다)	cúnkuǎn
☐ 송금하다	huì kuǎn
☐ 대기 번호표 발행기	qǔhàojī
☐ 현금 자동 인출기(ATM)	zìdòng qǔkuǎnjī
☐ 은행	yínháng
☐ 이자	lìxī
☐ 은행 카드	yínhángkǎ
☐ 창구	chuāngkǒu
☐ 인터넷 뱅킹	wǎngyín
☐ 잔고	yú'é

DAY 41.
MP3 다시 듣기

MEMO

✎ Final check!

◐ DAY 42에서 배운 단어를 확인해 보세요.

빈칸에 단어 뜻과 병음을 적어보고 접는 선을 따라 종이를 접어 답을 확인하세요.

중국어	뜻	병음
干净		
押金		
房卡		
双床房		
入住		
大床房		
叫醒		
退房		
总统套房		
早餐		
民宿		
大厅		
酒店		
含		
房型		
宾馆		
客房服务		
标准间		

◐ 접는 선을 따라 접어 정답을 확인하세요.

접는 선

◆ 틀린 단어는 체크 박스에 체크하고 MP3를 다시 들으며 꼭 복습해 보세요.
자유롭게 메모하며 복습해 보세요.

뜻	병음
☐ 깨끗하다	gānjìng
☐ 보증금	yājīn
☐ 카드 키	fángkǎ
☐ 트윈룸(2인실/침대 2개)	shuāng chuáng fáng
☐ 체크인하다	rùzhù
☐ 더블룸(2인실/큰 침대 1개)	dà chuáng fáng
☐ 깨우다	jiàoxǐng
☐ 체크아웃하다	tuì fáng
☐ 로얄 스위트룸	zǒngtǒng tàofáng
☐ 조식	zǎocān
☐ 펜션	mínsù
☐ 로비	dàtīng
☐ 호텔	jiǔdiàn
☐ 포함하다	hán
☐ 내부 구조 유형	fángxíng
☐ 모텔	bīnguǎn
☐ 룸서비스	kèfáng fúwù
☐ (호텔 등의) 일반실	biāozhǔnjiān

DAY 42.
MP3 다시 듣기

MEMO

✏️ Final check!

> **DAY 43**에서 배운 단어를 확인해 보세요.

빈칸에 단어 뜻과 병음을 적어보고 접는 선을 따라 종이를 접어 답을 확인하세요.

중국어	뜻	병음
保险杠		
喇叭		
儿童安全座椅		
自动挡		
方向盘		
刹车		
发动机盖		
后备箱		
轮胎		
安全带		
导航		
宽敞		
驾照		
驾校		
汽车		
四人座		
油门		
开车		
后视镜		
驾驶座		

> 접는 선을 따라 접어 정답을 확인하세요.

● 틀린 단어는 체크 박스에 체크하고 MP3를 다시 들으며 꼭 복습해 보세요.

자유롭게 메모하며 복습해 보세요.

DAY 43.
MP3 다시 듣기

뜻	병음
☐ (자동차의) 범퍼	bǎoxiǎngàng
☐ 클랙슨(경적)	lǎba
☐ 유아 카시트	értóng ānquán zuòyǐ
☐ 오토매틱	zìdòngdǎng
☐ (자동차 등의) 핸들	fāngxiàngpán
☐ 브레이크	shāchē
☐ 보닛	fādòngjīgài
☐ 트렁크	hòubèixiāng
☐ 타이어	lúntāi
☐ 안전벨트	ānquándài
☐ 내비게이션	dǎoháng
☐ 넓다	kuānchang
☐ 운전면허증	jiàzhào
☐ 자동차 운전학원	jiàxiào
☐ 자동차	qìchē
☐ 4인승	sì rén zuò
☐ 액셀	yóumén
☐ 운전하다	kāi chē
☐ (자동차의) 백미러	hòushìjìng
☐ 운전석	jiàshǐzuò

MEMO

✏️ Final check!

● **DAY 44**에서 배운 단어를 확인해 보세요.

빈칸에 단어 뜻과 병음을 적어보고 접는 선을 따라 종이를 접어 답을 확인하세요.

중국어	뜻	병음
靠边		
掉头		
打车		
道路		
师傅		
停		
十字路口		
堵车		
起步价		
得来速		
拐		
高速公路		
服务区		
高峰期		
停车场		
指路		
出租车		
加油站		
红绿灯		
空车		

● 접는 선을 따라 접어 정답을 확인하세요.

◐ 틀린 단어는 체크 박스에 체크하고 MP3를 다시 들으며 꼭 복습해 보세요.
　자유롭게 메모하며 복습해 보세요.

뜻	병음
☐ (길) 옆으로 붙다	kào biān
☐ 유턴하다	diào tóu
☐ 택시를 타다	dǎ chē
☐ 도로	dàolù
☐ 기사님	shīfu
☐ 주차하다	tíng
☐ 사거리	shízì lùkǒu
☐ 차가 막히다	dǔ chē
☐ 기본 요금	qǐbùjià
☐ 드라이브스루	déláisù
☐ (모퉁이를) 돌다	guǎi
☐ 고속도로	gāosù gōnglù
☐ 휴게소	fúwùqū
☐ 러시아워	gāofēngqī
☐ 주차장	tíngchēchǎng
☐ 길을 알려주다	zhǐ lù
☐ 택시	chūzūchē
☐ 주유소	jiāyóuzhàn
☐ 신호등	hónglǜdēng
☐ 빈 차	kōngchē

DAY 44.
MP3 다시 듣기

MEMO

복습편

Final check!

● **DAY 45**에서 배운 단어를 확인해 보세요.

빈칸에 단어 뜻과 병음을 적어보고 접는 선을 따라 종이를 접어 답을 확인하세요.

중국어	뜻	병음
线路图		
扶		
扶梯		
晃		
来不及		
让座		
换乘		
路		
坐反		
地铁		
赶上		
电梯		
长途汽车		
下一站		
出口		
坐		
安检		
把手		
公交车		
号线		

● 접는 선을 따라 접어 정답을 확인하세요.

▶ 틀린 단어는 체크 박스에 체크하고 MP3를 다시 들으며 꼭 복습해 보세요.
자유롭게 메모하며 복습해 보세요.

뜻	병음
☐ 노선도	xiànlùtú
☐ 붙들다	fú
☐ 에스컬레이터	fútī
☐ 흔들리다	huàng
☐ (시간이 부족해) ~할 겨를(시간)이 없다	láibují
☐ 자리를 양보하다	ràng zuò
☐ 환승하다	huànchéng
☐ (교통 수단의) 노선	lù
☐ 반대로 타다	zuò fǎn
☐ 지하철	dìtiě
☐ 따라잡다	gǎn shàng
☐ 엘리베이터	diàntī
☐ 장거리 버스	chángtú qìchē
☐ 다음 역	xià yí zhàn
☐ 출구	chūkǒu
☐ 타다	zuò
☐ 보안 검사	ānjiǎn
☐ 손잡이	bǎshou
☐ 버스	gōngjiāochē
☐ 호선	hào xiàn

DAY 45.
MP3 다시 듣기

MEMO

✏️ Final check!

▶ **DAY 46**에서 배운 단어를 확인해 보세요.

빈칸에 단어 뜻과 병음을 적어보고 접는 선을 따라 종이를 접어 답을 확인하세요.

중국어	뜻	병음
车厢		
订票		
行李		
检票口		
站票		
候车厅		
餐车		
准时		
软卧		
晚点		
卧铺		
硬座		
火车		
出发		
改签		
高铁		
站台		

▶ 접는 선을 따라 접어 정답을 확인하세요.

접는 선

● 틀린 단어는 체크 박스에 체크하고 MP3를 다시 들으며 꼭 복습해 보세요.

자유롭게 메모하며 복습해 보세요.

뜻	병음
☐ 객실	chēxiāng
☐ 표를 예약하다	dìng piào
☐ 짐	xíngli
☐ 개찰구	jiǎnpiàokǒu
☐ 입석표	zhànpiào
☐ 대합실	hòuchētīng
☐ (열차의) 식당칸	cānchē
☐ 정시에	zhǔnshí
☐ 일등 침대석	ruǎnwò
☐ 연착하다	wǎn diǎn
☐ (기차, 장거리 버스의) 침대	wòpù
☐ 일반석	yìngzuò
☐ 기차	huǒchē
☐ 출발하다	chūfā
☐ (표, 일정 따위를) 변경하다	gǎiqiān
☐ 고속 철도	gāotiě
☐ 플랫폼	zhàntái

DAY 46.
MP3 다시 듣기

MEMO

✏️ Final check!

◉ **DAY 47**에서 배운 단어를 확인해 보세요.

빈칸에 단어 뜻과 병음을 적어보고 접는 선을 따라 종이를 접어 답을 확인하세요.

중국어	뜻	병음	
登机			◉ 접는 선을 따라 접어 정답을 확인하세요.
经济舱			
航站楼			
机票			
航空公司			
护照			
登机牌			
飞机餐			
出入境卡			
托运			
航班			
免税店			
旅游			
时差			
海关			
飞机			
到达			
机场			
超重			
直飞			

● 틀린 단어는 체크 박스에 체크하고 MP3를 다시 들으며 꼭 복습해 보세요.
자유롭게 메모하며 복습해 보세요.

뜻	병음
☐ 탑승하다	dēng jī
☐ 이코노미석	jīngjìcāng
☐ 터미널	hángzhànlóu
☐ 비행기 표	jīpiào
☐ 항공사	hángkōng gōngsī
☐ 여권	hùzhào
☐ 탑승권	dēngjīpái
☐ 기내식	fēijīcān
☐ 출입국 신고서	chūrùjìng kǎ
☐ (짐, 화물 등을) 위탁 운송하다	tuōyùn
☐ 항공편	hángbān
☐ 면세점	miǎnshuìdiàn
☐ 여행하다	lǚyóu
☐ 시차	shíchā
☐ 세관	hǎiguān
☐ 비행기	fēijī
☐ 도착하다	dàodá
☐ 공항	jīchǎng
☐ (규정된) 중량을 초과하다	chāo zhòng
☐ 직항하다	zhífēi

DAY 47.
MP3 다시 듣기

MEMO

> **DAY 48**에서 배운 단어를 확인해 보세요.

빈칸에 단어 뜻과 병음을 적어보고 접는 선을 따라 종이를 접어 답을 확인하세요.

중국어	뜻	병음	
袖子			❱ 접는 선을 따라 접어 정답을 확인하세요.
童装			
T恤			
口袋			
男装			
大衣			
裤子			
连衣裙			
内衣			
毛衣			
时尚			
衬衫			
衣服			
件			
穿			
背心			
西装			
脱			
裙子			
羽绒服			

● 틀린 단어는 체크 박스에 체크하고 MP3를 다시 들으며 꼭 복습해 보세요.

자유롭게 메모하며 복습해 보세요.

뜻	병음
☐ 소매	xiùzi
☐ 아동복	tóngzhuāng
☐ 티셔츠	T xù
☐ 주머니	kǒudai
☐ 남성복	nánzhuāng
☐ 외투	dàyī
☐ 바지	kùzi
☐ 원피스	liányīqún
☐ 속옷	nèiyī
☐ 스웨터	máoyī
☐ 스타일리쉬하다	shíshàng
☐ 셔츠	chènshān
☐ 옷	yīfu
☐ 벌[옷을 세는 단위]	jiàn
☐ 입다	chuān
☐ 조끼	bèixīn
☐ 양복	xīzhuāng
☐ 벗다	tuō
☐ 치마	qúnzi
☐ 패딩	yǔróngfú

DAY 48.

MP3 다시 듣기

MEMO

● **DAY 49**에서 배운 단어를 확인해 보세요.

빈칸에 단어 뜻과 병음을 적어보고 접는 선을 따라 종이를 접어 답을 확인하세요.

중국어	뜻	병음
手套		
围巾		
戒指		
手表		
戴		
帽子		
试		
正好		
紧		
墨镜		
丝袜		
项链		
高跟鞋		
正式		
袜子		
休闲		
鞋		
耳环		
领带		
双		

● 접는 선을 따라 접어 정답을 확인하세요.

접는선

➲ 틀린 단어는 체크 박스에 체크하고 MP3를 다시 들으며 꼭 복습해 보세요.
자유롭게 메모하며 복습해 보세요.

뜻	병음
☐ 장갑	shǒutào
☐ 목도리	wéijīn
☐ 반지	jièzhi
☐ 손목시계	shǒubiǎo
☐ 차다	dài
☐ 모자	màozi
☐ 입다	shì
☐ 딱 좋다	zhènghǎo
☐ 타이트하다	jǐn
☐ 선글라스	mòjìng
☐ 스타킹	sīwà
☐ 목걸이	xiàngliàn
☐ 하이힐	gāogēnxié
☐ 포멀한	zhèngshì
☐ 양말	wàzi
☐ 캐주얼하다	xiūxián
☐ 신발	xié
☐ 귀걸이	ěrhuán
☐ 넥타이	lǐngdài
☐ 쌍[짝을 이루는 물건을 세는 단위]	shuāng

DAY 49.
MP3 다시 듣기

MEMO

Final check!

● **DAY 50**에서 배운 단어를 확인해 보세요.

빈칸에 단어 뜻과 병음을 적어보고 접는 선을 따라 종이를 접어 답을 확인하세요.

중국어	뜻	병음
口红		
洗面奶		
腮红		
粉饼		
精华液		
粉底液		
润唇膏		
香水		
牌子		
眼影		
乳液		
睫毛膏		
面膜		
爽肤水		
化妆		
眼线		
化妆棉		
护肤品		
护手霜		
防晒霜		

● 접는 선을 따라 접어 정답을 확인하세요.

접는 선

● 틀린 단어는 체크 박스에 체크하고 MP3를 다시 들으며 꼭 복습해 보세요.
자유롭게 메모하며 복습해 보세요.

뜻	병음
☐ 립스틱	kǒuhóng
☐ 폼클렌징	xǐmiànnǎi
☐ 블러셔	sāihóng
☐ 파우더 팩트	fěnbǐng
☐ 에센스	jīnghuáyè
☐ (액체) 파운데이션	fěndǐyè
☐ 립밤	rùnchúngāo
☐ 향수	xiāngshuǐ
☐ 브랜드	páizi
☐ 아이섀도	yǎnyǐng
☐ 로션	rǔyè
☐ 마스카라	jiémáogāo
☐ 마스크 팩	miànmó
☐ 토너	shuāngfūshuǐ
☐ 화장하다	huà zhuāng
☐ 아이라인	yǎnxiàn
☐ 화장솜	huàzhuāngmián
☐ 기초 화장품	hùfūpǐn
☐ 핸드크림	hùshǒushuāng
☐ 선크림(자외선 차단제)	fángshàishuāng

DAY 50.
MP3 다시 듣기

MEMO

❯ **DAY 51**에서 배운 단어를 확인해 보세요.

빈칸에 단어 뜻과 병음을 적어보고 접는 선을 따라 종이를 접어 답을 확인하세요.

중국어	뜻	병음
退货		
光临		
袋子		
挨宰		
欢迎		
讲价		
网店		
客服		
刷卡		
试衣间		
包装		
消费		
商场		
快递		
逛街		
现金		
价格		
购物		
网购		
付款		

❯ 접는 선을 따라 접어 정답을 확인하세요.

접는 선

● 틀린 단어는 체크 박스에 체크하고 MP3를 다시 들으며 꼭 복습해 보세요.
자유롭게 메모하며 복습해 보세요.

뜻	병음
☐ 반품하다	tuì huò
☐ 방문하다	guānglín
☐ 봉지	dàizi
☐ 바가지 쓰다	ái zǎi
☐ 환영하다	huānyíng
☐ 가격을 흥정하다	jiǎng jià
☐ 온라인 쇼핑몰	wǎngdiàn
☐ 고객 서비스	kèfú
☐ 카드로 결제하다	shuā kǎ
☐ 탈의실	shìyījiān
☐ 포장	bāozhuāng
☐ 소비(하다)	xiāofèi
☐ 백화점	shāngchǎng
☐ 택배	kuàidì
☐ 쇼핑하다	guàng jiē
☐ 현금	xiànjīn
☐ 가격	jiàgé
☐ 쇼핑하다	gòu wù
☐ 인터넷 쇼핑을 하다	wǎnggòu
☐ 돈을 지불하다	fù kuǎn

DAY 51.
MP3 다시 듣기

MEMO

✎ Final check!

● **DAY 52**에서 배운 단어를 확인해 보세요.

빈칸에 단어 뜻과 병음을 적어보고 접는 선을 따라 종이를 접어 답을 확인하세요.

중국어	뜻	병음
狗粮		
猫		
领养		
猪		
狗		
鸡		
植物		
花盆		
浇水		
鸟		
条		
宠物		
母		
只		
虫子		
动物		
养		
老鼠		
公		
树		

● 접는 선을 따라 접어 정답을 확인하세요.

● 틀린 단어는 체크 박스에 체크하고 MP3를 다시 들으며 꼭 복습해 보세요.
자유롭게 메모하며 복습해 보세요.

뜻	병음
☐ 개 사료	gǒuliáng
☐ 고양이	māo
☐ 입양하다	lǐngyǎng
☐ 돼지	zhū
☐ 개	gǒu
☐ 닭	jī
☐ 식물	zhíwù
☐ 화분	huāpén
☐ 물을 주다	jiāo shuǐ
☐ 새	niǎo
☐ 마리[가늘고 긴 동식물을 세는 단위]	tiáo
☐ 애완동물	chǒngwù
☐ 암컷	mǔ
☐ 마리[동물을 세는 단위]	zhī
☐ 벌레	chóngzi
☐ 동물	dòngwù
☐ 기르다	yǎng
☐ 쥐	lǎoshǔ
☐ 수컷	gōng
☐ 나무	shù

DAY 52.
MP3 다시 듣기

MEMO

Final check!

● **DAY 53**에서 배운 단어를 확인해 보세요.

빈칸에 단어 뜻과 병음을 적어보고 접는 선을 따라 종이를 접어 답을 확인하세요.

중국어	뜻	병음
收视率		
频道		
广告		
火		
卫视		
节目		
主持人		
综艺		
电视台		
纪录片		
杂志		
群众		
媒体		
真人秀		
播放		
新闻		
播音员		
电视剧		

● 접는 선을 따라 접어 정답을 확인하세요.

➤ 틀린 단어는 체크 박스에 체크하고 MP3를 다시 들으며 꼭 복습해 보세요.
  자유롭게 메모하며 복습해 보세요.

뜻	병음
☐ 시청률	shōushìlǜ
☐ 채널	píndào
☐ 광고	guǎnggào
☐ 인기 있다	huǒ
☐ 위성 TV	wèishì
☐ 프로그램	jiémù
☐ 사회자	zhǔchírén
☐ 예능	zōngyì
☐ 방송국	diànshìtái
☐ 다큐멘터리	jìlùpiàn
☐ 잡지	zázhì
☐ 대중	qúnzhòng
☐ 미디어	méitǐ
☐ 리얼리티 쇼	zhēnrén xiù
☐ 방영하다	bōfàng
☐ 뉴스	xīnwén
☐ 아나운서	bòyīnyuán
☐ 드라마	diànshìjù

DAY 53.
MP3 다시 듣기

MEMO

Final check!

> **DAY 54**에서 배운 단어를 확인해 보세요.

빈칸에 단어 뜻과 병음을 적어보고 접는 선을 따라 종이를 접어 답을 확인하세요.

> 접는 선을 따라 접어 정답을 확인하세요.

중국어	뜻	병음
评论		
私信		
点击率		
直播		
分享		
打卡		
点赞		
主播		
关注		
网红		
视频		
自媒体		
粉丝		
回复		
社交网络		
订阅		

❷ 틀린 단어는 체크 박스에 체크하고 MP3를 다시 들으며 꼭 복습해 보세요.
자유롭게 메모하며 복습해 보세요.

뜻	병음
☐ 댓글	pínglùn
☐ 다이렉트 메시지(DM)	sīxìn
☐ 조회수	diǎnjīlǜ
☐ 라이브 방송	zhíbō
☐ 공유하다	fēnxiǎng
☐ (핫플레이스에 갔다 온 것을) 인증하다	dǎ kǎ
☐ '좋아요'를 누르다	diǎn zàn
☐ 크리에이터	zhǔbō
☐ 팔로우하다	guānzhù
☐ 왕홍	wǎnghóng
☐ 동영상	shìpín
☐ 1인 미디어	zìméitǐ
☐ 구독자	fěnsī
☐ 답글	huífù
☐ SNS(소셜 네트워크 서비스)	shèjiāo wǎngluò
☐ 구독하다	dìngyuè

DAY 54.
MP3 다시 듣기

MEMO

● **DAY 55**에서 배운 단어를 확인해 보세요.

빈칸에 단어 뜻과 병음을 적어보고 접는 선을 따라 종이를 접어 답을 확인하세요.

중국어	뜻	병음
房租		
投资		
租房		
信用		
彩票		
保险		
房东		
合租		
搬家		
不景气		
基金		
买房		
股票		
抵押		
金融		
损失		
资金		
理财		
中介		
发财		

● 접는 선을 따라 접어 정답을 확인하세요.

접는선

● 틀린 단어는 체크 박스에 체크하고 MP3를 다시 들으며 꼭 복습해 보세요.
자유롭게 메모하며 복습해 보세요.

뜻	병음
☐ 집세	fángzū
☐ 투자	tóuzī
☐ 전세집	zū fáng
☐ 신용	xìnyòng
☐ 복권	cǎipiào
☐ 보험	bǎoxiǎn
☐ 집 주인	fángdōng
☐ 홈 셰어링하다	hézū
☐ 이사하다	bān jiā
☐ 경기가 나쁘다	bù jǐngqì
☐ 펀드	jījīn
☐ 집을 사다	mǎi fáng
☐ 주식	gǔpiào
☐ 저당잡히다	dǐyā
☐ 금융	jīnróng
☐ 손실	sǔnshī
☐ 자금	zījīn
☐ 재테크하다	lǐ cái
☐ 중개인	zhōngjiè
☐ 돈을 벌다	fā cái

DAY 55.
MP3 다시 듣기

MEMO

진짜복습

INDEX

C

☐ 低头族	dītóuzú	수그리족, 스마트폰 좀비	170
☐ 抵押	dǐyā	저당잡히다	350
☐ 地道	dìdao	본토의, 본 고장의	190
☐ 地理	dìlǐ	지리	56
☐ 地毯	dìtǎn	러그, 카펫	145
☐ 地铁	dìtiě	지하철	288
☐ 地图	dìtú	지도	251
☐ 点餐	diǎn cān	주문하다	187
☐ 点歌	diǎn gē	선곡하다	239
☐ 点击	diǎnjī	클릭하다	156
☐ 点击率	diǎnjīlǜ	조회수	342
☐ 点心	diǎnxin	간식	198
☐ 点赞	diǎn zàn	'좋아요'를 누르다	342
☐ 电车	diànchē	전차, 트롤리버스	290
☐ 电池	diànchí	배터리	167
☐ 电磁炉	diàncílú	인덕션	149
☐ 电动牙刷	diàndòng yáshuā	전동 칫솔	152
☐ 电饭锅	diànfànguō	전기밥솥	149
☐ 电视	diànshì	텔레비전, TV	150
☐ 电视剧	diànshìjù	드라마	336
☐ 电视台	diànshìtái	방송국	335
☐ 电烫	diàntàng	세팅파마	260
☐ 电梯	diàntī	엘리베이터	289
☐ 电影票	diànyǐngpiào	영화표	233
☐ 电影院	diànyǐngyuàn	영화관	233
☐ 掉头	diào tóu	유턴하다	283
☐ 钓鱼	diào yú	낚시하다	40

☐ 叮当快药	Dīngdāng kuàiyào	띵땅콰이야오[중국의 24시간 약을 배달해 주는 앱(APP)]	171
☐ 丁字路口	dīngzì lùkǒu	삼거리	283
☐ 订票	dìng piào	표를 예약하다	294
☐ 订阅	dìngyuè	구독하다	342
☐ 东坡肉	dōngpōròu	동포러우, 동파육	184
☐ 动车	dòngchē	똥처(중국 고속 열차의 일종)	296
☐ 动感单车	dònggǎn dānchē	스피닝, 실내 사이클링	229
☐ 动手术	dòng shǒushù	수술하다	217
☐ 动物	dòngwù	동물	329
☐ 动作片	dòngzuò piàn	액션 영화	236
☐ 兜风	dōu fēng	바람을 쐬다	39
☐ 抖音	Dǒuyīn	틱톡(tiktok)[중국의 숏폼 앱(APP)]	171
☐ 独生子女	dúshēng zǐnǚ	외동 자녀	14
☐ 读研	dú yán	대학원에 진학하다	52
☐ 读研究生	dú yánjiūshēng	대학원에 진학하다(석사과정을 이수하다)	52
☐ 堵车	dǔ chē	차가 막히다	284
☐ 度假村	dùjiàcūn	리조트	272
☐ 度数	dùshu	도수	245
☐ 肚子	dùzi	배, 복부	21
☐ 短	duǎn	짧다	27
☐ 短发	duǎnfà	단발머리	258
☐ 短信	duǎnxìn	문자 메시지	167
☐ 锻炼	duànliàn	운동하다, 단련하다	227
☐ 断片儿	duàn piānr	필름이 끊기다	248

J

利息	lìxī	이자	265
荔枝	lìzhī	리치	176
联系方式	liánxì fāngshì	연락처	128
联想	Liánxiǎng	레노버(Lenovo)	158
连衣裙	liányīqún	원피스	308
连轴转	liánzhóuzhuàn	어떤 일을 교대 하거나 쉬지 않 고 계속 한다	54
脸	liǎn	얼굴	19
脸型	liǎnxíng	얼굴형	25
恋爱	liàn'ài	연애	85
链接	liànjiē	링크하다	164
凉鞋	liángxié	샌들	314
良药苦口	liángyàokǔkǒu	좋은 약이 입에 쓰다	214
两口子	liǎng kǒuzi	부부 두 사람	92
量贩KTV	liàngfàn KTV	음식이나 음료수 를 구매해 이용 하는 노래방	239
聊天	liáo tiān	이야기하다, 수다를 떨다	38
猎头	liètóu	고급 인재를 물색하다	111
猎头公司	liètóu gōngsī	헤드 헌팅 회사	111
邻居	línjū	이웃	15
临期食品	línqī shípǐn	떨이식품, 유통기 한이 임박한 식품	204
临时抱佛脚	línshí bào fójiǎo	벼락치기를 한다, 급할 때 우물을 판다	60
零分	líng fēn	0점	64
零食	língshí	간식(거리), 군것질	195
领带	lǐngdài	넥타이	312
领导	lǐngdǎo	리더, 지도자	118
领事馆	lǐngshìguǎn	영사관	133
领头羊	lǐngtóuyáng	선두 주자, 선두 기업, 리더	136
领养	lǐngyǎng	입양하다	331
领证	lǐng zhèng	결혼 증명서를 받다	91
流感	liúgǎn	유행성 독감	207
刘海儿	liúhǎir	앞머리	257
榴莲	liúlián	두리안	177
榴莲族	liúliánzú	두리안족(두리안 의 외형과 냄새 처럼 성격이 고 약하고 대인관계 가 원만하지 않 은 사람들)	178
流量	liúliàng	데이터	344
流行	liúxíng	유행하다	240
留学	liú xué	유학하다	67
遛狗师	liù gǒu shī	개 산책사	106
芦荟胶	lúhuì jiāo	알로에겔(젤)	320
鲁菜	lǔcài	산둥 요리	184
路	lù	(교통 수단의) 노선	289
录取通知书	lùqǔ tōngzhīshū	입학 통지서	69
露营	lùyíng	캠핑(camping)	40
露营车	lùyíng chē	캠핑카 (Motor Home)	272
路由器	lùyóuqì	공유기	157
轮胎	lúntāi	타이어	278
论文	lùnwén	논문	51
旅行	lǚxíng	여행하다	40
旅游	lǚyóu	여행하다	299
绿色	lùsè	친환경의, 무공해의	183

闽菜	mǐncài	푸젠 요리	184
名片	míngpiàn	명함	128
明星	míngxīng	유명인, 스타	104
墨镜	mòjìng	선글라스	312
母	mǔ	암컷	329
母乳	mǔrǔ	모유	97

N

拿手	náshǒu	잘하다, 자신있다	181
奶粉	nǎifěn	분유	98
奶瓶	nǎipíng	젖병	98
耐看	nàikàn	아무리 보아도 질리지 않는다	28
耐心	nàixīn	참을성이 있다	33
难过	nánguò	괴롭다	75
难看	nánkàn	못생기다, 보기 싫다	28
男朋友	nán péngyou	남자친구	15
难听	nántīng	듣기 괴롭다, 듣기 싫다	240
男装	nánzhuāng	남성복	305
内行	nèiháng	전문가, 베테랑	138
内疚	nèijiù	양심의 가책을 느끼다	75
内向	nèixiàng	내향적이다	33
内衣	nèiyī	속옷	308
年级	niánjí	학년	43
鸟	niǎo	새	330
尿布	niàobù	기저귀	98
柠檬	níngméng	레몬	176
柠檬精	níngméngjīng	부러워서 배가 아프다, 질투쟁이	178
牛仔裤	niúzǎikù	청바지	307

扭伤	niǔ shāng	삐다, 접질리다	209
浓缩精华	nóngsuō jīnghuá	앰플	320
女儿	nǚ'ér	딸	13
女朋友	nǚ péngyou	여자친구	15
女婿	nǚxu	사위	14
女装	nǚzhuāng	여성복	305

P

爬	pá	기어가다, 기다	99
拍马屁	pāi mǎpì	아부를 떨고 아첨을 하는 행동	116
拍X光	pāi X guāng	엑스레이(X-ray)를 찍다	216
拍照片	pāi zhàopiàn	사진을 찍다	39
排队	pái duì	줄을 서다	133
牌子	páizi	브랜드	320
派出所	pàichūsuǒ	파출소	131
胖	pàng	뚱뚱하다	26
跑步	pǎo bù	달리다	227
跑调	pǎo diào	음 이탈 나다	240
配合	pèihé	협조하다, 협력하다	126
配角	pèijué	조연	338
配音	pèi yīn	더빙하다	235
喷雾	pēnwù	미스트	320
喷子	pēnzi	악플러, 키보드 워리어	344
朋克	péng kè	펑크(funk), 관습에 얽매이지 않고 제멋대로 산다	211
朋克养生	péng kè yǎngshēng	기발한 아이디어의 몸보신법	211
朋友	péngyou	친구	15

X

西安咸阳国际机场	Xī'ān Xiányáng Guójì Jīchǎng	시안 선양 국제공항	302
吸尘器	xīchénqì	청소기	151
熄灯	xī dēng	소등하다	50
膝盖	xīgài	무릎	22
西瓜	xīguā	수박	177
蜥蜴	xīyì	도마뱀	332
西装	xīzhuāng	양복	306
媳妇	xífù	며느리	14
洗发水	xǐfàshuǐ	샴푸	260
喜剧片	xǐjù piàn	코미디 영화	236
洗面奶	xǐmiànnǎi	폼클렌징	318
洗手间	xǐshǒujiān	화장실	191
喜糖	xǐtáng	결혼(약혼) 축하 사탕	92
洗碗机	xǐwǎnjī	식기세척기	150
洗衣机	xǐyījī	세탁기	152
系	xì	과(학과)	50
细节	xìjié	세부 사항, 자세한 사정	125
系统	xìtǒng	시스템	157
细心	xìxīn	꼼꼼하다, 세심하다	32
瞎蒙	xiā mēng	(시험을) 찍다	62
下巴	xiàba	턱	20
下厨	xià chú	요리하다, 음식을 만들다	181
下课	xià kè	수업을 마치다	46
下一站	xià yí zhàn	다음 역	287
下载	xiàzài	다운로드하다	163

仙人掌	xiānrénzhǎng	선인장	332
咸	xián	짜다	183
显示器	xiǎnshìqì	모니터	155
现金	xiànjīn	현금	325
限量版	xiànliàngbǎn	한정판, 리미티드 에디션	326
线路图	xiànlùtú	노선도	289
湘菜	xiāngcài	후난 요리	184
香肠	xiāngcháng	소시지	197
香蕉	xiāngjiāo	바나나	175
相亲	xiāng qīn	선을 보다	79
香水	xiāngshuǐ	향수	320
香烟	xiāngyān	담배	196
想念	xiǎngniàn	그리워하다	76
相框	xiàngkuàng	액자	146
项链	xiàngliàn	목걸이	313
项目	xiàngmù	프로젝트	125
削	xiāo	깎다, 껍질을 벗기다	178
消毒药水	xiāo dú yàoshuǐ	소독약	222
消毒员	xiāodúyuán	소독원	106
消防队	xiāofángduì	소방서	131
消费	xiāofèi	소비(하다)	323
消极	xiāojí	소극적이다	34
潇洒	xiāosǎ	시크하다, 세련되다	28
消息	xiāoxi	소식	111
小吃	xiǎochī	간식	198
小红书	Xiǎohóngshū	샤오홍슈[중국의 인스타그램과 비슷한 앱(APP)]	171

☐ 旋转木马	xuánzhuǎn mùmǎ	회전목마	252
☐ 选修课	xuǎnxiūkè	선택 과목	50
☐ 学费	xuéfèi	학비	68
☐ 学分	xuéfēn	학점	51
☐ 学期	xuéqī	학기	43
☐ 学区房	xué qū fang	학군 좋은 집	42
☐ 学院	xuéyuàn	단과 대학	56

Y

☐ 押金	yājīn	보증금	270
☐ 压力	yālì	스트레스	118
☐ 牙齿	yáchǐ	치아	22
☐ 哑	yǎ	목이 쉬다	241
☐ 烟花	yānhuā	불꽃	253
☐ 研究员	yánjiūyuán	연구원	105
☐ 延签	yán qiān	비자를 연장하다	69
☐ 颜值担当	yánzhí dāndāng	비주얼 담당	28
☐ 眼镜	yǎnjìng	안경	312
☐ 眼睛	yǎnjing	눈	19
☐ 眼霜	yǎnshuāng	아이크림	320
☐ 眼线	yǎnxiàn	아이라인	319
☐ 眼药水	yǎnyàoshuǐ	안약	223
☐ 眼影	yǎnyǐng	아이섀도	318
☐ 演员	yǎnyuán	배우, 연기자	104
☐ 验尿	yàn niào	소변 검사를 하다	216
☐ 验血	yàn xiě	혈액 검사를 하다	216
☐ 羊肉串	yángròuchuàn	양꼬치(구이)	198
☐ 养	yǎng	기르다	331

☐ 养病	yǎng bìng	몸조리하다, 요양하다	210
☐ 养伤	yǎng shāng	상처를 치료하다, 요양하다	210
☐ 养生	yǎngshēng	보양하다	183
☐ 养植物	yǎng zhíwù	식물을 기르다	37
☐ 腰	yāo	허리	22
☐ 幺幺九	yāo yāo jiǔ	119	134
☐ 摇篮	yáolán	요람	99
☐ 药店	yàodiàn	약국	221
☐ 药房	yàofáng	약국	221
☐ 药膏	yàogāo	연고	223
☐ 药剂师	yàojìshī	약사, 약제사	221
☐ 药师	yàoshī	약사	221
☐ 药物过敏	yàowù guòmǐn	약물 알레르기	218
☐ 野蛮驾驶	yěmán jiàshǐ	난폭 운전	278
☐ 夜店	yèdiàn	클럽	245
☐ 医保卡	yībǎokǎ	의료 보험 카드	218
☐ 衣服	yīfu	옷	305
☐ 衣柜	yīguì	옷장	145
☐ 医生	yīshēng	의사	105
☐ 衣物护理机	yīwù hùlǐjī	스타일러, 의류 관리기	152
☐ 医务室	yīwùshì	양호실	45
☐ 医院	yīyuàn	병원	215
☐ 姨	yí	이모	16
☐ 一次性付款	yícìxìng fùkuǎn	일시불	326
☐ 一次性用品	yícìxìng yòngpǐn	일회용품	196
☐ 移动硬盘	yídòng yìngpán	외장하드	156